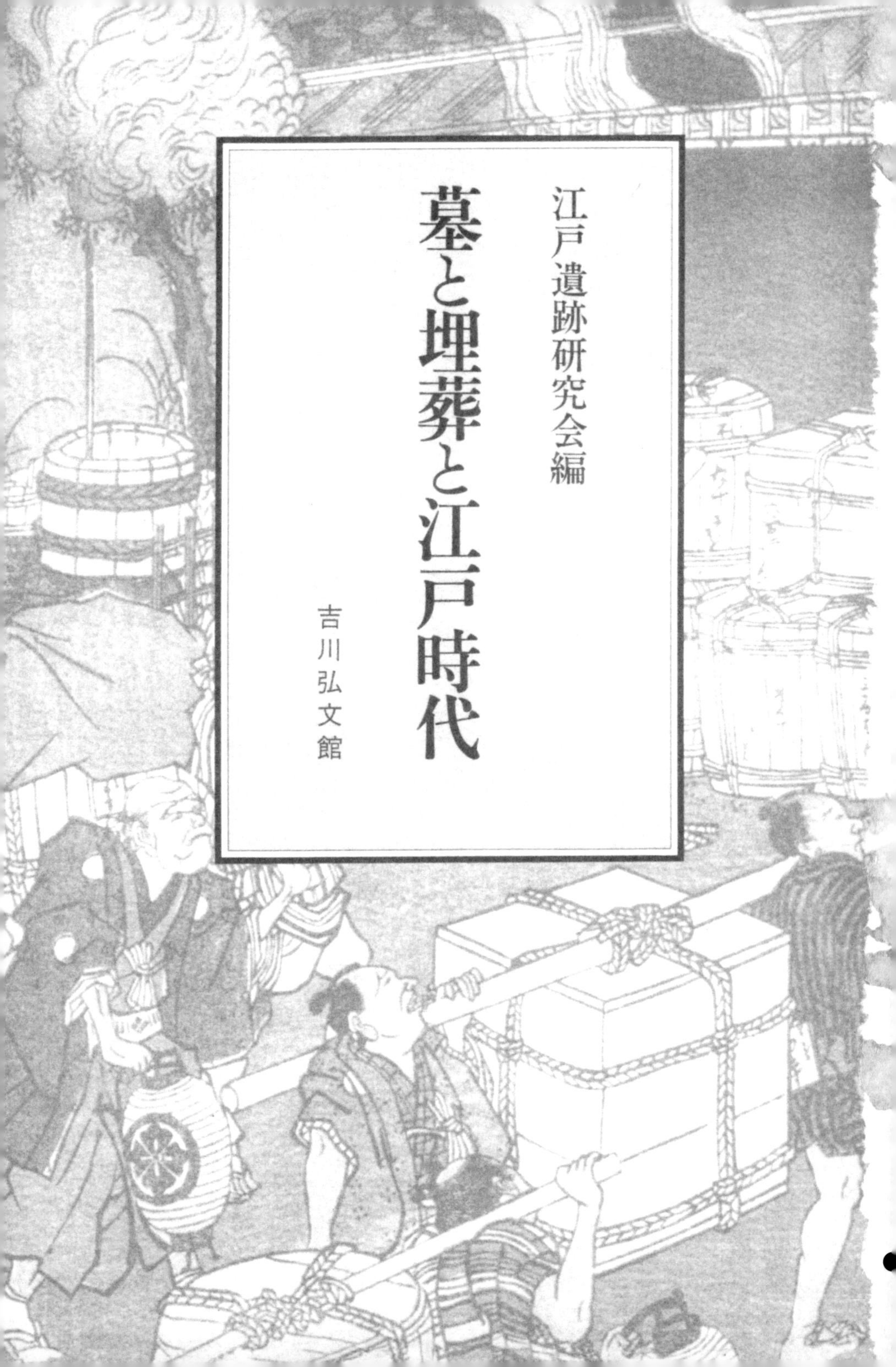

江戸遺跡研究会編

墓と埋葬と江戸時代

吉川弘文館

伊達家墓所・瑞鳳殿（初代政宗）石室内
副葬品遺存状態（瑞鳳殿提供，伊達泰宗氏協力）

太刀，脇差し，葛蒔絵箱などがみられる．遺体は写真右手奥に納められている．

伊達家墓所・感仙殿（二代忠宗）石室
（瑞鳳殿提供，伊達泰宗氏協力）

発昌寺跡（第1次調査）墓域（新宿区教育委員会提供）

方形木棺墓，円形木棺墓，甕棺墓が一定範囲内に密集し，切り合っている様子がうかがえる．

円形木棺墓
（円応寺跡，新宿区教育委員会提供）

方形木棺墓
（円応寺跡，新宿区教育委員会提供）

甕　棺　墓
（発昌寺跡第１次調査，新宿区教育委員会提供）

甕棺には，納棺された遺体の方向を示す「前面」の文字がみられる．

火葬蔵骨器
（円応寺跡，新宿区教育委員会提供）

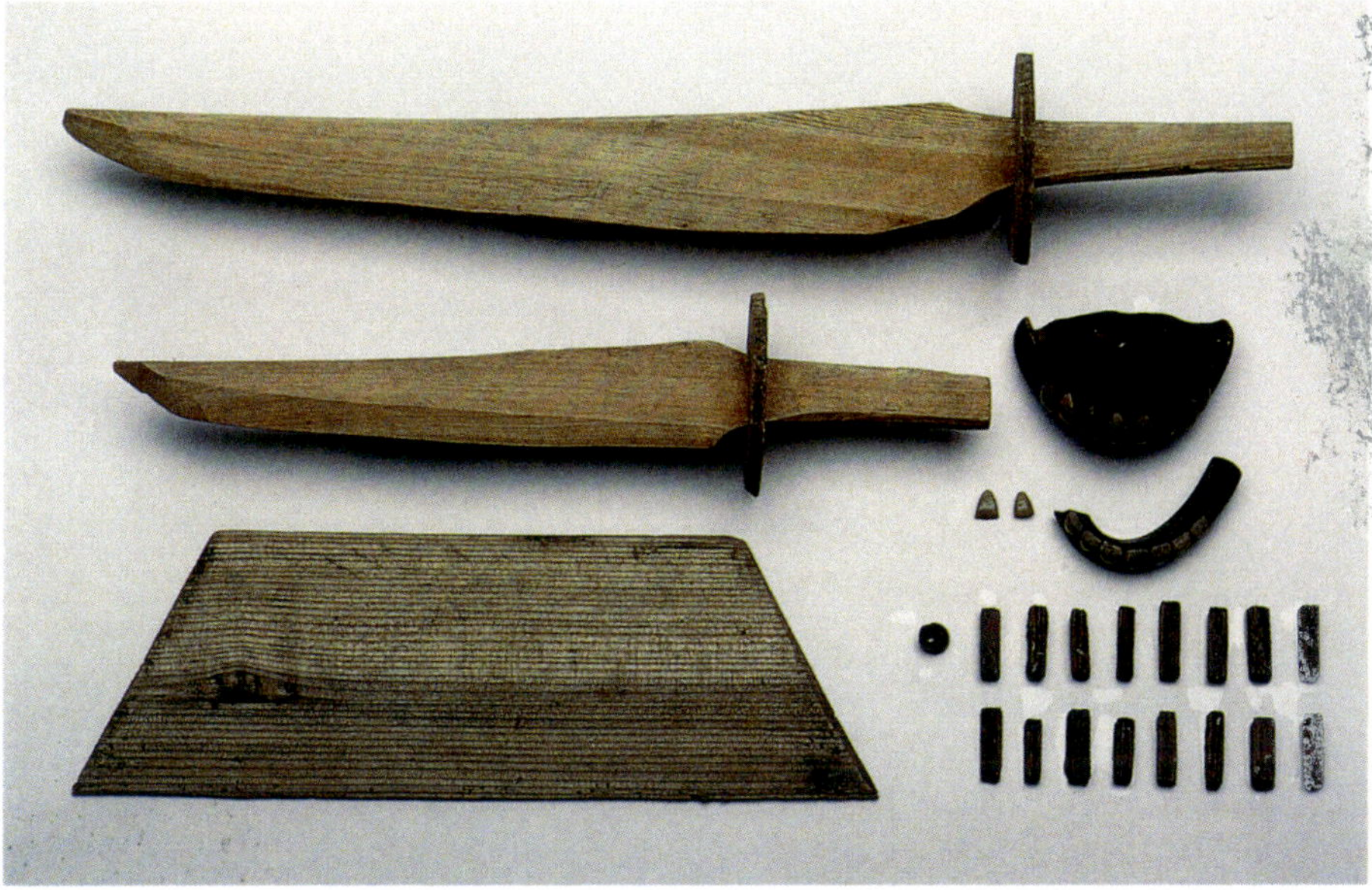

副　葬　品（発昌寺跡第 2 次調査，新宿区教育委員会提供）

方形木棺に埋葬された老年男性の副葬品で，木製の模造刀，入れ歯などが納められていた．

副　葬　品（円応寺跡墓域 A 区，新宿区教育委員会提供）

小形の甕棺に埋葬された性別不明の幼児（5 歳前後）の副葬品で，羽子板，人形，櫛，合子，ポッペン，六道銭などが納められていた．

千代田区・都立一橋高校内遺跡出土の早桶底板上の人骨

早桶底板以外は撤去されていた．人骨も部分的になかった．

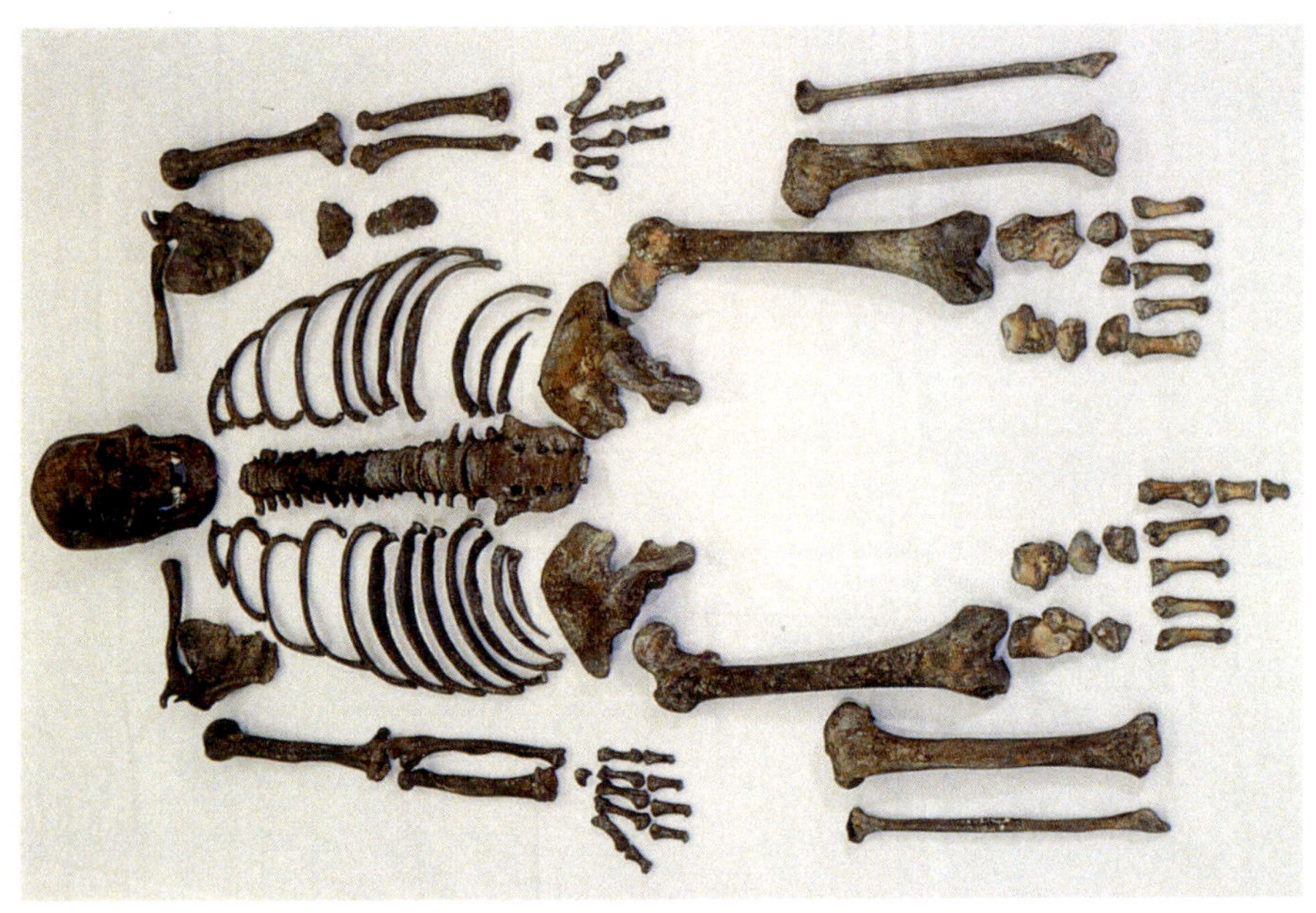

千代田区・都立一橋高校内遺跡から出土した成人の骨

全てではないが，全身の骨が比較的そろっている個体．

はしがき

本書は、江戸遺跡研究会第九回大会『江戸時代の墓と墓制』(一九九六年二月)の成果を、その後の動向をもふまえて纏めたもので、大会成果の刊行としては、第一回大会の『江戸の食文化』、第五回大会の『江戸文化の考古学』につづく三冊目となる。

本研究会は、まだ江戸遺跡の発掘の数が少なかった一九八六年に、発掘担当者の間の情報交換、また江戸遺跡を調査するにあたって欠かせない、文献など関連諸分野の知識などを得ることを目的として出発した。そしてこれまでに一〇〇回近い例会(研究会)をひらくとともに、年に一度テーマを定めて大会を開いており、本年の一月には第一七回をかぞえるにいたった。

発足当初は手さぐりで進むようであった活動も、江戸府内や全国各地での調査が飛躍的にふえていったのにともない、発掘によって何が分かるのか(または分からないのか)、さらに江戸時代の暮らしの復元にどのように貢献できるのかなどを、しだいに明らかにしてきた。その中でも、文献や絵画の記録に残されることが少ない、庶民の日常のありふれた暮らしぶりについて、発掘史料によって明らかにできた部分は大きいだろう。

ただし発掘は、大規模な開発や公共施設の建設にともなって行われることが多く、その結果として大名屋敷など武家屋敷が中心とならざるをえないという制約がある。だから、これまで数多くの発掘が行われているものの、町人地の調査例はごく限られたものでしかない。しかし大名屋敷であっても、藩主に直接あるいは間接的に仕える、さまざまな階層の人々のくらしが営まれていたのだから、みつかるモノはそれぞれの生活を反映していることはいうまでもないだろう。

江戸時代の本格的な発掘調査が始まってから、ほぼ三〇年になる。その間に貯えられた多くの史料をもとに、今私たちはようやく、江戸の本当の姿を語れる出発点にたっているのかもしれない。

本書のねらい・内容については「基調報告」に述べられているので、さらにふれることはしないが、発掘で得られる江戸の墓あるいは弔いについて、さまざまな角度から、また最適の方々に報告をお願いしたつもりである。

ここでとりあげている内容が、江戸の墓制のほんの一端でしかないことはいうまでもない。しかし本書が、江戸の墓のありかたを知るうえで、いささかなりとも貢献できれば幸いである。

二〇〇四年五月

江戸遺跡研究会
世話人代表　寺島孝一

目次

近世墓研究の課題と展望 ——基調報告——

……古泉　弘

一　考古学における墓制研究の意義

文字の解釈上は、土による高まりのある埋葬施設を「墳」といい、高まりのない施設を「墓」というとされている（久保一九七五）。したがって、埋葬施設を包括する名称が「墳墓」であり、「墓」はその内の代表的な形態の一つということになる。「墳」といえば、日本では封土をもつ古墳を代表的な施設として連想するが、古代はもとより、中近世にあっても、小規模な土饅頭（どまんじゅう）形の盛り土をもつ土葬墓や、盛り土をして墓塔を建てた将軍墓などの埋葬施設がある。このため、近世の埋葬施設を包括的に表現しようとすれば、「墳墓」の語を用いるべきかとも思うが、ここでは、より包括的な名称として、「墓」を埋葬施設の総称として用いることにする。では、建墓の目的はどこにあるのだろうか。

第一に、埋葬という行為は、遺体の処理に関して採用された一方法である。遺体の処理——葬法——には、世界的にさまざまな方法の存在が知られているが、埋葬の本来的な目的は、ヒトの生理的な感情、衛生上の問題、対肉食・

雑食動物との関係などから、遺体をヒトや動物の目に見える場所に放置しておくことは好ましくない。そのための一手段として採られた行為、すなわち遺体の遮蔽にあったと考えられる。

二

しかしながら、あたかも時代や文化の枠組みに規定されるように、埋葬施設にはさまざまに異なった形態がみられる。その大きな要因の一つに、死者の未来についての配慮がある。私はゴータマ・ブッダの教えに強い感銘を受けた一人であるが、日本では普通、仏教というと、一般にはこの世（現世）――此岸――があり、その向こうにはあの世――彼岸――がある、と世界を対置させる考え方が基本になっていると認識されている。この意味での彼岸は、ニーチェがツァラツストラに批判的に語らせた「背後世界」と同義であろう。しかし、本来のブッダの教えによる「彼岸」とは、「この世」と「あの世」といった概念をさらに超越した概念であると私は理解している。

けれども、歴史学はそういう議論をする場ではなく、過去の人々がどのような考えの下に、さまざまな行為行動を行なってきたか、あるいは行為行動を決定する考え方がどのようなものであったかを明らかにし、その事実を前提とした上でさらに解釈を進める学問である。そういう意味では彼岸の概念も、世界を対置させる概念であることが、大多数の日本人の思考を支配してきたし、現在もほとんど変わっていないとの認識を事実として捉えておく必要があろう。したがって、人は死ぬと現世から去るが、観念的には来世という別世界で生存を続けるということになる。そのため、死んだ後も別の世界で安寧に暮らしてゆけるようにとの願いを込める礼拝の場としての機能が墓に付与された。建墓の第二の目的はここにあったと考えられる。もちろん、死者に対する恐れを反映する墓もあるが、それも観念的には同一目的の範疇に入れて差し支えないだろう。

第三は、死者がかつてこの世にいたという記念碑的な目的である。そのために葬地に標識を立て、時には被葬者の姓名や事蹟を記すことも行なわれた。さらに一歩進んで、被葬者もしくは葬送者の現世的な勢威を誇示するために利用されることもあった。

第一から第三の目的は、実際には渾然としていることが多い。しかし、おそらく必要度の大きさの順に第一・第二・第三と順位付けできると考えられる。したがって、被葬者や葬送者の経済状況や社会的地位ないし位置、あるいは宗教観の相違によって墓の様相が異なってくる。こうした視点からみるならば、墓は、葬送を行なう側の欲求もしくは論理の下に造営された施設といってよいだろう。

このように、墓の造営とそれに伴う葬送・儀礼は、被葬者―遺体という物質の処理を媒介としながら、それ以上に葬送者の感情や思想が大きな比重を占めてきたといってよい。考古学は物質（遺物）を素材として歴史を研究する学問であるという性格をもつ以上、ヒトの感情や思想に直接接近することは難しい。もちろん遺物の分析を通して復原されたヒトの諸活動の中から、その原動力となった思考や感性を求めることは重要で、そのために考古学者は多くの努力を傾注してきた。

こうした中において、「墓」という施設は、葬送者の感情や思想が直接注入されて造営されているから、墓を研究することによって、彼らの精神的・内面的、時には心理的な側面を浮かび上がらせることが可能となるのである。すなわち墓制研究は、考古学にとって不得手とされる人間の精神世界や宗教観といった、内面の世界に肉薄することが可能な数少ない分野であるということができる。と同時に、過去の「墓」という埋葬装置は、考古学的な手法を通して、はじめて明らかにされるという特性を備えているともいえる。

墓の研究は、その特性上、時に有名無名の被葬者の個人的な情報を明らかにすることがある。それ自体が歴史の解釈に影響を及ぼすことも少なくなく、興味をそそられる。しかし、私たちにとってそれ以上に興味あることは、考古学上の文化の顕現としての墓制が、それを残した各時代や階層の人々の考え方を表している点である。すなわち、過去の人々の「集団的思考形態」を明らかにすることが、墓制研究の重要な目的の一つと考える。

加えて埋葬施設は、多くの場合は完全に封印されてしまうため、時間的な変動の激しい生活遺跡と比較して、時間的・空間的な限定がしやすいという利点がある。ことに文字のある時代にあっては、それらをきわめて限定された単位で把握することができる場合もある。このような点も、早くから考古学が墓制研究を重視してきた理由の一端として理解されよう。

二　近世墓の考古学的研究の流れと現状

歴史の浅い近世考古学にあって、墓制研究は比較的早くから行なわれていた分野であるといえる。ことに墓塔・墓標の形式については、古く石田茂作（もさく）らによって石塔変遷の系譜上に位置づけられ、形態的な変遷観も、その大要が示されるまでになっていた。坂詰秀一（一九八一）による下総（しもうさ）中山法華経寺の墓誌・墓塔研究は、関東でのこの分野の草分的な研究の一つである。墓塔・墓標研究が早くから手掛けられた理由は、一つには墓標が、発掘調査という考古学的な手続きを飛び越えて調査することが可能な、一種の公開性を備えているためとも考えられる。

発掘調査に基づく近世墓研究では、一九五八年に行なわれた港区芝増上寺徳川将軍家墓所の調査（鈴木ほか一九六七）が、埋葬施設を含む墓制研究に画期的な成果をもたらした草分けとして特筆される。これによって、江戸時代の最高権力者の墓制に関する知見を一気に高めることになった意義は大きい。この調査は、墓地改葬に伴う形質人類学と考古学との協同調査という形をとった。その中心となったのは人類学者の鈴木尚であった。しかし残念ながら、その後も考古学の側からは、人類学上の成果ほどには、これを活かしてゆこうとする動きは希薄であった。

徳川将軍家墓所に引き続く調査として、岡山藩主池田忠雄墓（岡山市教育委員会一九六四）、仙台藩主伊達家墓所（伊東ほか一九七九・一九八五）などの調査が挙げられ、大名墓制に関する知見が増加していった。これらの調査成果はもちろん大きいが、周囲からは歴史上の著名人の私的な側面に対する興味が先行して取り上げられ、やはり考古学的な枠組みの中に位置づけようとする動きには至りにくかった。

一九七五年に行なわれた、千代田区都立一橋高校地点の発掘調査（都立一橋高校内遺跡調査団一九八五）は、江戸市街の本格的な調査としての画期を開いたが、その発端となった墓地遺構と、多数の人骨を含む出土遺物も、江戸の寺院墓の墓制を知る上で衝撃的な結果をもたらした。江戸市中に残された文献記録に残らない人々の埋葬主体部は、考古学的方法によってしか解明できないもので、この分野における考古学の可能性を予感させた。それにも関わらず、残念なことには、最初の大掛かりな江戸遺跡の発掘調査という事情もあって、調査方法や報告が十分とはいえず、近世墓制研究の資料としては不完全なものとなった感を拭えない。

一九八二年に行なわれた、港区済海寺牧野家墓所の発掘調査（東京都港区教育委員会一九八六）は、埋葬された越後長岡藩主牧野家の一〇人の藩主とその生母および妻子の墓の様子を明らかにした。一大名家の墓制を系統的に解明したという点で、増上寺徳川家墓所以来の成果であるとともに、その後の近世墓の考古学的調査に方向性を与えた点で、その意義は大きいものがある。なお済海寺には、伊予松山藩久松家の墓所も所在しており、その墓標は牧野家とは異なった形式で造立されている。他地域の大名家の構造も、それぞれ独自の展開をみせていることから、大名家全体の墓制を明らかにするためには、より広範な調査の必要性が問われる。

その後、江戸の墓地の調査は増加してゆく。港区内では増上寺子院群の調査（港区芝公園一丁目遺跡調査団一九八八）が、将軍家内の序列と墓制との関連において注目される。新宿区内では、複数の寺院墓の調査が行なわれ、階層と墓域との関連が指摘された。特に発昌寺跡や円応寺跡から検出された墓地の発掘調査をとおして、旦那寺を持たない最下層民の墓の様相が明らかにされたことは、江戸の墓地研究に一石を投じることになった（栩木一九九一、西木一九九三）。台東区内では、寛永寺子院の護国院（都立学校遺跡調査会一九九〇）や凌雲院（国立西洋美術館埋蔵文化財発掘調査委員会一九九六）の墓地が調査され、御三家・御三卿以下、上層階級を主とする墓制の変遷が明らかにされるなどの成果が上がっている。一方、京坂の都市や地方の農山村でも、近世墓の調査例が増加しており、江戸とはまったく異なった墓制が展開している地域もあって、早晩全国的な対比が求められる。こうした調査事例をもとに、谷川章雄は江戸の埋葬施設の分類を行ない、埋葬施設の変遷を体系化するとともに、各埋葬施設の選択に階層差が強く働いていることを指摘した（谷川一九九一）。

墓の上部構造としての墓標研究は、民俗学の分野で早くから注目され、特に他界観や家族関係を表徴する資料として扱われてきた。これによって両墓制や家族墓のあり方も議論されてきた。考古学の側からも、古くは坪井良平によって山城木津惣墓の墓標研究が行なわれているし（坪井一九三九）、谷川による一連の墓標研究（谷川一九八九）も、民俗学的な墓制観をも視座に置いたものであった。

墓標研究は、今日的な「埋蔵文化財」の事前調査の対象に含まれないという事情もあって、遺跡調査の大部分を占める行政主体の発掘調査として行なわれる機会は少ない。反面、地上観察で調査を進めることが可能であるため、研究目的の主体的な調査の対象となりやすく、墓地景観の変容に対する危機感も加わって、近年、特に地方での調査が活発化している。ただし、総体としての墓制研究は、上部・下部両構造を総合的に検討してゆく必要があり、将来的にはこれらを統合してゆく必要があろう。

先述したように、考古学では従前から墓制研究に対する志向は少なくなく、原始・古代を通じて研究が蓄積されている。しかし、上層階級の墓制を除いては、個別研究の域を出ない場合が多く、その全体像を描き出すには程遠いのが現状である。しかしながら近年では、考古学の側から、中世の墓制を含めて、地域集団単位での墓制を検討しようとする機運が高まり、シンポジウムなども開かれるまでになってきた。近年では、江戸を中心に埋葬遺構の発掘調査例が増加しており、近世墓制研究への共通理解が求められるところである。

三　考古学による近世墓研究の方法と課題

近世墓研究に関しては、さまざまな課題がある。そのうちのいくつかについてはすでに俎上に上せられている。ここでは、多岐にわたる項目の中から、今日的な課題に即した六項目に絞って整理し、概略を述べる。

1　埋葬形式

遺体の処理方法、埋葬体位、埋葬主体部の構造および遺体収納容器などの選択とそれらの組み合わせによって決定される一定の領域を「埋葬形式」とする。埋葬形式を構成する各項目について説明しておく。

①　遺体処理方法

遺体は、まず焼くか焼かないか、すなわち焚焼処理を行なうか行なわないかの選択がなされる。これによって、遺体は「焚焼処理遺体」と「非焚焼処理遺体」に大別される。一般には、両者による葬法の選択がいわゆる「火葬」「土葬」の違いとなって現れる。この選択には、古くから宗教的な思想が働いているといわれてきた。火葬は文武四年（七〇〇）、道昭（どうしょう）が荼毘（だび）に付されたことをもって初現とするといわれるように、仏教的思想の受容によって開始され、さらに、大宝二年（七〇二）の持統天皇の埋葬によって、制度化されたかのような印象をも与えられてきた。

しかし、火葬の風習自体はすでに縄文時代から知られている。また八世紀以降、日本における遺体処理方法が焚焼処理に一元化されたという事実はなく、安直に仏教の需要＝火葬という図式で推し量ることはできない。古代においても、都市の庶民の多くは土葬もしくは放置に近い非焚焼で処理されたといわれるし、近年まで、地方村落では土葬が一般的であったことも、周知の事実として知られているとおりである。近世都市江戸にあっても、焚焼、非焚焼が錯綜しており、その理由については決定的な回答が得られているわけではない。発掘調査の結果からは、同一寺院内の墓地でさえ、両者が並存している例がごく普通に報告されており、その理由は単純ではないだろう。近年では、ある種の、といっても多くの部分を占める非焚焼処理遺体は、その背景に経済的な理由を担っているらしいという指摘もある。

② 埋葬体位

非焚焼処理遺体の場合、納棺もしくは納穴時の姿勢（体位）に、何らかの規則性が存在するかどうかが問題となる。江戸市中の墓では、原則として伸展葬は認められず、遺体は広い意味での「屈葬」である。江戸市中墓における屈葬は、蹲葬（そんそう）、座葬、仰臥屈葬（ぎょうがくつそう）、横臥屈葬（おうがくつそう）に大別される。蹲葬は蹲る（うずくまる）姿勢で四肢を曲げ、多くの場合は頭部も前方下部に折り曲げられる。これは日常の姿勢を意識したわけではなく、多くは遺体収納空間が狭小なことによる外的要因に基づくものである。

座葬は、「座る」という日常あるいは式正の姿勢をとらせた葬法で、正座と胡座（あぐら）の両者がある。貴人の胡座の場合は、正装把笏（はしゃく）した姿勢をとったものであるが、この姿勢を埋葬時に用いた被葬者は、将軍の一部などに限られる。

仰臥屈葬・横臥屈葬は、一定以上の棺の長さが必要であり、江戸市中での埋葬例は多いとはいえない。

蹲葬が多いことは、江戸周辺の農山村墓でも同様の傾向があるようであるが、全国的な傾向を摑むまでには至っていない。

なお、遺体のもつ方向性も、方位や墓道との関連において注目される。

③　埋葬主体部の構造

墓の下部構造、すなわち埋葬主体部は、墓壙（ぼこう）・槨室（かくしつ）の組み合わせもしくは墓壙単独からなる。墓壙は円形、方形、時に不整形を呈するが、埋納・埋設する遺体収納容器・槨室などによって形態が決定される場合が多いようである。階層の高い被葬者の場合は、槨・室を設ける墓がある。室は石室で、大半が石垣積みである。槨は石造（石槨）ないし木造（木槨）で、遺体収納容器を収めるが、石室内に設置される場合も多い。石造の場合は切石組み、木造の場合は板組み方形の例が多い。木槨は構造や形態の上で木棺と類似する例も多いが、内部に遺体収納容器を収納する施設を指す。

④　遺体収納容器

遺体を直接収める遺体収納容器は、非焚焼処理遺体を納める「棺」と、焚焼処理遺体を納める骨蔵器に大別される。棺には桶形（おけがた）木棺、立方体箱式木棺（箱棺）、直方体箱式木棺（平棺）、立方体箱式銅棺（銅棺）、甕棺（かめかん）といった種類がある。桶形木棺の多くは、早桶（はやおけ）と称される最も粗末な棺とされる円筒形の結桶（ゆいおけ）で占められる。立方体箱式木棺は、時に大きさの異なる棺が入れ子状の複層構造となる例がある。立方体箱式銅棺は、それ自体が単独で使用されることはなく、立方体箱式木棺の外容器として使用される。将軍墓などに認められる特殊な例である。甕棺は早桶と並んで出土例の多い棺であるが、早桶と比較して一般に容量が大きい。その大半は常滑（とこなめ）産の大甕で占められる。

骨蔵器の多くは、土器、炻器（せっき）を含む陶磁器製であるが、曲物（まげもの）、結桶などを用いた例もある。いずれの骨蔵器も転用品を用いることが多く、陶磁器の場合、器種は壺を中心とするが、甕などを用いた例もある。典型は瀬戸・美濃産の葉茶壺であるが、その外にも産地や種類、容量など多彩である。日常使用していた容器、愛用品など、選択の幅が広かったことを示していよう。

⑤ 埋葬形式の決定

上述の①から④の項目の組み合わせによって埋葬形式が決定される。これらは、おおむね一定の相関関係をもっている。遺体処理方法と遺体収納容器は、非焚焼処理遺体＝棺、焚焼処理遺体＝骨蔵器という関係で対応する。埋葬体位と棺は、蹲葬＝早桶、座葬＝立方体箱式木棺・甕棺、仰臥屈葬・横（側）臥屈葬＝直方体箱式木棺という関係で対応する。さらに埋葬主体部と遺体収納容器との関係は、石室・石槨＝立方体箱式木棺・甕棺、木槨＝甕棺という対応が認められ、槨室を伴わない墓壙には、立方体箱式木棺・甕棺・桶形木棺・直方体箱式木棺・骨蔵器が埋置される。

もちろん、こうした図式を適用し切れない組み合わせや、例外はあるし、今後の調査によっては変更が必要になる場合があることも否定できない。このほかに、無処理小児遺体に専用されたといわれる土器製の火消壺を転用した棺、一七世紀前葉の大名・将軍墓の一部にみられる乗物・輿（こし）に桶形木棺を収納した特殊な石室墓なども存在する。なお、こうした定型的な埋葬形式のほかに、応急的な措置とみられる土壙直葬や、改葬に伴う墓地整理のための遊離人骨（非焚焼再葬遺体）を埋納した土壙なども知られている。

2 埋葬様式

各埋葬形式は、江戸においてはある程度被葬者の階層を反映しているといえる。石室墓は将軍家および将軍家近縁の家、大名家は槨箱棺・槨甕棺墓、そして桶形木棺墓はおそらく下層町人階級という具合である。もちろん、年代的な変遷も加味する必要がある。埋葬施設の変遷は次第に明らかにされつつあり、いくつかの画期を設定する説もある。

このように、埋葬形式の括りと被葬者の階層とがより正確に判明し、あわせて時間軸上の分布を加えることによって、それらはおそらく時期性をもった階層単位の埋葬様式として把握されると予想される。もちろん将来的には、墓標や副葬品のあり方もこの中に含まれるべき課題である。

3 墓　標

先述したように、墓標研究は長い歴史をもっている。伝統的な形態的・類型的研究から、近年では集団墓や家族墓のあり方をとおして、地域社会の特質や変容を捉えようとするなど、新たな視点を提供している。ただし、江戸市中では、周縁部への寺院移転が進められてきたという経緯がある。そのため、上部構造としての墓標と下部構造としての埋葬主体部が、一体として捉えられる調査例が、一部の将軍家・大名家墓などのほかは、きわめて少ないという現状がある。これについては、これからの課題としておきたい。

4 副　葬　品

副葬品がさまざまな情報を内包していることも論をまたない。副葬品は、主として供物、現世生活の延長として被葬者に持たせる品および宗教的な品とからなっていると思われる。したがって、衣食に関する品々や、儀礼的な品々および宗教観に根ざす品などがみられる。通常の遺跡では遺存しにくい衣服や繊維製品が、まれに出土することがあるのも墓調査の利点の一つである。櫛（くし）・簪（かんざし）・笄（こうがい）などの結髪（けっぱつ）化粧用具やその他の装飾品の出土率も高い。遺存状態も概して良好なので、大名墓などからは美術工芸的にも優れた製品が出土することも少なくない。

食関係では、食器類や食物としての植物遺体が出土する。植物遺体では種子の出土が多いが、それらは食生活史のみならず、いずれ植物栽培史にも寄与することになるだろう。こうした副葬品を概観すると、当時の最高級品を副葬した墓から、ほとんど副葬品を持たない墓まであって、当然のことながら経済状況や階層差を探る資料ともなる。

副葬品にはまた、被葬者に対する気持ちから、酒器・茶器のような被葬者個人の嗜好を反映した遺物も認められる。最も目立つのは煙管（きせる）であるが、反面都立一橋高校地点のように、煙管の副葬がみられない墓地もあって、何らかの規制に基づく結果の表れなのか、一つの課題である。小児・乳幼児墓では、人形・玩具類の副葬がみられる場合がある。

宗教的な遺物ももちろん多い。最高の出土率をもつ数珠（じゅず）のほか、竜頭（たつがしら）・天蓋（てんがい）など、葬祭専用の品は、葬制そのものの研究に重要である。

出土率がきわめて高い銭は、六道銭として信仰・儀礼的な側面から研究されるとともに、鈴木公雄（一九八八）の研究以来、銭種の組み合わせから求められる通貨としての流通や、銭種の交替をとおして社会・経済史的問題にまで言及する素材として注目されている。

このように副葬品は、それ自体として墓制研究の重要な項目を占めるが、同時に遺物そのものの年代決定に有効である。近世の埋葬施設の多くは、半永久的に封印されることを目的として造営されている場合が多い。そのため、ことに造営年代が明らかで、開封されていない墓は、遺物の下限年代を求める指標ともなり得る。

5　墓地・墓域など

墓の集合体としての墓地・墓域の研究は、個々の墓の研究以上に高次元の課題となろう。近世社会構造の一端を担う寺請制度そのものに関わる部分が少なくないからである。この点で、西木浩一が「墓標なき墓地の景観」として問題提起した、「旦那寺を持たない」都市最下層民の墓域が、同一寺院のほかの墓域と別領域を形成して存在したという事実は、衝撃的であると同時に、墓標のみによる集団墓研究の限界を示すことにもなった。しかしながら、このことは墓標研究の意義を喪失させるものでないことはもちろんである。発掘調査の手が及びにくい地方村落に属する構成員の研究に、墓標研究が一定の成果を上げていることは評価に値する。

村落では、さらに屋敷と屋敷墓の位置、都市域では、江戸郊外の小塚原火葬寺院や関西都市の三昧（ざんまい）のあり方など、課題となる項目は多い。

6 遺体

被葬された遺体そのものの研究も、人類学的な課題とともに、埋葬施設の研究と切り離せない側面をもっている。形質人類学的には、近世人の形質を明らかにし、その要因をどこに求めるかという、きわめて大きな問題に迫る基礎的な資料として、埋葬された遺体が存在する。すでに江戸時代人の身長が、歴代日本人の中で最低であることや（平本一九八一）、典型的な江戸時代庶民とともに、「超現代的な」形質を備えた貴族的形質をもった人々が存在したという指摘がある（鈴木一九八五）。それらの形質の顕現が、近世社会の中で醸成されたという事実は、近世社会を解く鍵の一つとして、自然科学者と共有すべきであろう。

次に遺体は、病変や損傷をとおして被葬者の過去を物語るとともに、やはり近世社会の側面を暗示している。栄養状態、性病を含む病気・疾患、斬首や刀槍による創傷など、彼らを取り巻く自然的・社会的環境を解明するのに欠かせない資料となるだろう。

人口構成の解明も、遺体の統計処理をとおして得られる項目である。この問題については、江戸時代前期における江戸の男女比の不均衡や、遺体の年齢比からみる小児・乳幼児の死亡率の高さなどが、平本嘉助によって先鞭が付けられている。今日、資料数の増加によって、さらに詳細な分析が行なわれつつある。

おわりに

近世墓研究の課題について、江戸を中心として主な項目を列挙しながら述べてきたが、もちろんこれがすべてではない。鍋被り葬といった特殊な葬法、分骨、殉死墓の問題、一族の血縁をめぐる問題など、ここに記し切れなかった課題も多い。しかしながら、こうした諸項目を有機的に関連付けることによって、近世社会のもつ問題点を浮かび上がらせることができる。近世墓の研究は、近世社会の解明に大きな可能性をもつ分野となることは疑いない。

〔**参考文献**〕

平本嘉助　一九八一「骨からみた日本人身長の移り変り」『考古学ジャーナル』一九七

伊東信雄ほか　一九七九『瑞鳳殿伊達正宗の墓とその遺品』瑞鳳殿再建期成会

伊東信雄ほか　一九八五『感仙殿伊達忠宗・善応殿伊達綱宗の墓とその遺品』財団法人瑞鳳殿

鎌木義昌　一九六四『池田忠雄墓所調査報告書』岡山市教育委員会

国立西洋美術館埋蔵文化財発掘調査委員会　一九九六『上野忍ヶ丘遺跡――国立西洋美術館地点調査報告書』国立西洋美術館埋蔵文化財発掘調査委員会

港区芝公園一丁目遺跡調査団　一九八八『芝公園一丁目増上寺子院群光学院・貞松院・源光院跡』東京都港区教育委員会

西木浩一　一九九三「江戸場末寺院に関する一考察――四谷鮫川橋・黄檗宗円応寺の墓域をめぐって」『円応寺跡――新宿区立若葉高

齢者在宅サービスセンター建設に伴う緊急発掘調査報告書――』新宿区更生部遺跡調査会
坂詰秀一　一九八一「石造塔婆と墓標」『中山法華経寺誌』日蓮宗大本山法華経寺
鈴木　尚　一九八五「江戸時代における貴族形質の顕現」『人類学雑誌』九三―一
鈴木尚・矢島恭介・山辺知行編　一九六七『増上寺徳川将軍墓とその遺品・遺体』東京大学出版会
鈴木公雄　一九八八「出土六道銭の組合せからみた江戸時代前期の銅銭流通」『社会経済史学』五三―六
谷川章雄　一九八九「近世墓標の変遷と家意識――千葉県市原市高滝・養老地区の近世墓標の再検討――」『史観』一二一
谷川章雄　一九九一「江戸の墓地の発掘――身分・階層の表徴としての墓」『甦る江戸』新人物往来社
栩木　真　一九九一「発昌寺の墓地景観と江戸の中小寺院」『発昌寺跡――社団法人金融財政事情研究会新館建設に伴う第二次緊急発掘調査報告書――』新宿区南元町遺跡調査会
都立学校遺跡調査会　一九九〇『東叡山寛永寺護国院――都立上野高等学校内埋蔵文化財発掘調査報告書』都立学校遺跡調査会
都立一橋高校内遺跡調査団　一九八五『江戸――都立一橋高校地点発掘調査報告書』都立一橋高校内遺跡調査団
東京都港区教育委員会　一九八六『港区三田済海寺長岡藩主牧野家墓所発掘調査報告書』東京都港区教育委員会
坪井良平　一九三九「山城木津惣墓墓標の研究」『考古学』一〇―六

〔補　記〕

本稿は、江戸遺跡研究会第九回大会（一九九六年）の基調報告であるが、当日、発表時間の関係で省略した部分を補ってまとめた。発表時点を意識して、あえてその後の動向や成果については触れていないが、以後も近世墓に関わる研究成果は少なくない。ある程度包括的な内容をもつものとして、次のような文献があるので参照されたい。

西木浩一　一九九九『江戸の葬送墓制』（都市紀要三七）東京都公文書館
江戸遺跡研究会編　二〇〇一『図説江戸考古学研究事典』柏書房
寺島孝一ほか　二〇〇一「特集・江戸の墓」『考古学ジャーナル』四七七

東叡山寛永寺護国院墓地跡の調査と成果

……惟 村 忠 志

はじめに

東叡山寛永寺護国院墓地跡（以下、護国院遺跡）は、一九八六年四月二七日に東京都教育委員会により、都立上野高等学校の新校舎並びに体育館建設に先立つ埋蔵文化財の確認調査によって発見された遺跡である。

調査は、第一次調査を新校舎建設予定地であるグランドとなっていた部分を一九八六年五月一九日から一二月一六日まで行ない、第二次調査は、旧校舎を取り壊し体育館建設予定地について一九八八年一〇月三日から一二月二八日まで行なった。校舎を取り壊した箇所は、関東大震災後に建てられた建築物による深い基礎によって攪乱されていたため、その後の立会い調査により二基の墓を確認するに留まった。

本調査を開始した直後、遺跡に隣接する現在の護国院に多くの古文書類が残されていることをご住職から聞くことができた。そこで調査団は発掘調査と並行し、文献調査を実施することとなった。なかでも遺構確認の段階からもっとも参考となった資料に絵図類があった。絵図は慶応四年（一八六八）に作成された『護国院境内内併建物図』をはじめ、明治一一年（一八七八）から一二年に作成された『墓所地絵図』他四枚の史料である。この絵図には大名家や有力な武家の墓域や墓標銘文が記されており、遺構確認の段階において墓抗を推定しながら調査を進めることができた。また文書類には『相越戒名帳』『檀家由緒略記』などが残されており、史料の分析から江戸時代における護国院の壇家層を明らかにすることができた。これにより、後述するように墓地内には町人から大名まで実に幅広い階層の人々が埋葬されていたことを明らかにすることができた。(1)

こうした護国院遺跡の調査成果は、一九八八年に概要報告を刊行し、当時の上野高等学校在校生に歴史教科書の副読本として配布し活用された。次いで、一九九〇年に本報告書を『東叡山寛永寺護国院Ⅰ・Ⅱ』と題し、併せて約七八〇頁にまとめられ刊行されている。(2)本稿は、発掘調査により検出された遺構、遺物を示しながら、墓地図との照合関係により、文献調査の成果と併せて江戸時代における護国院境内墓地の復元を試み、さらに埋葬主体部に使用された常滑大甕についても若干の検討を加えてみることとしたい。

一　遺跡の立地と歴史

本遺跡は、武蔵野台地の東部にあたる上野台地上に立地する。この台地は西縁辺部にかつての流路であった旧石神井川（谷田川または藍染川ともいう）によって開析された、本郷台地と隔てられた北西から南東へ細長く岬状に突出している。

調査地点は現在の上野公園の西端部に占地する舌状台地の南東の西側緩斜面地上に立地する。標高は旧護国院の墓地跡面で平均一六メートルを測り、旧盛土（江戸時代の開発によって盛土された整地層）直下で一四メートルほどである。台東区内では先史、古代の遺跡の大半がこの上野台地に分布している。なかでも縄文時代中期から後期にかけて営まれた領玄寺貝塚や延命院貝塚など、その多くが現在の谷中墓地やその周辺にある。弥生時代の遺跡の存在は、本台地上において遺物の散布として認められたが、旧谷田川を挟む本郷台地の東縁部には、学史上名高い時代区分の標識となった弥生町遺跡がある。

古墳時代になるとその活動域はさらに拡大するが、上野台地には摺鉢山古墳、表慶館古墳があり、また低地部には鳥越神社古墳や浅草寺にも古代からの人々の生活痕跡を確認することができる。

本遺跡における古代の遺構は、八世から九世紀の住居跡二軒、竪穴状遺構、土坑がそれぞれ遺物を伴い検出された。また中世期の遺物も極少量ではあるが検出されており、寛永寺創建以前から開発のあったことを裏付けている。

このような歴史を経て上野台地における本格的な開発が訪れたのは寛永寺の創建事業（寛永元年〈一六二四〉着工）である。元和八年（一六二二）、徳川家康が唯一人の師とした天海僧正により建立計画が起こり、当時この周辺にあった藤堂家等の屋敷地を寺地寄進によって公収して起工された。

護国院は当初現在の両大師の裏手あたりに建立していたが、承応二年（一六五三）三代将軍家光（大猷院殿）霊廟建立のために寛永寺寺域内でも北辺の地に移転した。

本調査が実施された現在地への移転は宝永六年（一七〇九）で、これは五代将軍綱吉（常憲院殿）霊廟の建立による。この時期は寛永寺の寺域拡張が行なわれた時期でもあり、本遺跡で検出された二メートルを超える盛土や削平などによる整地層はこの時期によるものと考えられる。このような開発を裏付けるものとして盛土層下部から検出された標準堆積土層中（黒色土層上面）からは、宝永四年（一七〇七）の宝永山の噴火により降灰した火山灰が検出されたことからも明らかとなった。

二　検出された遺構と遺物

遺構はかっての護国院境内墓地内に営まれた墓と、寺院の諸施設である。墓のすべては大正時代の末に高等学校建設に先立ち多磨霊園などに移転しており、大方が改葬作業を経ているため著しい攪乱を受けていた。そのため墓（墓坑）の検出作業は盛土上での確認作業と相俟って困難を極めた。当初は墓として認識し調査していた遺構が、後になって攪乱などの誤認であったことも多々あり、結果、遺構番号の欠番が多くなった。さらに改葬が各家ごとに行なわれた痕跡が認められたことから出土遺物の接合関係や、出土人骨の管理上の問題から調査時の番号をできるだけ踏襲した。そのため墓坑番号が枝番となったため、膨大な遺構番号を複雑に管理することになった。しかし墓坑をただ単に墓として調査するだけでなく、各家を一単位とした墓域として捉えることの利点もあった。従って墓坑以外の遺構も通し番号を使用している。

1　墓地図による墓域の検証

墓の埋葬年代を知る手掛かりとして最も有効な遺物に紀年銘資料がある。これは未改葬墓から検出された墓誌や、改葬された墓でも墓坑内に投げ込まれた墓標などがこれに当たるが、被葬者本人や墓域を営んだ家を示す重要な情報源である。本遺跡からは五点の紀年銘資料が検出された（図1）。

1は、C区第63号墓から検出された墓誌である。被葬者本人であろう「都筑（つづき）藤助藤原景濤末女文政十一年正月四日卒春秋五十三」と刻まれている。この墓は墓地図を見ても墓抗の記載はない。おそらくは明治一二年の墓地図作成段階においてすでに上部構造である墓標が失われていたか、もしくは早い段階に無縁仏となっていた可能性が高い。(3)

2は、BⅡ区第11―3号墓から検出された墓誌である。「五代官医佐藤祐仙法眼天信之墓」と刻まれている。文献

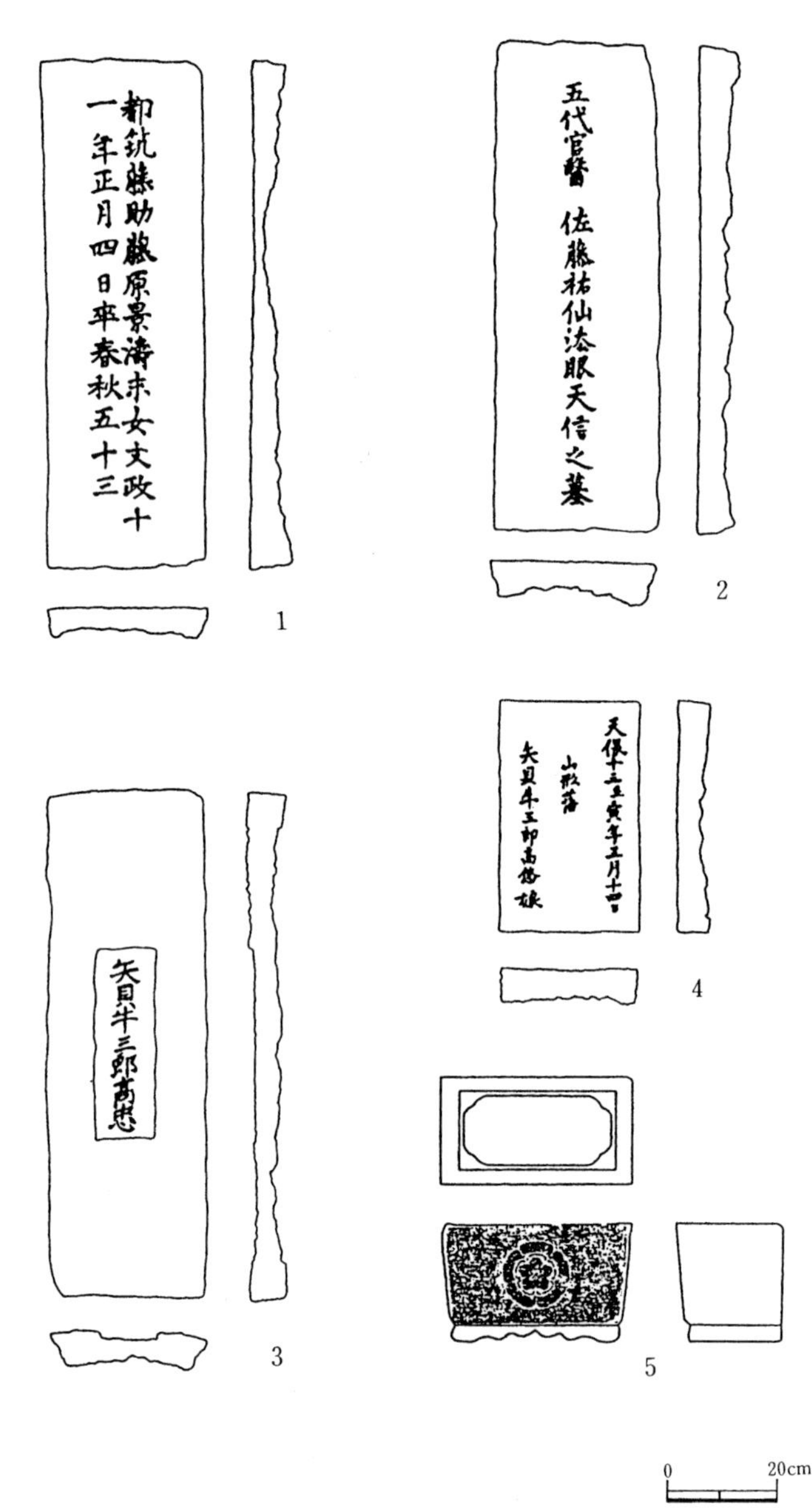

図1　紀年銘資料

調査の結果、この墓は奥医師旗本佐藤家（三〇〇俵）であることが判る。墓誌は改葬によって投げ込まれた痕跡があり、人骨には伴っていない。しかし調査時の検出状況から他家からの混入とは考えられないため、被葬者に近い関係にあった墓主に属するものと推定できる。

3・4は、C区第61号墓群から出土した墓誌である（図2のa域）。石面には「矢貝牛三郎高忠」「矢貝牛三郎高悠娘」と刻まれている。矢貝家は、上州館林藩主秋元家の家臣で、江戸詰家老の家である。「新墓地」と称される部分の諸家墓所のほぼ中央にある。墓標の数は不明であるが、本墓抗群からは底面に掘り込みのある七基の埋葬遺構が検出され、一二体分に相当する甕棺（かめ）ならびに蔵骨器が検出された。さらにC区第59号墓から出土した甕も接合関係から本墓抗群の一部であることも判明した。

5は、石製の線香皿である。家紋である五ツ木瓜紋（もっこうもん）が刻まれている。この紋を定紋する家は、上州館林藩主秋元家とその分家筋に当たる旗本秋元家（四〇〇〇石）がある。墓地図と照合すると墓抗列の方向や基数から考えて旗本秋元家に該当することが判明した。ちなみに五ツ木瓜紋は、元来関東官領上杉氏の家紋であるが長朝の母、春（景朝の妻）が、上杉憲政の養女であった関係に由来するものだという(4)。

以上の資料を定点として、検出された遺構と墓地図を一部加筆修正し対照させたものが図2である。墓地図と対応関係が確認された墓は次のとおりであった。

C区第1・40・69墓は秋元家。C区第59・61墓は矢貝家。C区第98号墓群の一部と103号墓群、126号墓は、深見家の一部。C区第124・130号墓も秋元家にあたる。

また、ここでは図によって示せなかったが、対応した墓は次のとおりである。

A区第17号墓は紀州和歌山藩の一部、B区第1・3・5・7・8号墓、BII区9号墓群は旗本秋元家の一部、C区

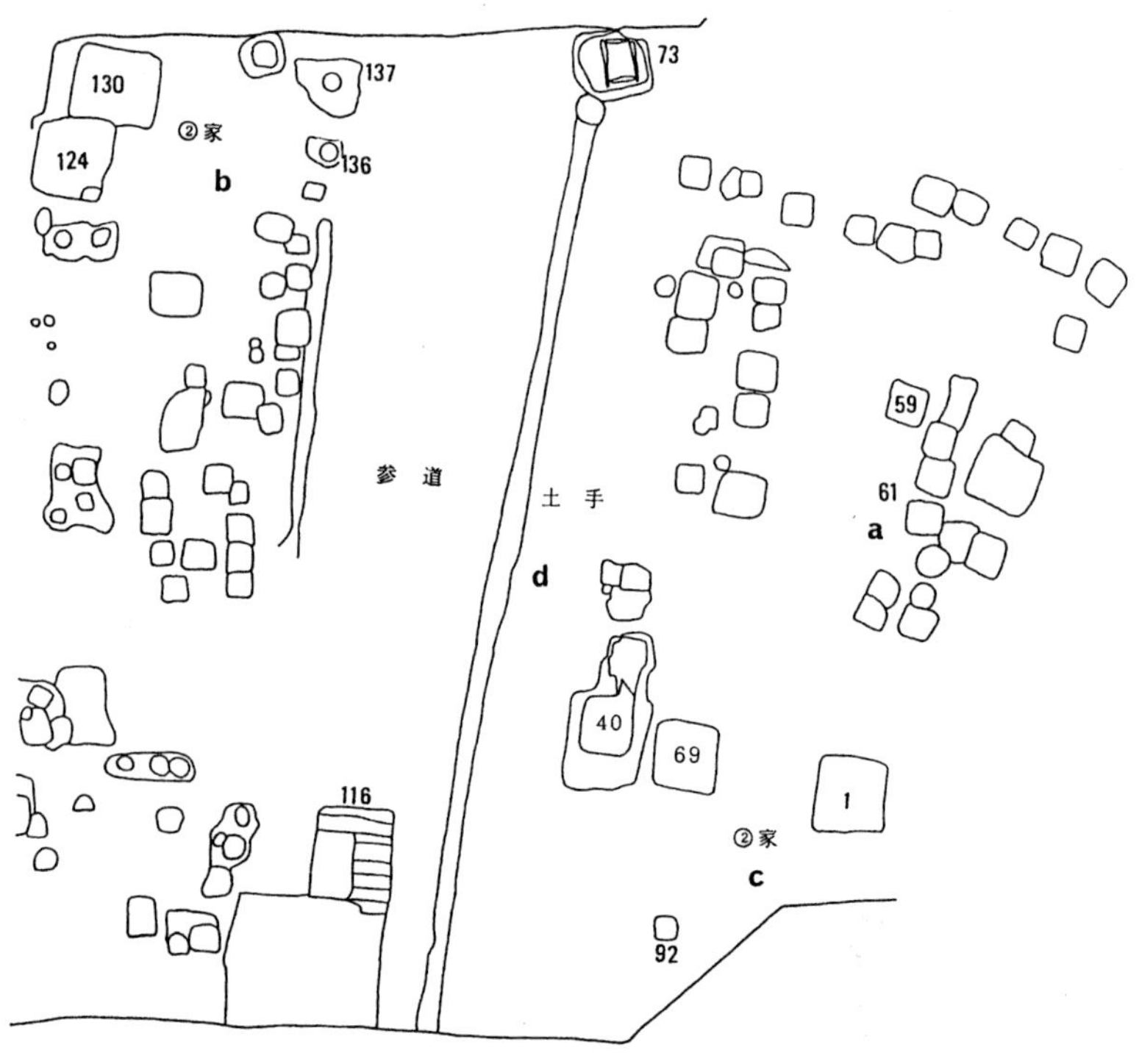

遺構対照図

合成し，参堂を中心に一部加筆を施し作成した.

は対照地域を示す.

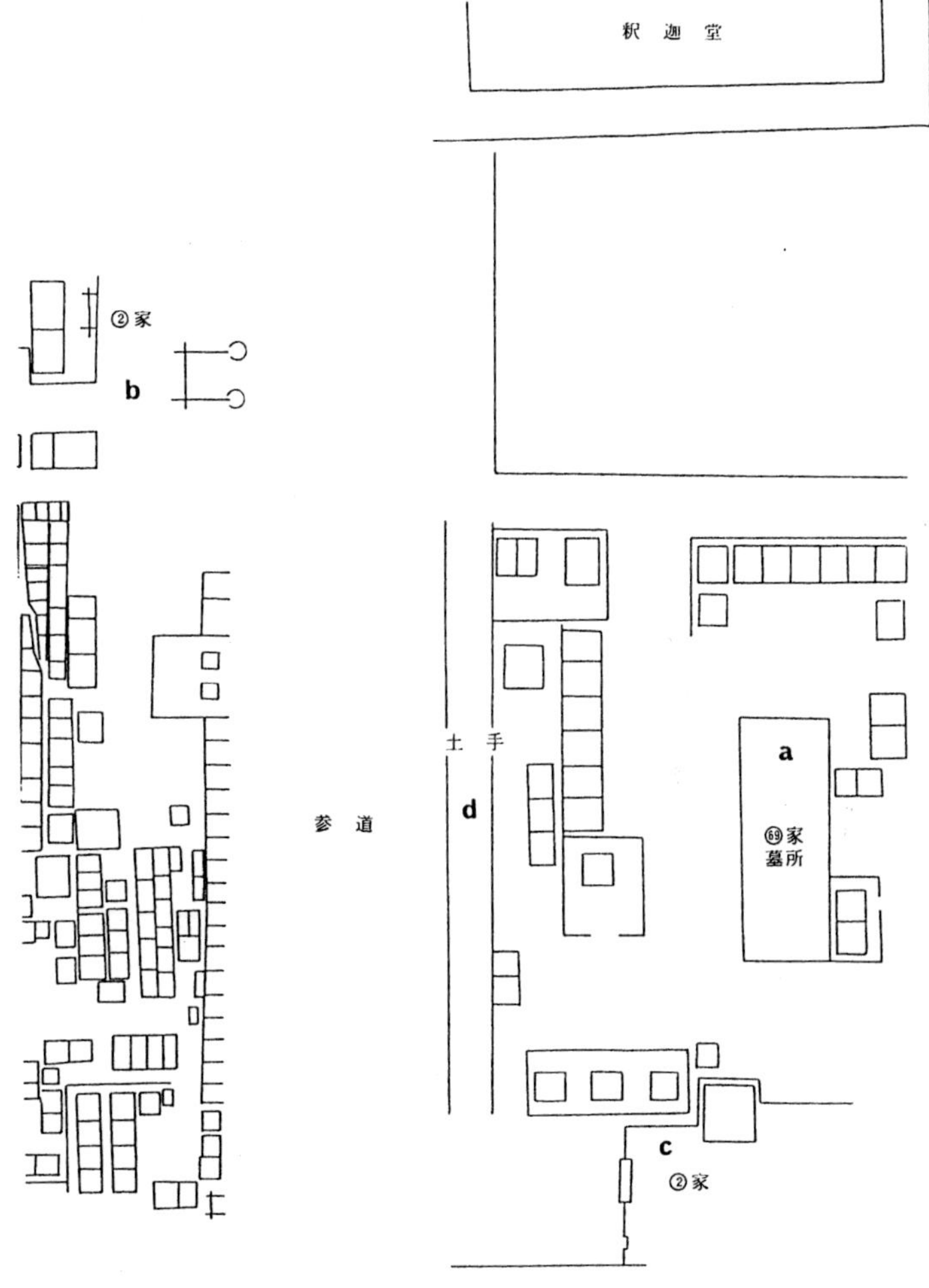

図2　墓地図・

1)　左図は，「墓所地（総墓地）絵図」乾と「新墓地絵図」坤を
2)　右図は検出遺構全体図.
3)　数字は遺構番号・墓番号を表し，アルファベットの小文字

第81・89・105号墓群は旗本富永家の一部を含む。BII区第10―1・13・19・23・24・25・26・31・45墓は、旗本大久保家、BII区第11―2・11―3・11―4・11―5墓は富永家であった。

2　境内の諸施設

それでは境内には墓以外にどのような施設があったのであろうか。境内墓地内にかつて存在したであろう施設、あるいは墓域に設けられた構造物であろう遺構には次のものがあった。

［井戸跡］Ｃ区22―3号、Ｃ区64号
［上下水道施設に関係する遺構］Ｃ区42号溝、Ｃ区44号甕埋設遺構、Ｃ区73号石組
［敷石・礎石］Ｃ区28号、Ｃ区92号、Ｃ区132号、Ｃ区135号、Ｃ区136号、Ｃ区137号
［階段］Ｃ区116号
［墓道］BII区で三条確認

井戸はＣ区22―3号とＣ区64号の二基が検出された。いずれも井戸が廃棄された跡の上部に墓が構築されていた。この井戸はどの史料にも記載がなく、墓地が形成される以前に廃絶していたことが分かる。出土遺物もほとんどなく明確な年代が与えられないが、宝永期の盛土直下からも二基の井戸を検出しているので、本井戸も一八世紀の墓地造営段階においてすでに廃絶していた可能性が高い。

Ｃ区42号溝とＣ区44号甕埋設遺構はどの史料にも記載がない。しかしＣ区89号墓群の南にＣ区42号溝と並行する溝があり、このあいだが旧参道と推定される。規模も墓地図を見ると幅五間（道幅五間と記載）と書かれており、検出された遺構の最大幅九メートルとほぼ合致する。したがってＣ区73号石組も今回の調査範囲からは外れたが、井戸から

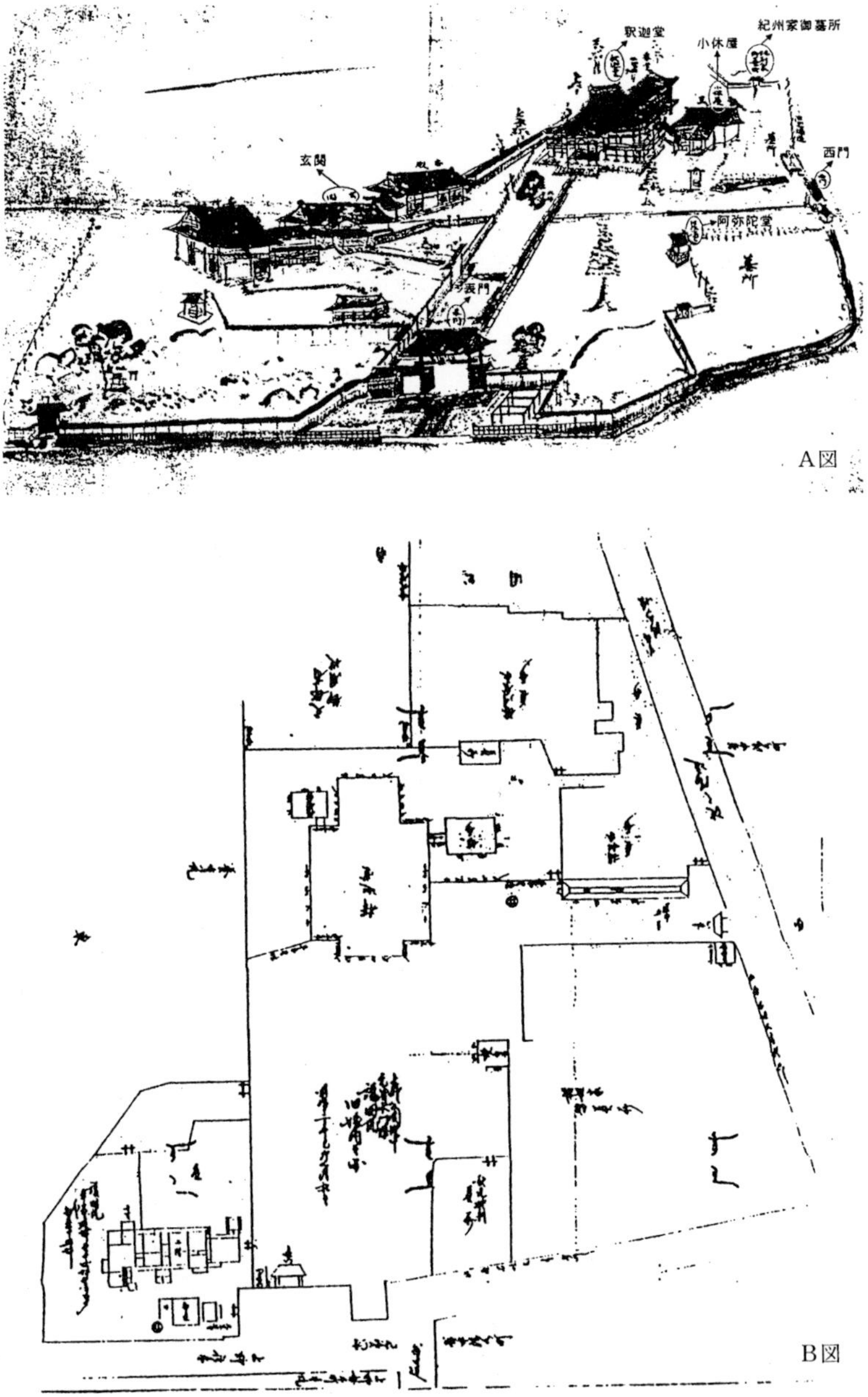

釈迦堂
紀州家御墓所
小休屋
玄関
西門
阿弥陀堂
表門

A図

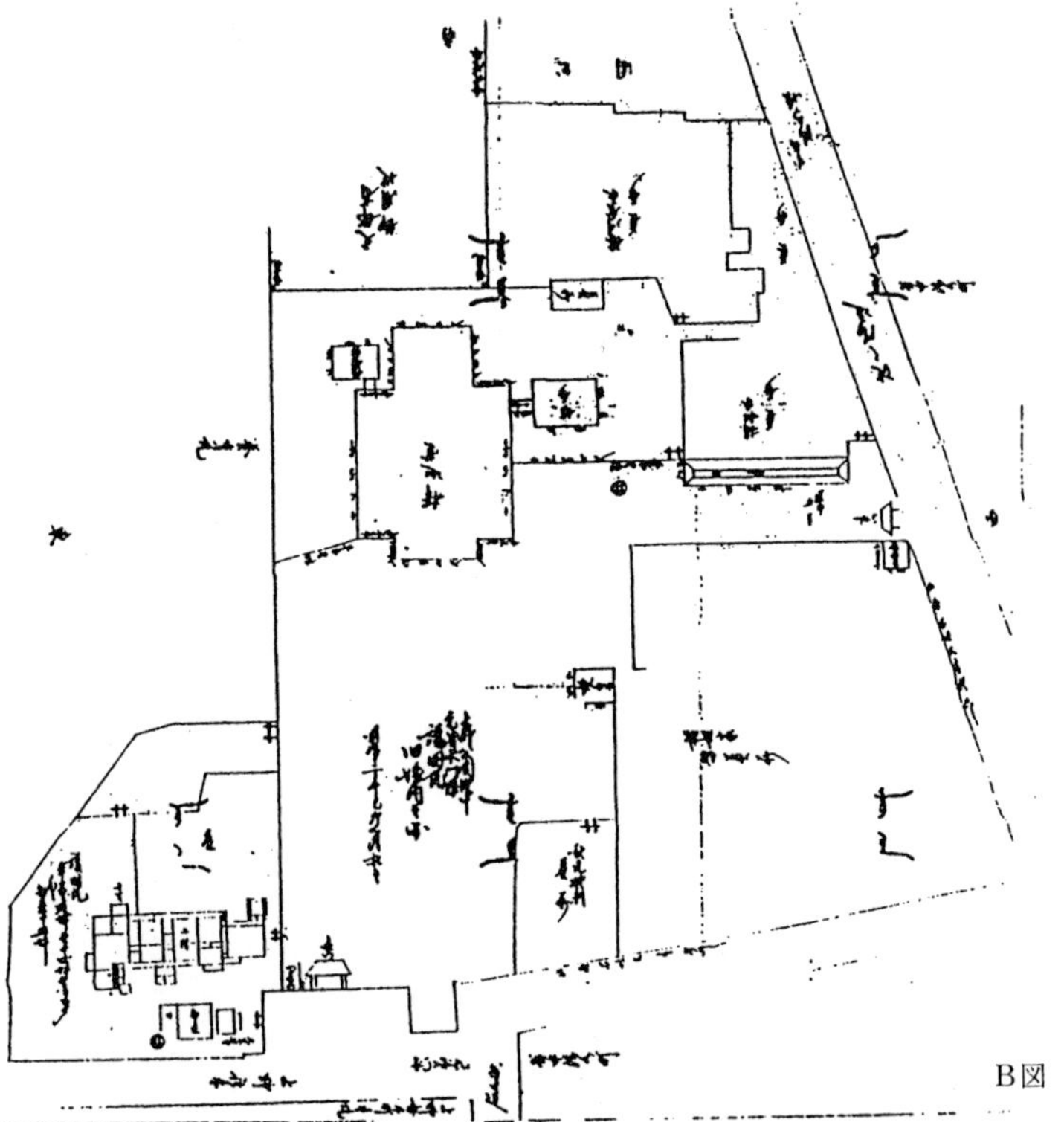

B図

図３　慶応４年建物図と明治２年境内図

水が実際に流れ落ちる遺構と考えてもよいだろう。このような溝や石組が地図に記載されていなかった理由として考えられることは、地図の書かれた明治一二年にすでにこの施設が存在しなかったか、あるいは細かい情報の記載漏れであろう。しかし、墓地に付随する諸施設でも構造物、すなわち墓標や門柱など簡略ではあるが明確に図上に描かれている。図3A・Bの絵図は、Aは「護国院境内併建物図（慶応四年）」、Bは、「上野公園地中元清水門跡護国院旧境内図（明治二年乙卯六月記）」であるが、両図面に見られる石垣の土手も、墓域であるにも関わらず墓抗が全く検出されなかったことから本空間には土手が築かれていた証左といえよう（d域）。

礎石と考えられる遺構は三地点で検出された。cと示した箇所は図3Bを見ると明らかなように、大名家である秋元家の墓所に入る門柱の礎石と考えられる（左端中央部）。これは過去に調査の行なわれた大名家の調査でも明らかなように、一人一基、あるいは家長を中心とした一家族の墓域という造墓形態が尊守されており、本遺跡の文献調査でも同様の成果を得ている。したがって、この礎石を秋元家の墓域に入るための門柱と考えるのが妥当であり、C区136・137号（b域）は参道の北から惣墓地へ入る入り口に相当する門柱と考えられる。

C区116号階段は前述の溝などと同様に墓地図に記載が見られない。しかしこれは調査された墓の検出面と現在の道路にかなりの高低差がある。また、墓地図と対比させる溝は階段を超えて南東方向に延びていることから、墓地が拡張してゆく段階に造られたものと考えた。

墓道はBII区で三条が検出された。いずれも敷石や敷石を置いた痕跡が認められ、数度にわたる版築が観察された。墓地図には具体的な記載はないが、墓地内の墓道と推定される箇所に点線が描かれていることが確認され、本遺構が本墓域の中心的な位置を占めていることも容易に理解できた。

3　墓　跡

調査した墓の数は一九五基であった。しかし旧表土や盛土層中からは、改葬後に投棄されたり廃棄されたりした大甕の破片や蔵骨器片など夥しく検出されたことから、実際の墓の数はさらに上回っていたものと想像できる。遺体の処理の方法は土葬と火葬の二通りが確認された。土葬は遺体を無処理で埋葬する方法である。火葬は遺体を焚焼処理し、容器に収め埋葬する方法である。その比率は、調査した一九五基中、土葬が八九パーセント以上におよび、火葬は全体からみるとごく少数であった。

埋葬施設の構造は大きく分けて次にみる四形態が確認された。墓の埋葬構造には被葬者の身分が大きく反映されていたことは、すでに谷川章雄氏による一連の分析により明らかであるが[5]、本論では身分階層については論旨が異なるため、細分類は行なっていない。そこでここではそれぞれ異なった構造の改葬墓、未改葬墓を中心にその代表的な墓の副葬品や甕棺などについて解説することにしたい。

石室・石槨墓　墓坑（竪坑）内に切石で石室状の部屋（槨）を設けて、木棺（将軍家では御肌付とも称された）や甕棺に遺体を納めて埋葬する。石室と木棺や甕棺との間に木炭を詰めているものもある。本遺跡ではこの種の墓はすべて改葬されていたため詳しい情報は得られていないが、A区17号墓（図4）は、大きな墓坑内の底部に丸い染み状の影が見える。おそらく甕があったものと想定されるが、墓は紀州和歌山藩五五万五〇〇〇石の当主の側室である真如院であった。また、C区1号墓（図5）、C区124号墓（図6）も大型で、上州館林藩六万石の歴代藩主およびその子女の墓坑である。

甕棺墓　常滑産の大甕に成人を、小児には小さな甕に遺体を納めて埋葬するものである。甕を直接土坑内に納めた

図4　A区 17号墓敷石検出

図5　C区 1号墓

図6　C区 124（手前）・130号（奥）墓

図7　C区59号墓

図8　C区133-2号墓

図9　C区63号墓

図 10　C 区 89-7 号墓

図 11　C 区 101 号墓

図 12　B 区 43 号墓

ものや、先に見たように木炭槨や木槨に大甕を納めたものがある。また大甕内の底部や、甕の外側底部に漆喰を充填し、台座を設えたものなどがある。C区59号墓（図7）は、上州館林藩江戸詰家老七〇〇石（後に四〇〇石）家の墓である。遺物は中国産のガラスを使った眼鏡や硯、ガラス玉などが出土した。C区61号墓群もC区59号墓と同様の墓域である。C区33―2号墓は、調査終了間際に検出された墓である。残念なことに未改葬墓の多くが墓地図との照合ができない。当然と言えば当然であろうが、改葬時に墓の存在が分かれば未改葬であるはずはない。さて、C区133―2号墓（図8）は本遺跡で最も多くの副葬品が出土した墓である。この墓からは染付色絵の碗四客、染付・色絵蓋物

図13　C区81-3号墓

図14　C区66号墓

図15　C区104号墓

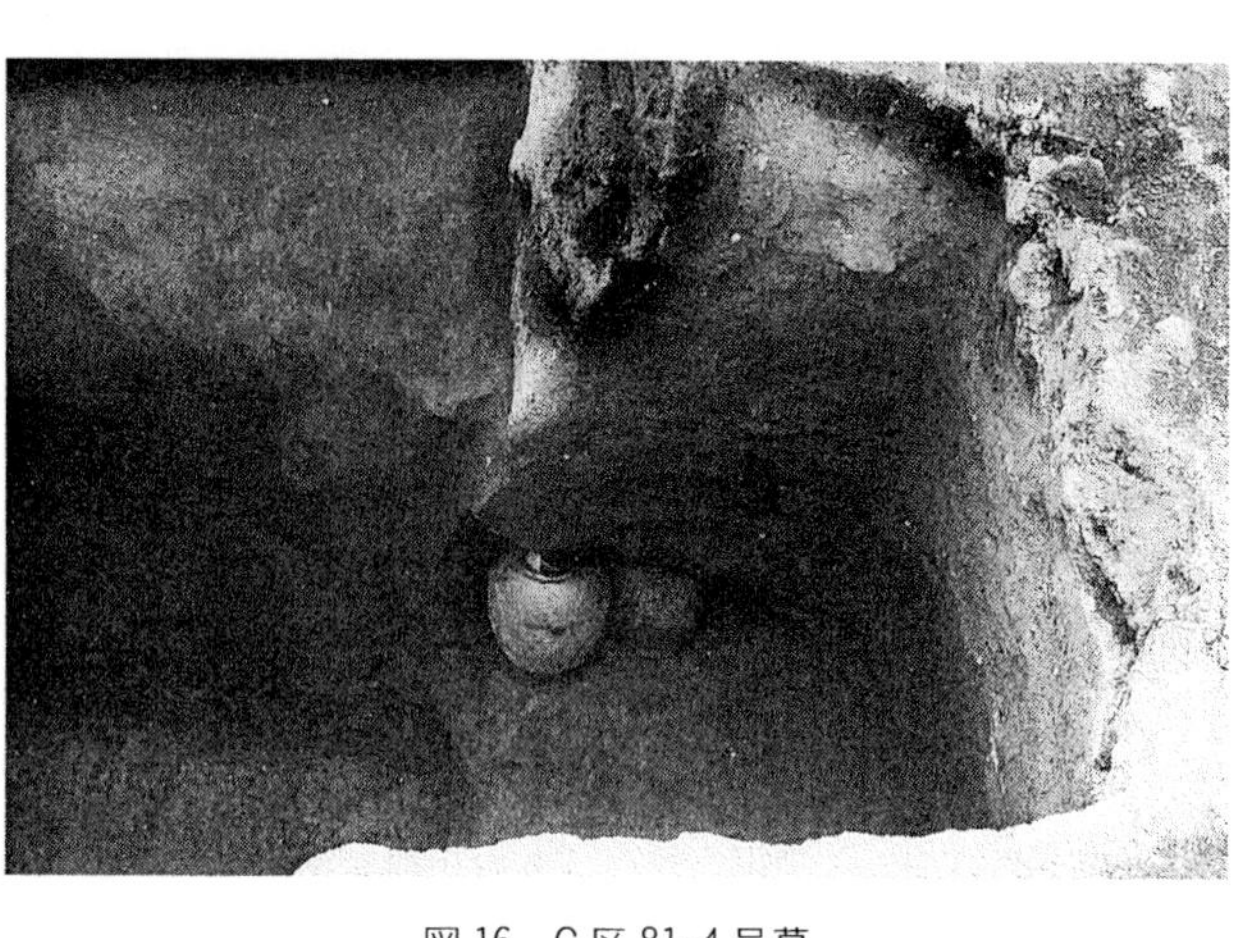

図16　C区81-4号墓

二点、京焼箸（はし）立て一点、六道銭（寛永通宝六枚）、箱に入った渡来銭一八枚、長煙管（ながきせる）二本、漆蒔絵（うるしまきえ）箱三、厨子（ずし）一（観音像）、小型円形無文銅鏡、その他である。C区63号墓（図9）は、先に見たように本遺跡で唯一被葬者が判明した墓である。C区89—7号墓（図10）は、旗本・表番医三〇〇俵の家の墓域から検出されたが、染付碗が副葬されていた。C区101号墓（図11）は、改葬された墓であるが甕の底部に漆喰が充填されていた。おそらくは何らかの理由により死から埋葬まで時間があるため遺体の腐敗を防ぐための措置と思われる。副葬品に灰釉徳利（かいゆうとっくり）が出土した。B区43号墓（図12）は、試掘調査で検出した墓である。副葬品が多く、寛永通宝の四文銭が二四枚あり、九六文で一緡（さし）一〇〇文の勘定になる。すべて黄銭と言われる明和六年（一七六九）初鋳のものであった。他に、染付合子（ごうし）の蓋、方形銅鏡、漆櫛、ガラスの笄、ガラスの数珠玉（じゅず）があった。

木棺墓　木棺には方形と円形の二通りのものが認められた。方形木棺は俗に座棺（ざがん）と称されるもので、C区81—3墓（図13）は瀬戸美濃の灰釉徳利を抱いた壮年男性である。四隅から釘（くぎ）が検出している。円形木棺は俗に早桶（はやおけ）と言われるもので、C区66号墓（図14）やC区104号墓（図15）は円形の墓坑が顕著である。いずれも座位屈葬である。

火葬墓　土坑内に焼骨を入れた蔵骨器を納めて埋葬したもので、C区66号墓は、瀬戸美濃産の壺に焼骨が入っていた。C区81—4号墓（図16）は、C区81—3号墓の隣に横穴を掘り、隠すように出土した。二基の蔵骨器のなかにはそれぞれ成人男女の焼骨が入っていた。蔵骨器の多くは日常什器（じゅうき）を転用したと想定されるさまざまな甕や壺を用いている。

埋葬主体部を容器別に見てみると甕棺（土師（はじ）質甕を含まない）が五九・五パーセントと最も多く、方形木棺四・一パーセント、円形木棺（早桶）九・二パーセント、火葬骨壺（甕）一〇・二パーセント、そして石室墓を含めた埋葬施設が不明の墓は一七パーセントであった。

三　常滑大甕の年代

護国院遺跡では埋葬主体部に常滑大甕を使用している例が多い。このことから墓の埋葬年代を推定するうえで大甕の編年研究は欠くことのできない作業といえる。そこでここでは、遺跡から出土した甕を中心にこれまでの編年研究の成果（中野一九八六、扇浦一九八七、成瀬一九九〇）を活用し(6)、その変遷を墓地図を基に被葬者の特定ができた資料や紀年銘資料を伴う墓、または未改葬墓を中心に出土した副葬品等から相対年代を考えてみることにしたい。さらに必要に応じて他の遺跡から出土した資料も示すことにしたい。

本稿では大甕を七類型に分類し、各製品の特徴をできるだけ簡略的に解説したため、各製品間に見られる窯業（ようぎょう）史的な観察や観点からの情報は詳細には記していないことをお断りしておく。また挿図に示した甕は各報告書から転載し、縮尺は二〇分の一に統一してある。

A類（図17—1・2）

口縁部外側に二段の縁帯を有する製品の一群を指標とする。護国院遺跡では一個体分が出土したが、破片が少なく復元が不可能であった。本製品はすでに二つのタイプの甕が並存することが明らかとなっている。一つは胴部から口縁部に向かってほぼ垂直に立ちあがるものと、胴部から肩部・口縁部に向かって内側にすぼまり、どちらかといえば壺形に近い形態の二者である。かつて一七世紀前半期に位置付けられていたこともあったが[7]、新宿区の発昌寺跡の一次調査で三基[8]、二次調査で一基の合計四基が出土しており、埋葬年代を副葬品の絵鏡の製作年代から一六九七年以降

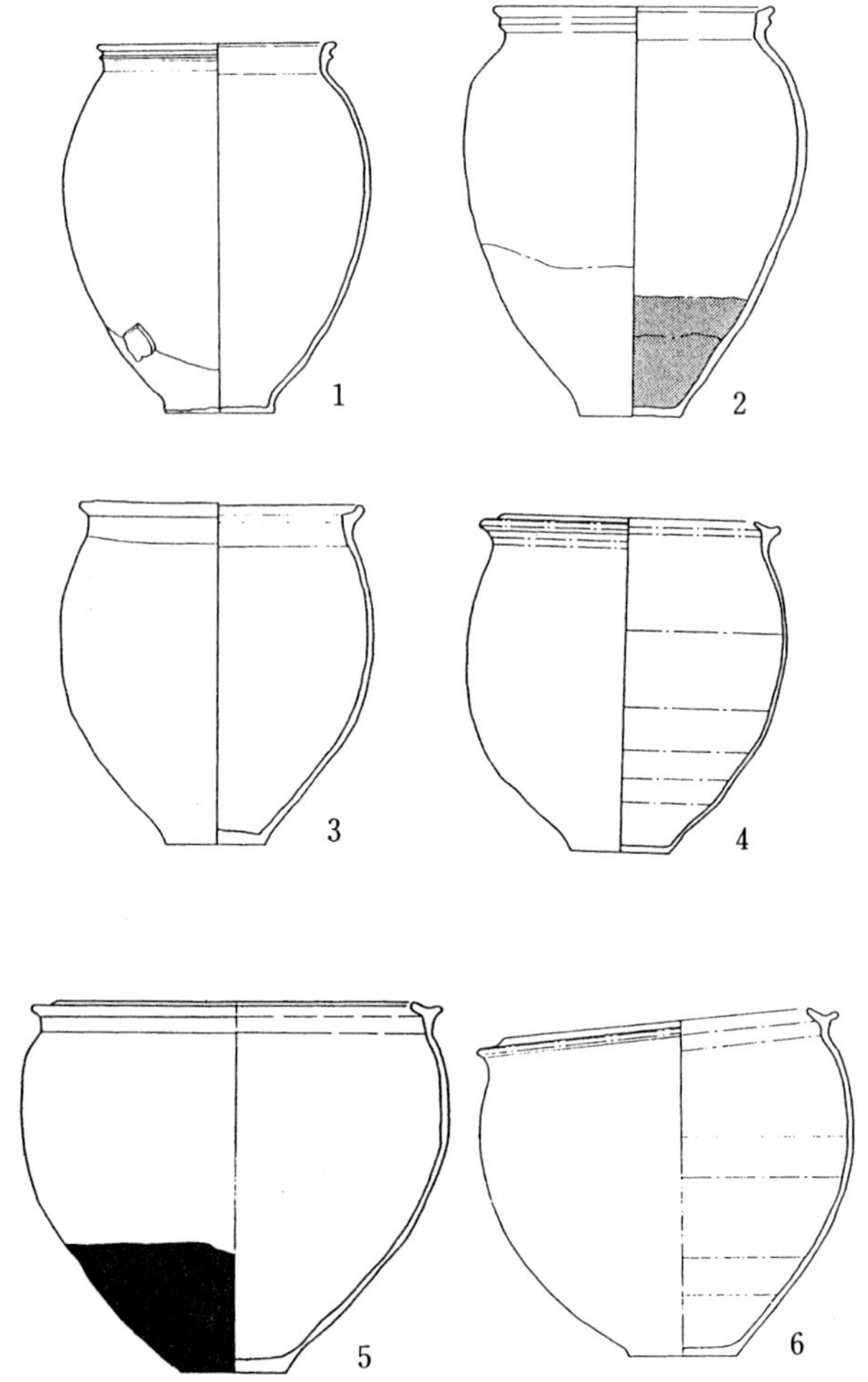

図17　大甕：A・B・C類

とされた。[9] また同じく自証院遺跡の第二次調査で一基出土し、この墓の年代もやはり副葬品である絵鏡から一七〇〇年前半と推定している。[10] さらに港区の天徳寺第3寺域浄品院跡でも二例出土している。[11] 現在分かっていることは、一七世紀前半の墓地から出土していないことや、一七〇七年以降墓地の開かれた護国院遺跡からも破片ではあるが出土していることである。以上の事実から考えると一七世紀前半に位置付けることには無理があろう。従って現時点では、広くみて一七世紀の第3四半期から一八世紀第1四半期の早い時期に位置付けておくことが妥当と考えられる。

B類（図17―3）

口縁部の内側がやや突出し総じて扁平な口縁をもつ。一部の製品には二段端口縁部が退化したような口縁部下に陵が観察され、総じて自立しないものが多い。形態的には壺形の甕から変化したものと推測することができる。口縁部内側にいわゆる重ね焼きの跡と推定される歪みやへたれが多く観察される。

本類を示す甕は一橋高校遺跡出土の甕が標識とされている。[12] 護国院遺跡では図17―3がこれに該当する。C区第133―2号墓は副葬品が多量に検出され、六道銭（寛永通宝）や共伴する陶磁器より一八世紀後半（一七六〇年前後）期に比定される。本遺跡では類品が非常に貧しく検討の余地を大いに残すが、いまのところ所属時期は一七世紀の第4四半期から一八世紀代第3四半期の早い時期と広く位置付けるのが妥当と考えられる。

C類（図17―4・5・6）

口縁部の断面がY型を呈し、内側が上部に向かって突出している。製品は総じてずんぐりしているものが多く、底部から外側に大きく開き胴部・肩部に向かって若干内湾しながら口縁部にいたる。甕の張りの中心は胴部から肩部にあり、製品の口縁部内面に歪みやへたれがあり、胴部過半に冠状痕がある。

本形態の甕は、伊達綱宗墓（一七一一年没）や、[13] 天明元年（一七八一）八月二六日銘の墓碑下[14]からも検出されているこ

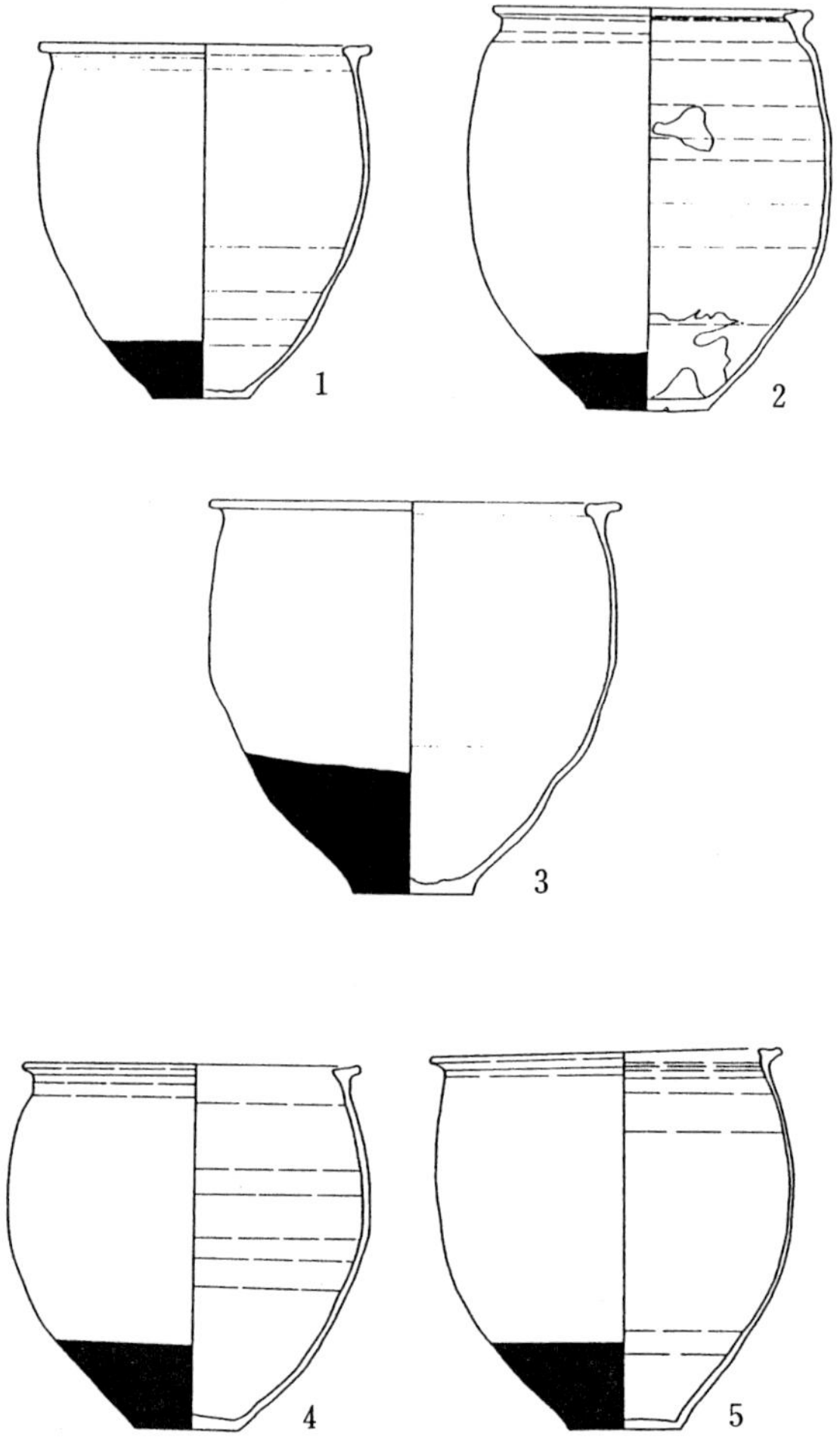

とから、一八世紀代と広く位置付けていた。

ところが、近年、横須賀市で江戸幕府船手奉行向井将監正方室墓(二〇〇〇石旗本幕臣)から同類の甕が検出された。墓誌銘文から寛文一〇年没(一六七〇)であることが判明した。これは筆者が従来考えてきた編年観を大きく変えるものであり、実見したところ動かしがたい資料であると確認した。したがって現状では、一七世紀後半から一八世紀代に位置付けられることになる。(15)

1

2

3

4

5

図18　大甕:D類

D類（図18—1・2・3・4・5）

口縁が水平となり、やや内側に突出する口縁部に特徴がある。器形全体が幅広となり水平で安定し、胴部形態はB類やC類に共通するがほぼ垂直に直立する。口縁部の内側がへたれ込んだものが多いのは、重ね焼きによる窯入れが顕著になる現われか。

本類を示す甕は、護国院遺跡ではBⅡ区第10—2号墓・BⅡ区第23号墓・BⅡ区第19号墓・BⅡ区25号墓がこれに該当する。文献調査と墓地図の検討により、五〇〇〇石の幕臣旗本家の墓所であることが判明した。いずれも歴代当主の埋葬施設であることが明らかとなった。それぞれの没年は、図18—1は、BⅡ区第10—2号墓で四代（一七六七年没）、図18—2の第23号墓が五代（一七七三年没）、図18—3の第25号墓が六代（一七七八年没）であった。この形態の甕は新宿区自証院遺跡で出土した墓誌を伴う三枝監物墓（一七六七年没）とも一致する。

また、先に述べた口縁部内側にへたれが観察される甕のうち、護国院遺跡では墓地図で確認された墓標年代と合致した墓は上州館林藩分家で、真境院殿墓（一七五二年没）と成等院殿墓（延享二年〈一七四五〉没）であった。従って本類の製品は、一八世紀中葉から後半期に位置付けられよう。

E類（図19—1・2・3・4・5）

口縁部内側の調整方法が、内碗しながら滑らか垂直に下降し、胴部形態は比較的スマートで細長いものと、ずんぐりとした製品の二つのタイプが並存する。また内面に白泥状の不失透性の釉薬（木灰）が施釉された製品が見られるようになる。

本類を示す甕は、護国院遺跡では図19—3のB区第43号墓や図19—4のC区第101号墓がこれに該当する。B区第43墓からは六道銭として四文銭が二四枚（一緡一〇〇文）が共伴し、そのすべてが明和の黄銭と称される初鋳年代明和五年（一七六八）であり、それ以降に鋳造された赤銭（文政期・一八一八年初鋳）を含まないことや、同時に出土した陶磁器類も同時期のものであった。また、C区101号墓からは副葬品として瀬戸美濃の灰釉徳利が出土し、一八世紀末から一九世紀前半に位置付けられる。さらに墓地図の調査により図19―5は、先にみた旗本家七代当主（一七九九年没）であった。従って本類の大甕は一八世紀第3四半期から一九世紀前半に位置付けられよう。

F類（図20―1・2）

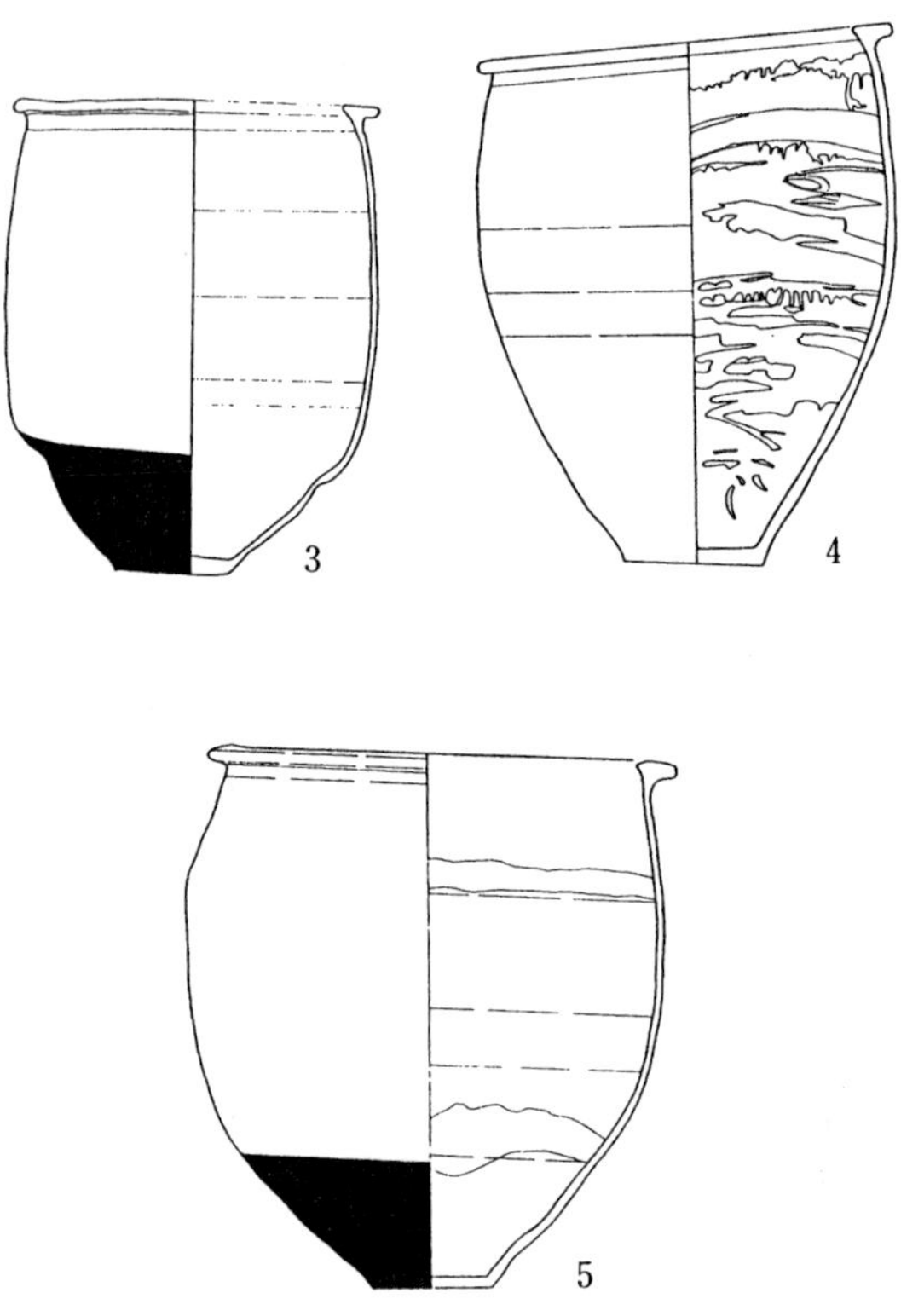

図19　大甕：E類

口縁部の外面頸部が極端にすぼまり、胴部過半から肩部にかけてほぼ垂直に立ち上がる。胴部はE類と共通するが、口縁部外側が肩や胴部の張りとほぼ同様であることは、この甕の最大の特徴である。本類を示す甕は、図20―1に示すC区第63号墓がこれに該当する。この墓は石蓋が墓誌となっており、都築家の縁者で文政一一年（一八二八）に没したことが知られた。近年、当該甕は類例が増加している。港区天徳寺第3寺域浄品院跡では二例の墓が木製の墓誌を伴って出土し、145号墓は館林藩士の娘の墓で文政四年（一八二一年）没であった。さらに144号墓は館林藩士（文化一四年没）であった。[16] 以上のことから当該大甕は一九世紀前半を中心とする時期に位置付けられよう。

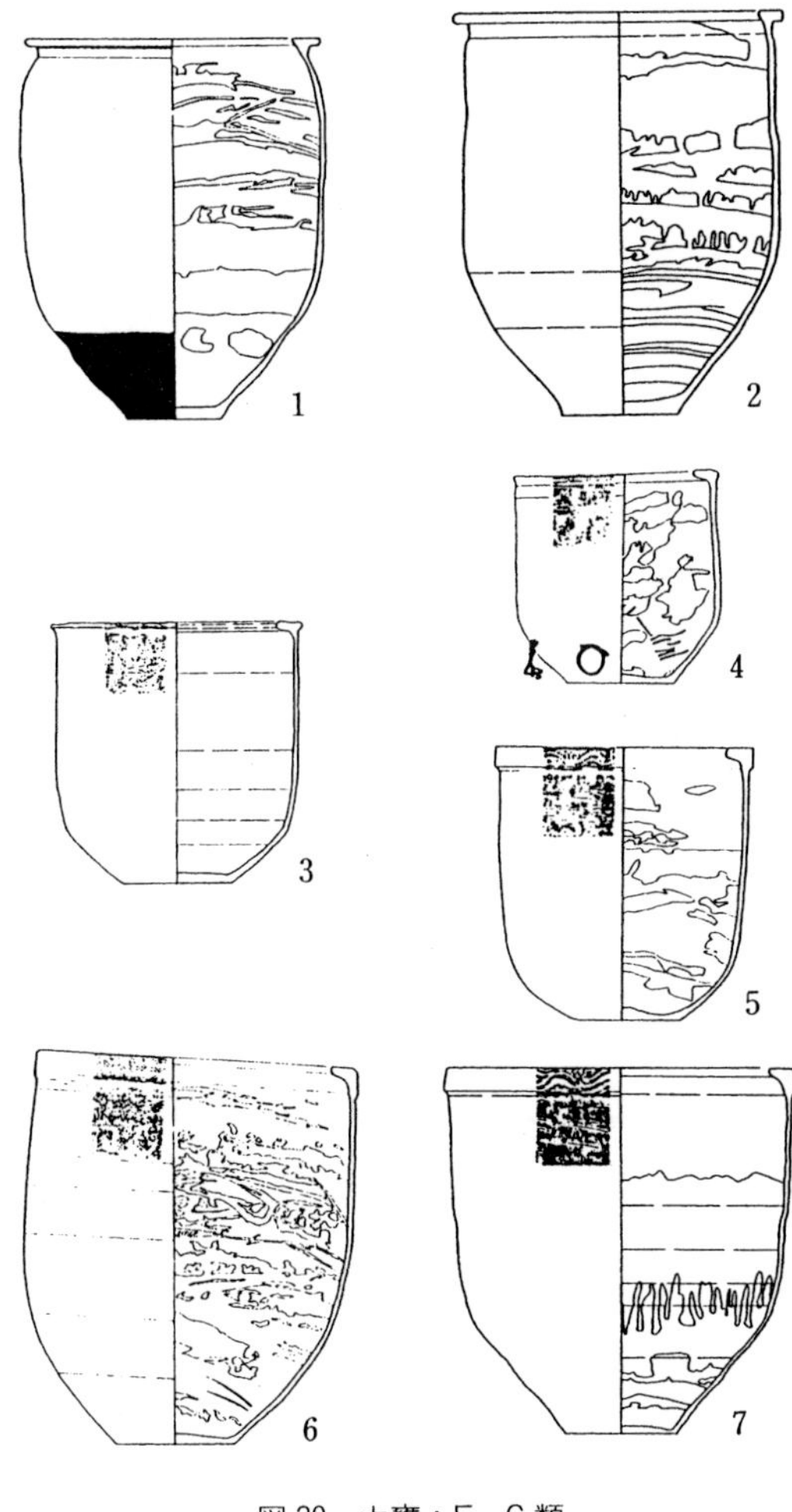

図20　大甕：F・G類

G類（図20―3・4・5・6・7）

口縁部が逆L状になり胴部が口縁上端までほぼ垂直に立ち上がる。また口縁部直下に線彫や回転施文具（リンズ）による装飾が施される。本類を示す甕は、図20―5のC区第98―5号墓・図20―7C区103―1号墓がこれに該当する。図20―3の98―5号墓から検出された副葬品の瀬戸美濃産と推定される染付碗は一九世紀後半期に比定される。

四　大甕から見た画期の設定

大甕を形態的に分類しその年代について検討してきた。その結果、大甕が埋葬主体部として一七世紀後半から一九世紀後半までのおよそ二〇〇年近くにわたり使用されたことが明らかとなった。そこで大甕の変遷からどのようなことが分かるのか。主として出土数量や法量、形態的特長から画期についての予察を試みてみることにしたい（図21）。

第一期（一七世紀後半）

この時期は常滑大甕を甕棺に使用した墓が江戸で最初に出現する時期である。それ以前の常滑は、壺・甕類の多くが小型で火葬蔵骨器として使用されていた[17]。土葬は早桶や長方形木棺が主流であり、甕を埋葬容器に使用した例は全体的に少ない。この時期は、武家社会において甕を用いて先祖を土中で永く保存し、供養しようとする意識が誕生した時期として注目される。また、この甕の出現には、かつてA類の登場を最初であると想定したが、A類・B類・C類が並存して出現しており今後の精査が必要である。

第二期（一八世紀後半）

D類の製品が登場する時期である。C類段階では大甕の量産化と大型化を指向し、口縁部をY型に作り、重ね焼きに耐えうる製品を多く作り出そうと模索した時期であろう。量的にみた場合、生産から供給にいまだ不安定な一面を覗かせている。D類の製品は一八世紀中葉に出現するが、資料的に非常に纏まりが見られ、多くの武家階層に用いられたことは周知のことであるが、系統的に見ると、口縁部はB類、全体の器形はC類の系譜を引くことは明らかである。幅広の口縁部と座葬に適した法量や真焼物中心で構成され、それ以前の製品とは全く異なった形態である。護国院遺跡では五〇〇石の旗本当主家に永く採用されていた事実から埋葬専用に焼成、消費された可能性が考えられる。(18)家格で見てもC類を採用した家よりD類を採用した家が優位にあり、当該時期に常滑の甕＝甕棺に価格格差(商品価格の分化化)が起った可能性が高い。

第三期(一八世紀末～一九世紀前半)

失敗品の激減と安定的な甕の生産・供給が可能となった時期であろう。当然窯体構造にも大きな変化があったと考えられ、前段階のC類のように甕の張りが胴部や口縁部を最大としているような横に広がりがあったものが、この時期、登窯(のぼりがま)へと移行する前段階では、窯詰効率を向上させる目的から長胴化の傾向にあったことは、灰釉徳利を量産した瀬戸美濃の窯業地と同様である。文献によれば常滑に登窯が導入されたのは天保五年(一八三四)であることから、実際に登窯となって焼成された製品はE類・F類段階以降の製品であろうと考えられるが、C類段階ですでに窯の大型化がかなり進んでいたものと考えてもよいだろう。また内面に防水を目的とした白泥状の施釉もこの時期になり普遍化したものである。

第四期(一九世紀中葉～後半)

G類段階は甕の肩部や口縁部にリンズ(回転施文具)や筋彫(線刻)による装飾が施されることが一般化する。すでにF類段階にも見られたが、この外面に施された装飾紋様の出現は、甕が単なる物を入れる容器としてだけでなく、

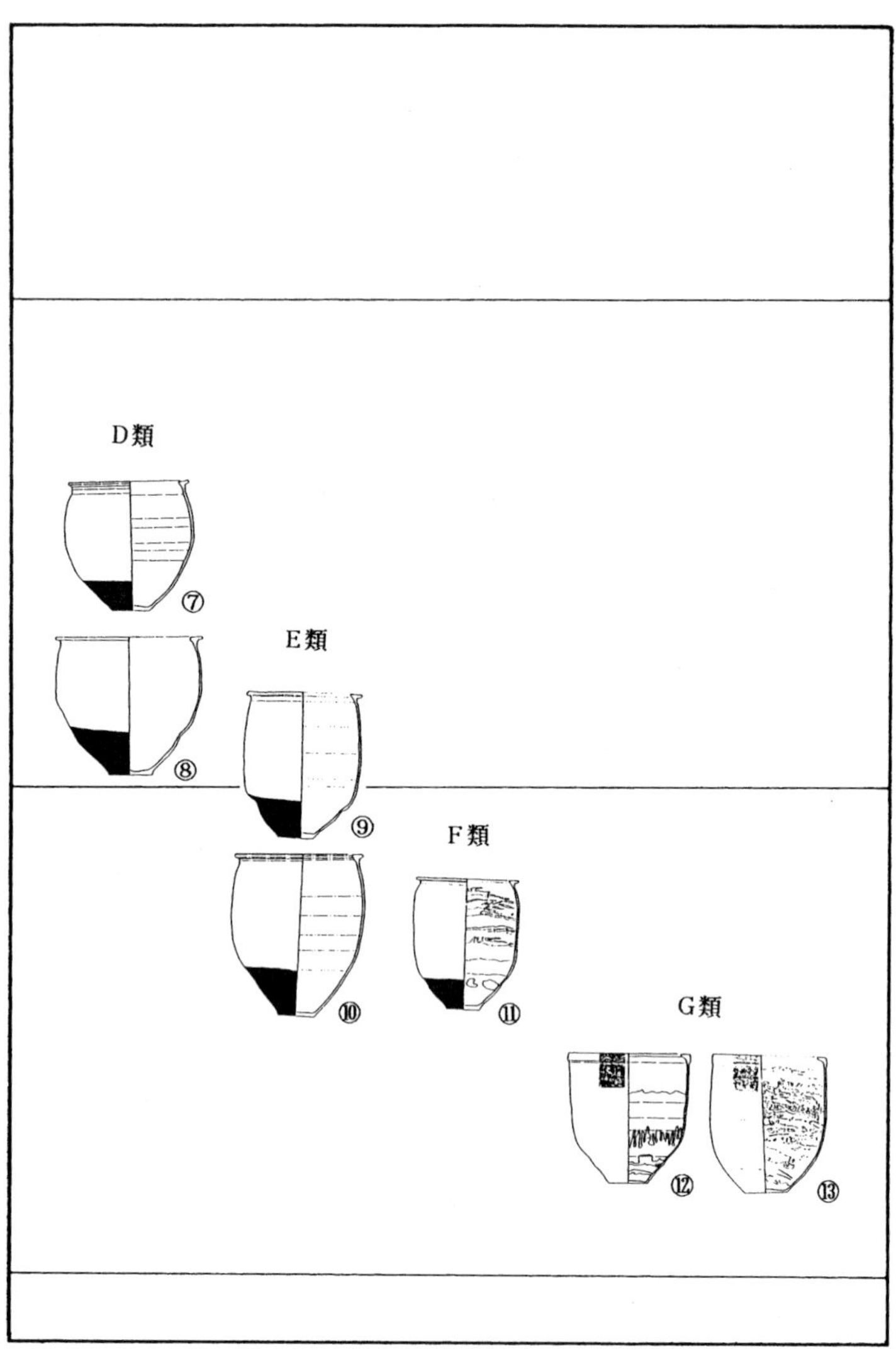

変遷図

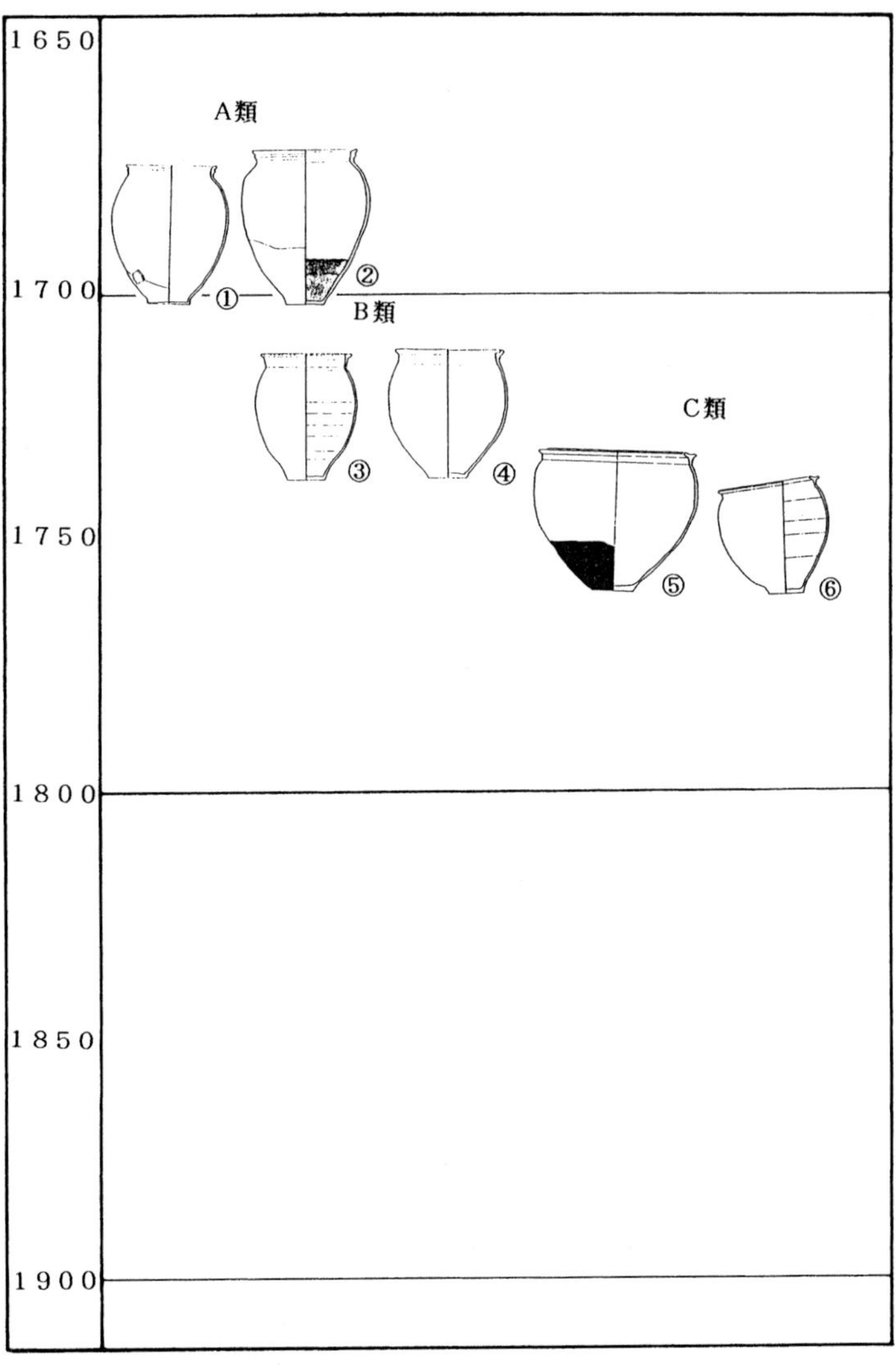

図21　大甕の

屋外での使用など視覚的にも耐えうる製品の登場は生活様式の変化に対応する多様化の現れであろう。

おわりに

護国院遺跡の調査の成果を述べてきた。発掘調査からすでに一八年が経過し、江戸遺跡研究会での一回目の発表からもすでに一二年を経ている。[19]これ以降にも東京(江戸)では多くの資料の増加があり、編年観の見直しや、検討すべき課題も増えた。本稿ではこの点を考慮し、この間に発表した拙稿を大幅に加筆、修正している。[20]それでもなお、常滑大甕の研究はいまだに未完成であり、いずれ別の機会に改めて修正することにしたい。

通常の発掘調査では本来は考古学的な調査という一面的なもので終了していたが、幸いにも寺院に文書史料が豊富に残されており、ご住職の格別のご理解とご協力によって資料の閲覧、活用を特別に許していただいた。さらに大名秋元家を奉る群馬県総社町秋元山江月院光厳寺や、現在も有力な檀家の方々と実に多くの方のご協力をえたことを改めて明記し深謝したい。

注

(1) 『相越戒名帳』『檀家由緒略記』等の貴重な資料の調査は、プライバシー保護の観点から寺院内において史料の撮影、資料化を行なった。それらの資料はその後、報告書刊行後に寺にすべてを返却している。

(2) 谷川章雄ほか　一九八八　『東叡山寛永寺護国院――概要報告書』都立上野高等学校遺跡調査会
谷川章雄ほか　一九九〇　『東叡山寛永寺護国院Ⅰ・Ⅱ』都立学校遺跡調査会

(3) 池之端七軒町遺跡でも都筑家の墓が検出されているが、本遺跡の被葬者を婚姻関係により護国院に埋葬されたと推定している(小俣一九九六)。

(4) 窪田　薫　一九八八「城下町つると秋元三代の治績」『広報つる』三四五による。

(5) 谷川章雄　一九九〇「第三節　埋葬施設と被葬者」『東叡山寛永寺護国院II』都立学校遺跡調査会などによる。

(6) 中野晴久　一九八七「常滑焼き大甕の編年的研究ノート」『研究紀要II』常滑市歴史民俗資料館
扇浦正義　一九八六「第二節　常滑大甕の編年的考察」『自証院遺跡』新宿区教育委員会
成瀬晃司　一九九〇「旧東京帝国大学図書館と便所」『貝塚』四四、物質文化研究会

(7) 前掲書(6)扇浦考察に同じく。

(8) 滝口宏ほか　一九九一『発昌寺跡——公明新聞新館建設に伴う緊急発掘調査報告書——』新宿区発昌寺遺跡調査会

(9) 滝口宏ほか　一九九一『発昌寺跡——社団法人金融財政事情研究会新館建設に伴う緊急発掘調査報告書——』社団法人金融財政事情研究会・新宿区南元町遺跡調査会

(10) 滝口宏ほか　一九九一『自証院遺跡——日本上下水道設計㈱富久町社屋新築工事に伴う第二次緊急発掘調査報告書——』日本上下水道設計㈱・東京都新宿区教育委員会

(11) 天徳寺寺域第三遺跡発掘調査団　一九九二『天徳寺寺域第3遺跡発掘調査——浄品院跡の考古学的調査——』天徳寺寺域第3遺跡調査会

(12) 佐々木達夫　一九八六「III遺物1陶磁器」『江戸——都立一橋高地点発掘調査報告書——』都立一橋高校内遺跡調査団

(13) 伊藤信雄ほか　一九八〇『感仙殿・伊達忠宗、善応殿・伊達綱宗の墓とその遺品』財団法人瑞鳳殿

(14) 井上喜久夫氏のご好意により愛知県陶磁資料館に収蔵されている資料を実見させて頂いた。

(15) 中三川昇　二〇〇二「6向井将監正方夫妻墓」『埋蔵文化財発掘調査概報集X』横須賀市文化財調査報告書第三七集などによる。

(16) 注(11)に同じく。

(17) 惟村忠志　一九九八「江戸の火葬墓をめぐる諸問題」『東京考古』一六、東京考古談話会に詳しいので参照されたい。

(18) この私見については、赤羽一郎氏も同様に考えておられ、葬儀屋の存在、関与を想定されている「随考・近世常滑焼と武家の墓制」『楢崎彰一先生古希記念論文集』一九九八年による。

(19) 惟村忠志　一九九二「東叡山寛永寺護国院墓地跡の調査」『発掘された江戸時代』江戸遺跡研究会第四回大会（発表要旨）

(20) 惟村忠志 一九九七「近世常滑大甕の変遷と窯業画期素描」『牟邪志』第八号、牟邪志刊行会

発掘事例にみる多摩丘陵周辺の近世墓制

……長佐古　真也

一　はじめに

近世農村域の墓制に関する考古学研究は、いまだ十分に行われているとは言えない。筆者が調査に従事している東京近郊の多摩丘陵およびその周辺域も決してその例外ではないが、調査事例に関しては、「松山廃寺」という先駆例があり、またその後も相応に蓄積されている。これらの発掘事例を概観し、研究の糸口を探ることは可能であろう。

二　多摩丘陵および周辺地域の近世墓検出事例

まず、墓壙（ぼこう）個々の年代を推定することが可能な事例を中心に、多摩丘陵周辺地域における中世末以降の村落墓一一例について概観する。なお、時期推定の根拠としては、墓壙内から最も高い頻度で検出され、かつ有力な根拠となることが認められている副葬銭の組み合わせを重視した。分類は鈴木公雄氏が提示された方法（鈴木一九八八など）を参考に、以下の通りとした。すなわち、銭貨を渡来銭（模鋳銭を含む）、古寛永、新寛永文銭、新寛永銅銭（文銭を除く）、新寛永鉄銭、明治以降の銭貨に大別し、副葬銭に含まれる最も新しい銭貨を基準にⅠ〜Ⅵ類に区分する。銭貨の編年観に従い、渡来銭のみで構成されるⅠ類は、おおむね一七世紀前葉以前である可能性が高く、以下、Ⅱ類＝一七世紀中葉前後、Ⅲ類＝一七世紀後葉〜一八世紀初頭ごろ、Ⅳ類＝一八世紀前葉〜中葉ごろ、Ⅴ類＝一八世紀後葉〜一九世紀中葉ごろ、Ⅵ類＝一九世紀後葉以降の可能性が高いことになる。(1)

A　多摩ニュータウン№457遺跡（川島ほか一九八一・一九八二・一九九六、東京都多摩市鶴牧所在、図1・2）　多摩ニュータウン（以下、文中ではTNと略）№457遺跡は、東京南西部の多摩丘陵内にあって、北側に多摩川の支流である乞田川を臨む段丘先端の舌状部緩斜面上に立地する。約七五〇〇平方メートルの調査範囲からは、段切りと溝によって大きく二つに区画された居住空間が検出され、一五〜一六世紀ごろの「居館跡」と推定されている。また、溝周辺を中心に一二基の地下式横穴も検出されている（図1）。

土坑内から人骨が検出された事例は七基検出されているが、この他にも形態の類似した土坑は複数検出されており、中には副葬銭の可能性も考えられる複数の銭貨が伴う土坑も二基含まれている。したがって、実際の墓壙数はこれより多かったと考えられる。これらの土坑は、居住空間の内外に散在的に存在しており、主軸等にも規則性を認めることができないが、数基の墓壙が緩やかに数群の纏まりを形成するようにも見える。五基の墓壙および二基の土坑から検出された銭貨はすべてⅠ類（渡来銭のみ）で占められていることから、墓壙の帰属年代は中世後期から近世初頭ごろと推測され、被葬者は居館との関連が想起される。

図2には同遺跡第三次調査で検出された四基を示した。これらの四基は、遺跡南東側の居館からややはずれた位置に、五×三メートルの範囲に近接して確認されており、後述する「集中墓壙群」に近い形態を有する。墓壙の形態は

図1　多摩ニュータウン No. 457 遺跡〈1/800〉

やや不整な隅丸長方形もしくは楕円形で、底面における長軸規模は、いずれも八〇〜九〇センチメートル強程度である。また、確認面からの深さは、最も深い7号墓壙で約七〇センチメートル、他はおおむね四〇センチメートル前後で、後述する他形態の墓壙と比較して浅いのが特徴である。人骨の検出状況から推測して側臥屈葬で、頭骨が墓壙壁にほぼ接するように検出されていることから、構造的な棺は用いられていなかったことが窺える。また、調査区内からは、板碑の小破片はわずかに出土したものの、墓標と考えられる石製品は検出されていない。

　このように、中世〜近世初頭の居館周辺に墓壙が散在もしくは「ゆる

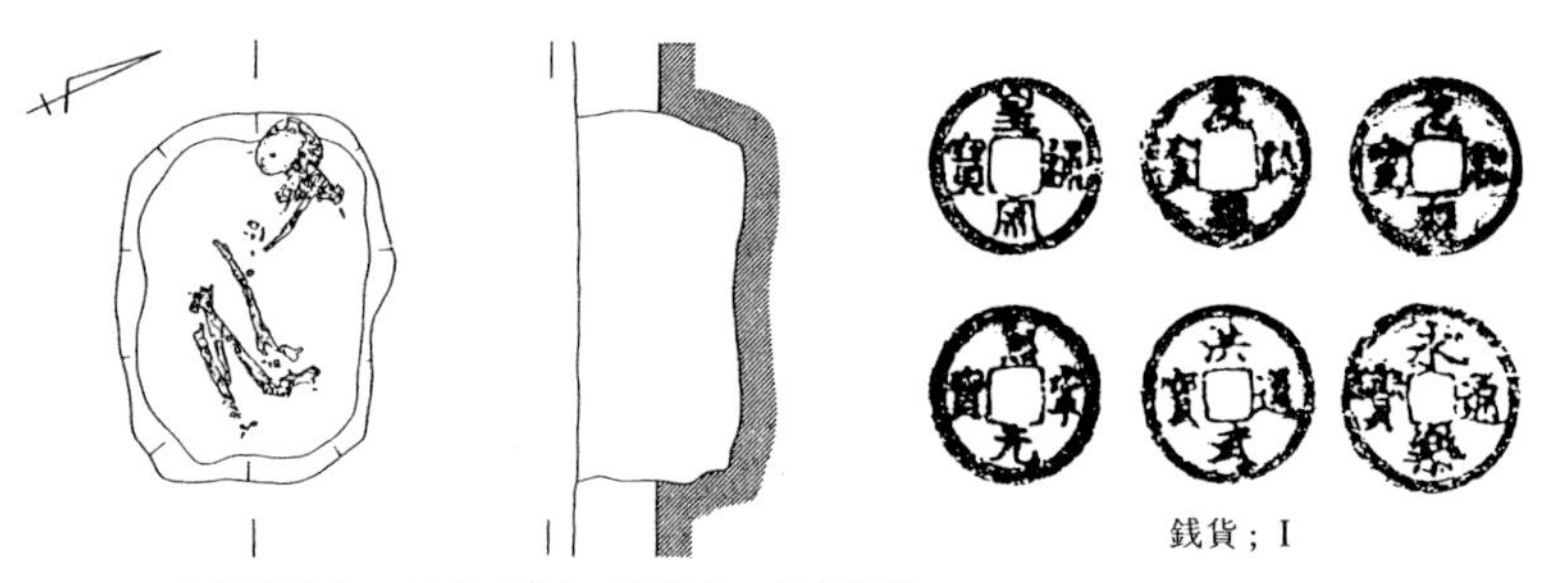

5号墓壙（旧214号土坑） 被葬者；熟年男性

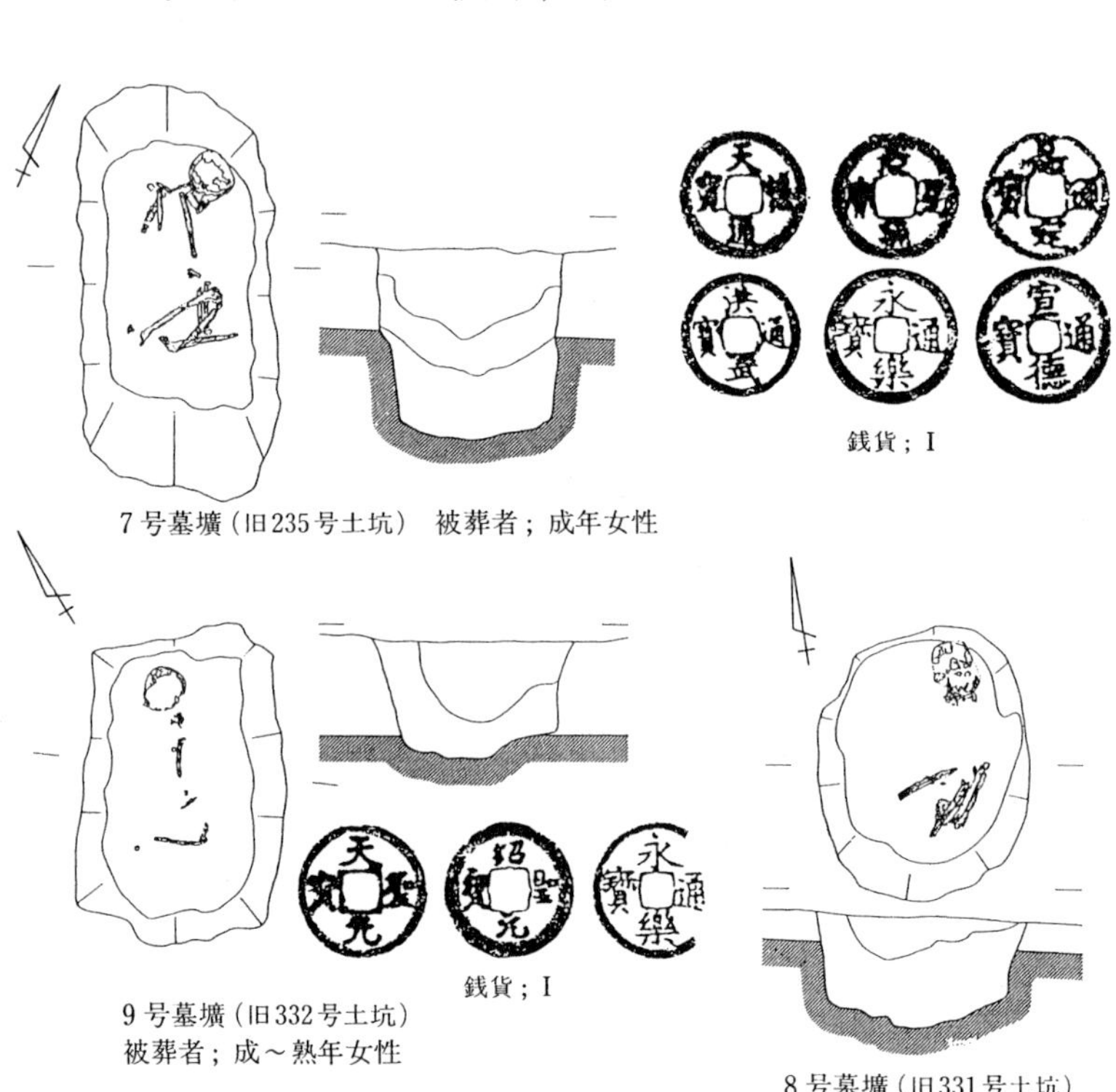

図2 多摩ニュータウン No. 457 遺跡検出墓壙例 〈1/40〉

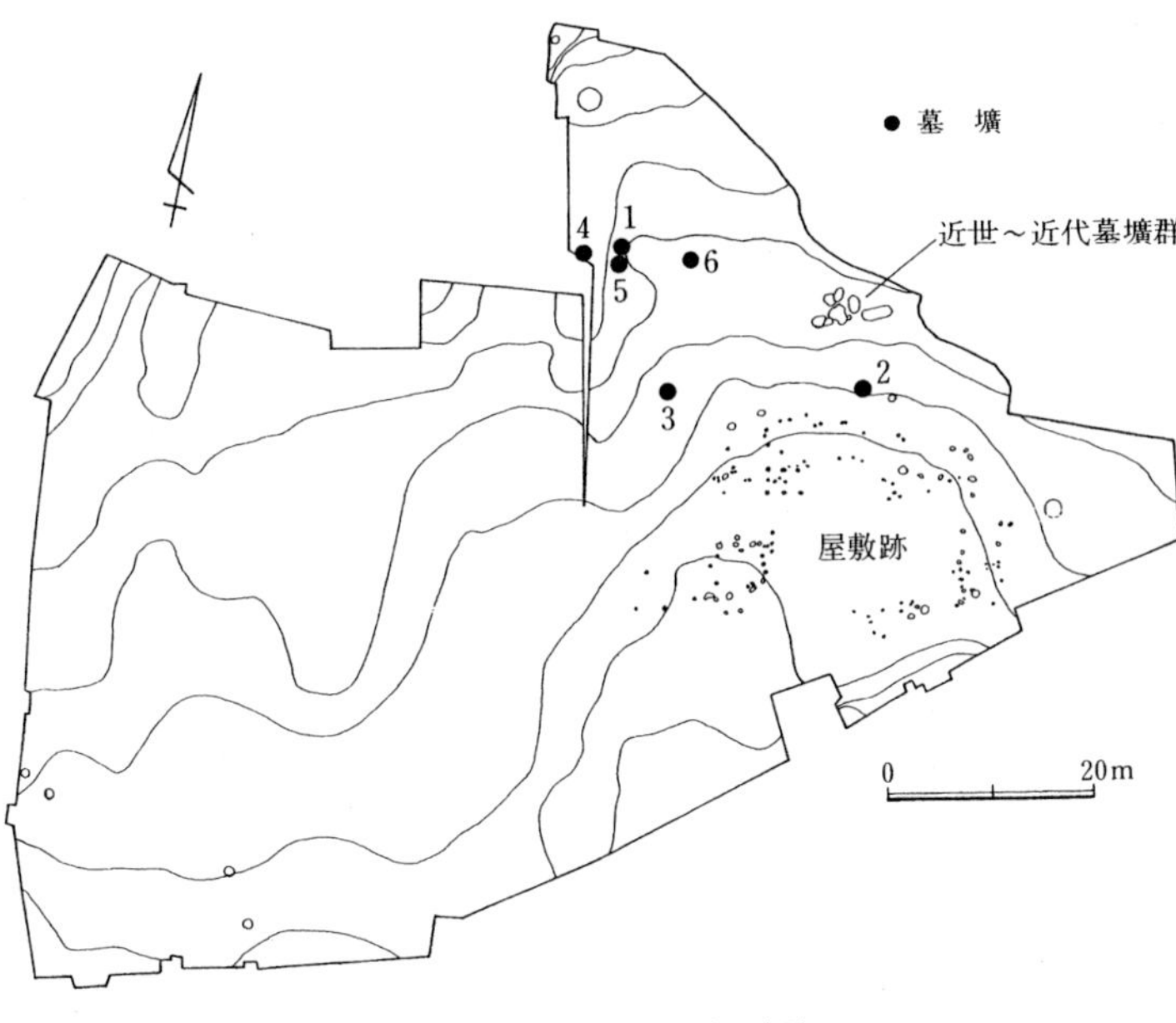

図3　多摩ニュータウンNo. 421遺跡〈1/1200〉

やかに集中」する事例は、他に三鷹市島屋敷遺跡（小薬二〇〇二）などでも報告されている。

B　多摩ニュータウンNo.421遺跡（金持ほか一九八七、東京都八王子市堀ノ内所在、図3・4）　北側に多摩川の支流である大栗川を望む段丘縁辺の緩斜面上に立地しており、前述のTNNo.457遺跡に類似する。調査区東側には調査前まで一軒の農家が存在し、その奥には当該地域に多く見受けられる「ヤシキバカ[2]」が一家代々によって経営されていた（図3）。調査においても、当該範囲内からは柱穴群や中世後期～近世・近代の陶磁器片が検出され、ここが長く居住空間として利用されたことが窺われた。「ヤシキバカ」の直下からも激しく切り合うように多数の墓壙が検出されたが、調査前にすでに改葬が加えられたために墓壙個々の詳細は不明である。幅約八メートル、奥行約三・五メートル（四～五間×二～三間程度?）の範囲に少なくとも一二基以上の墓壙が密接するように構築されていたようである。

ここで取り上げるのは、この墓壙集中部の周辺に検出

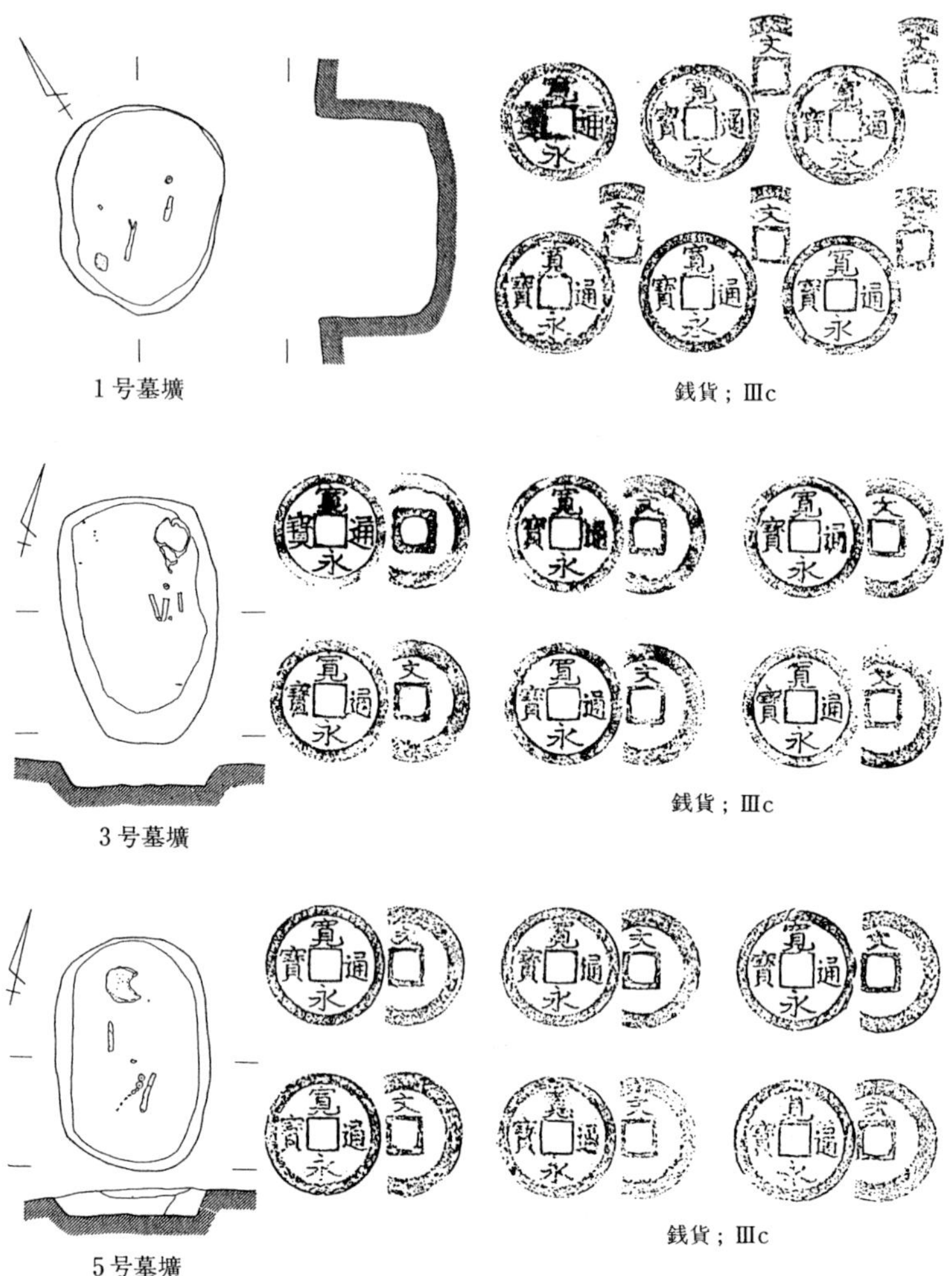

図4　多摩ニュータウンNo. 421遺跡検出墓壙例 〈1/40〉

された六基の墓壙である（個別図示は三基）。これらの墓壙は切り合うことはなく、互いに数メートル以上の間隔を有しながら、半径約三〇メートルの範囲に散在的に分布することで、緩やかな群を形成している。楕円もしくは隅丸長方形に近い形を呈する個々の墓壙も、確認面からの深度が一〇～五五センチメートル程度と浅く、葬位も側臥屈葬であることが窺われ、いずれも前述No.457遺跡と類似する特徴を有する。ただし、ひとつ大きく異なることは、三例確認された副葬銭がいずれも寛永通宝文銭を含むIII類の組み合わせで、その上限が一七世紀の後半まで下がるという点で

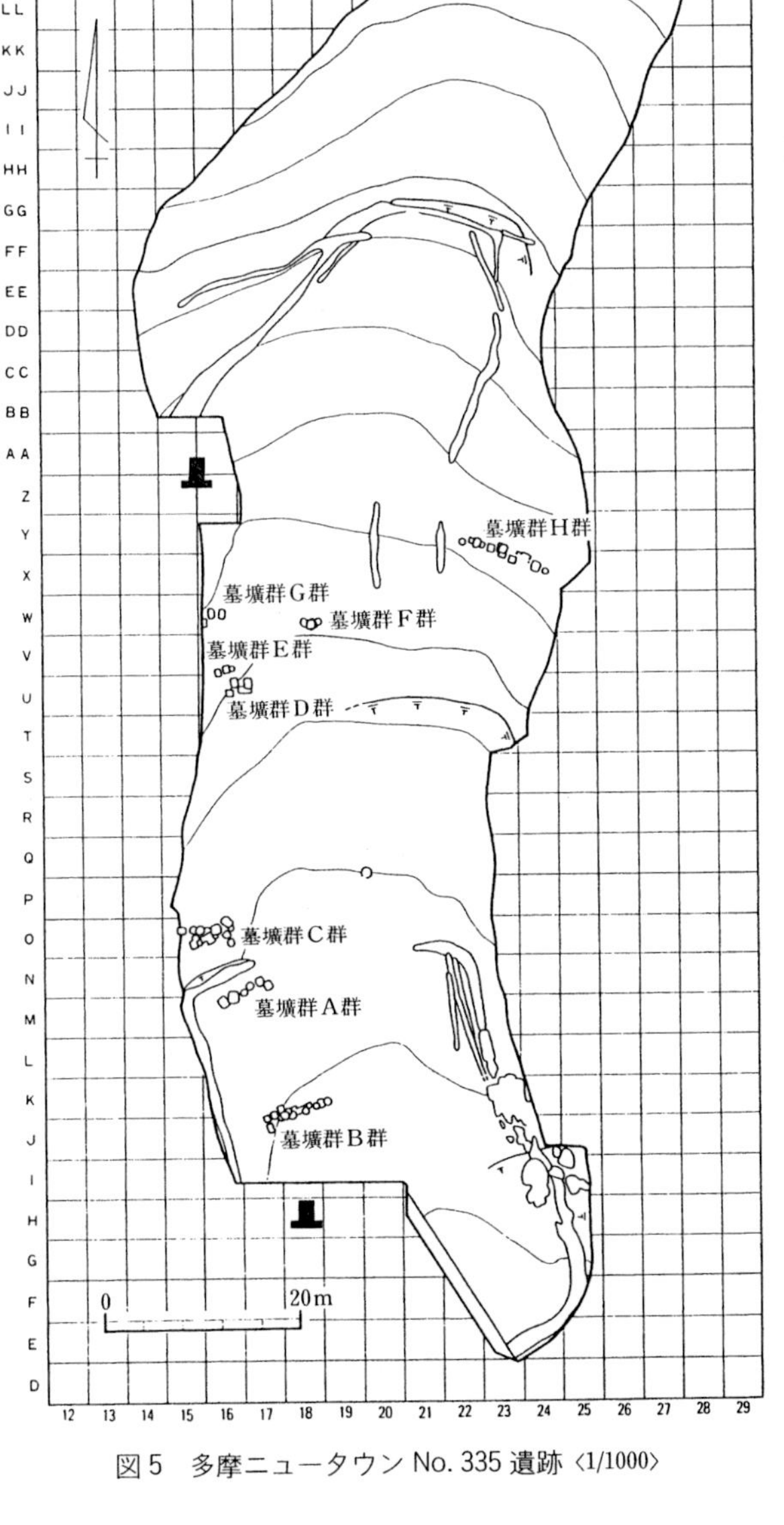

図5　多摩ニュータウンNo. 335遺跡〈1/1000〉

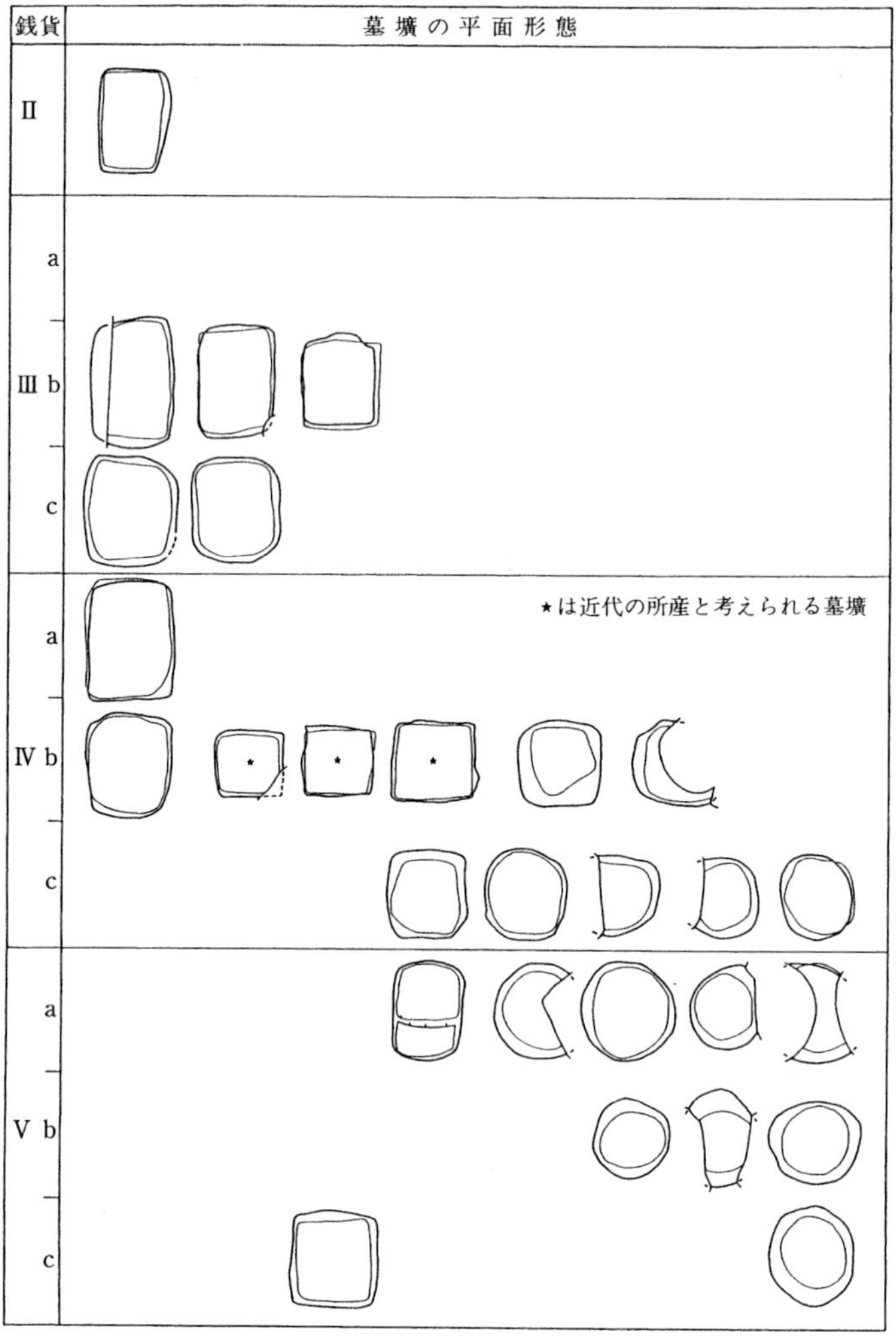

銭貨		墓壙の平面形態
Ⅱ		
Ⅲ	a	
	b	
	c	
Ⅳ	a	★は近代の所産と考えられる墓壙
	b	★ ★ ★
	c	
Ⅴ	a	
	b	
	c	

図6　多摩ニュータウン No. 335 遺跡検出墓壙の形態変遷

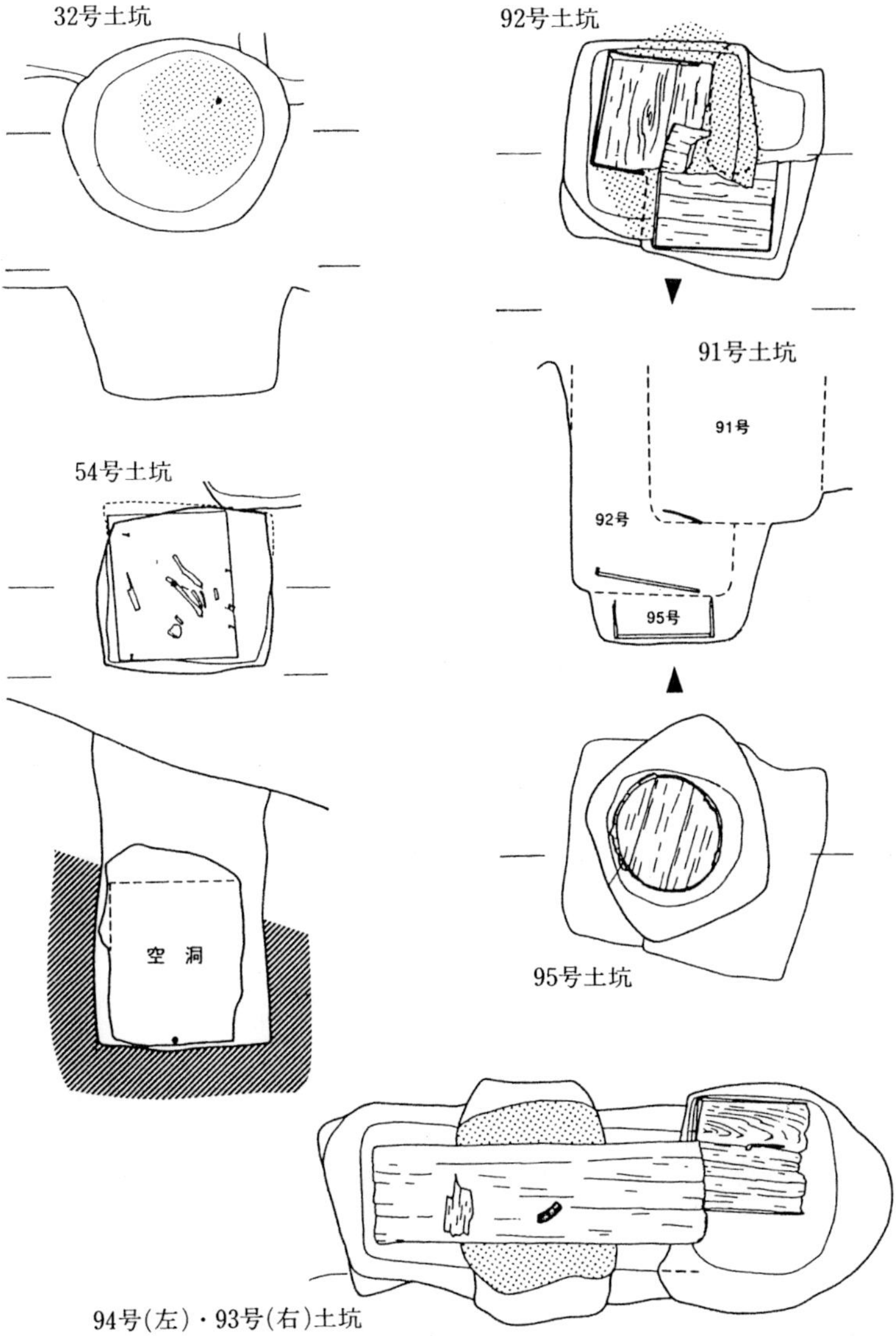

図７　多摩ニュータウン No. 335 遺跡検出墓壙例〈1/40〉

ある。すなわち、多摩丘陵域においては、中世後期段階と同様の墓制が近世前期段階まで残ること、また、こうしたあり方が「ヤシキバカ」に先行することなど、示唆に富む事例と言えよう。

C 多摩ニュータウン№335遺跡（長佐古一九九四、東京都町田市小山所在、図5・6・7）遺跡は多摩丘陵西南端に位置し、相模原台地との間を流下する境川に向かって開ける谷部の沖積（ちゆうせき）緩斜面に立地している。谷の西側端には古い道があり、この道に沿って数群の「ヤシキバカ」が点在していたようである（図5）。

検出された墓壙は六一基で、副葬銭II類を伴う事例から近・現代の遺物を伴う事例までを含み、ほぼこの道に沿う形で見かけ上八群に分かれて点在している。検出された墓壙には、楕円・隅丸方形を呈するものは含まれておらず、長方形、正方形、円形、長い長方形を呈するものが認められた。このうち、方形墓壙五基、円形墓壙二基、長い長方形墓壙一基からは、おのおの墓壙形態をひとまわり小さくしたような棺底もしくは空洞が検出され、墓壙形態が棺の形態によって規定されていたことが窺われた。また、切り合いや銭貨を根拠に、長方形→方形→円形→方形→長い長方形・円形の順に墓壙の形態変遷が変遷することも明らかになっている（図6）。この変遷観の後半段階は、「棺はハヤモノといい、以前は桶だったというが、大正に入ってから方形の座棺になり、さらに戦後は寝棺が多くなった（坪井一九七六）」との伝承とも一致しよう。よって、本事例は、一七世紀の中葉から後葉にかけて小さな単位の墓壙群が次々と成立し、これが継続的に使用されることで形成されたものとみなすことができる。

D 多摩ニュータウン№5遺跡（福田ほか一九八七、東京都稲城市坂浜所在、図8・9）八基の墓壙が密集する形で検出された。長方形、方形、円形が混在する様相はTN№335遺跡に似るが、おのおの二基、四基、二基を数えるその構成は、二基という基本単位の存在を想起させるものとして興味深い。また、本事例は、人骨の遺存状態が比較的良好で、墓壙形態ごとの埋葬位を推測する上で貴重な資料である。検出された副葬銭はIV類を中心としており、経営時期の中

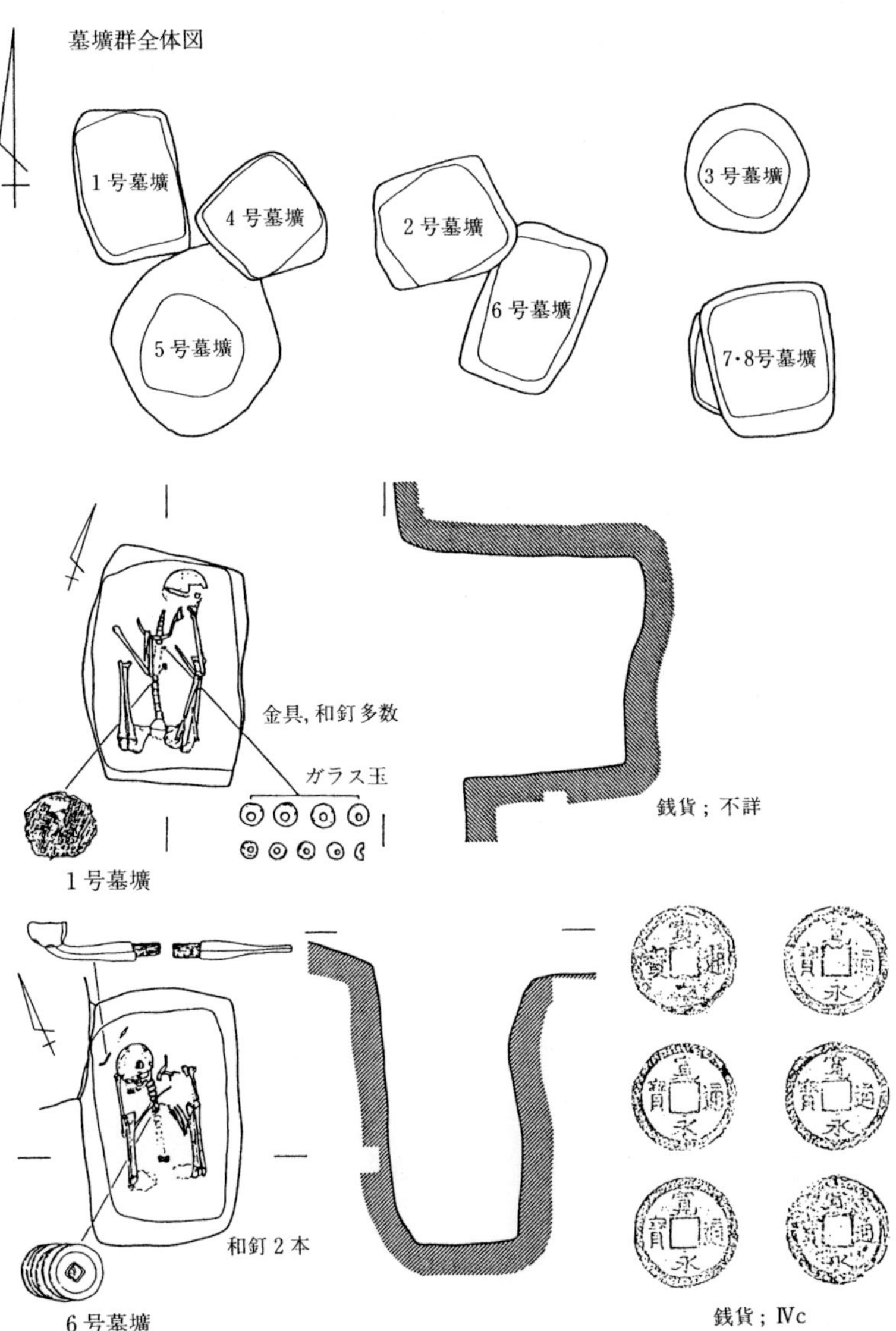

図8　多摩ニュータウンNo.5遺跡検出墓壙（1）〈1/60・1/40〉

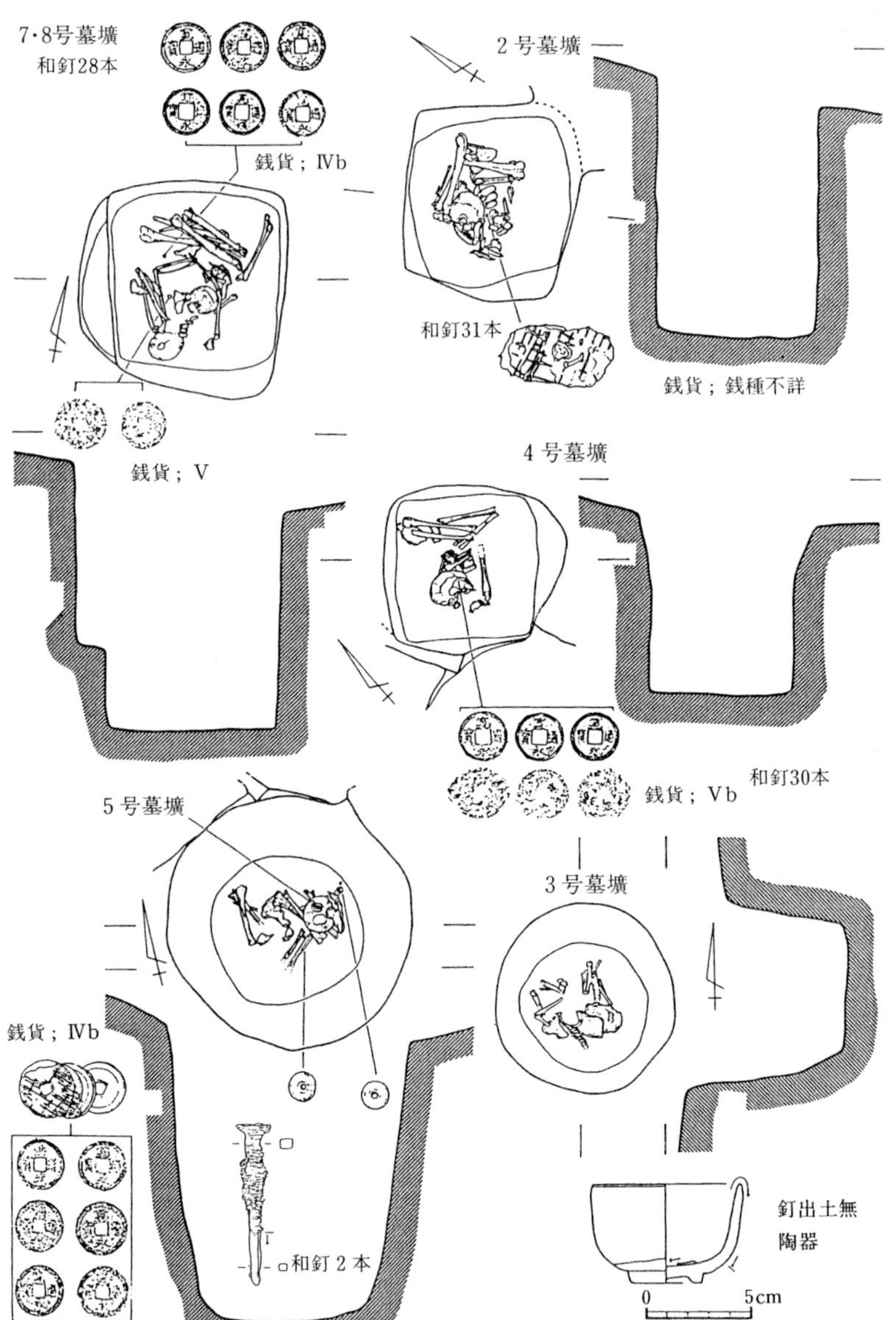

図9　多摩ニュータウン No.5 遺跡検出墓壙例 (2)

心が一八世紀代であったことを示している。

E 多摩ニュータウンNo.213遺跡（竹田ほか一九九一、東京都八王子市上柚木所在、図10） 丘陵先端の舌状部平坦面に立地する調査区内には三つの墓壙群が検出されたが、二群は改葬の対象となったため、調査は行われなかった。残りの一群は、不整円形を呈する二基のみが隣接して確認された事例である。このうち一基から検出された銭貨はⅢ類、また他方から検出された磁器染付碗（そめつけわん）もいわゆるくらわんか手の古手（ふるて）であることから、一八世紀前葉前後の所産と考えられる。

F 打越中谷戸遺跡（服部敬史ほか一九八四、東京都八王子市打越所在、図11） 多摩ニュータウンの西端に隣接する本遺跡からも四基の墓壙が密集する形で検出された。すべて時期差があることが認められており、狭い区画が一定期間、墓所として認識されつづけたことを示している。報告では、方形→長方形→方形→円形の変遷が推測されているが、長方形→方形→方形→円形の可能性も考えられよう。また、出土陶磁器は幕末のものとされているが、江戸遺跡からの出土事例を参照する限り、いずれも一八世紀代の所産と推測され、調査区近傍に存在した石製墓標の紀年銘である元文二年（一七三七）、宝暦六年（一七五六）と考え合わせ、一八世紀前葉〜中葉ごろに造営されたものと理解しておく。これに基づけば、墓壙形態が方形から円形に移行するのは、一八世紀中葉ごろということになる。

G 日陰山遺跡（荒木ほか一九八九、東京都町田市真光寺所在、図12・13・14） 多摩ニュータウンの南に近接する丘陵斜面から八基の墓壙が密集して検出された事例であるが、わずかに接する一例を除いて互いに切り合うことはない。しかし、あたかも二基一単位を彷彿とさせるような配列をもつ点で、TNNo.5遺跡に類似する。墓壙形態は方形が一基の他はすべて円形であるが、方形墓壙に隣接する円形墓壙の副葬銭はⅢ類の組み合わせを持ち、一七世紀後葉まで上がる可能性がある。

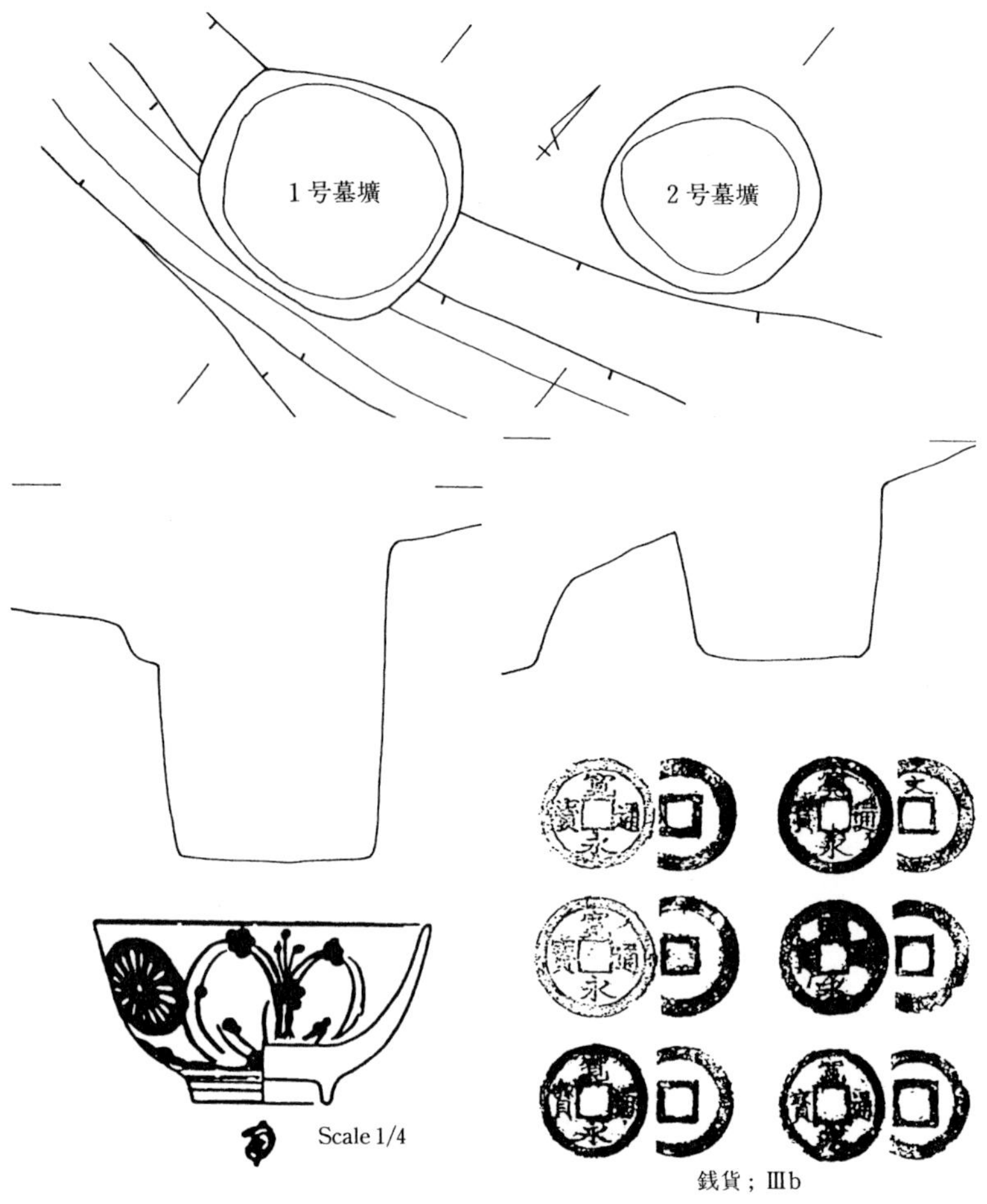

図10　多摩ニュータウン No. 213 遺跡検出墓壙〈1/40〉

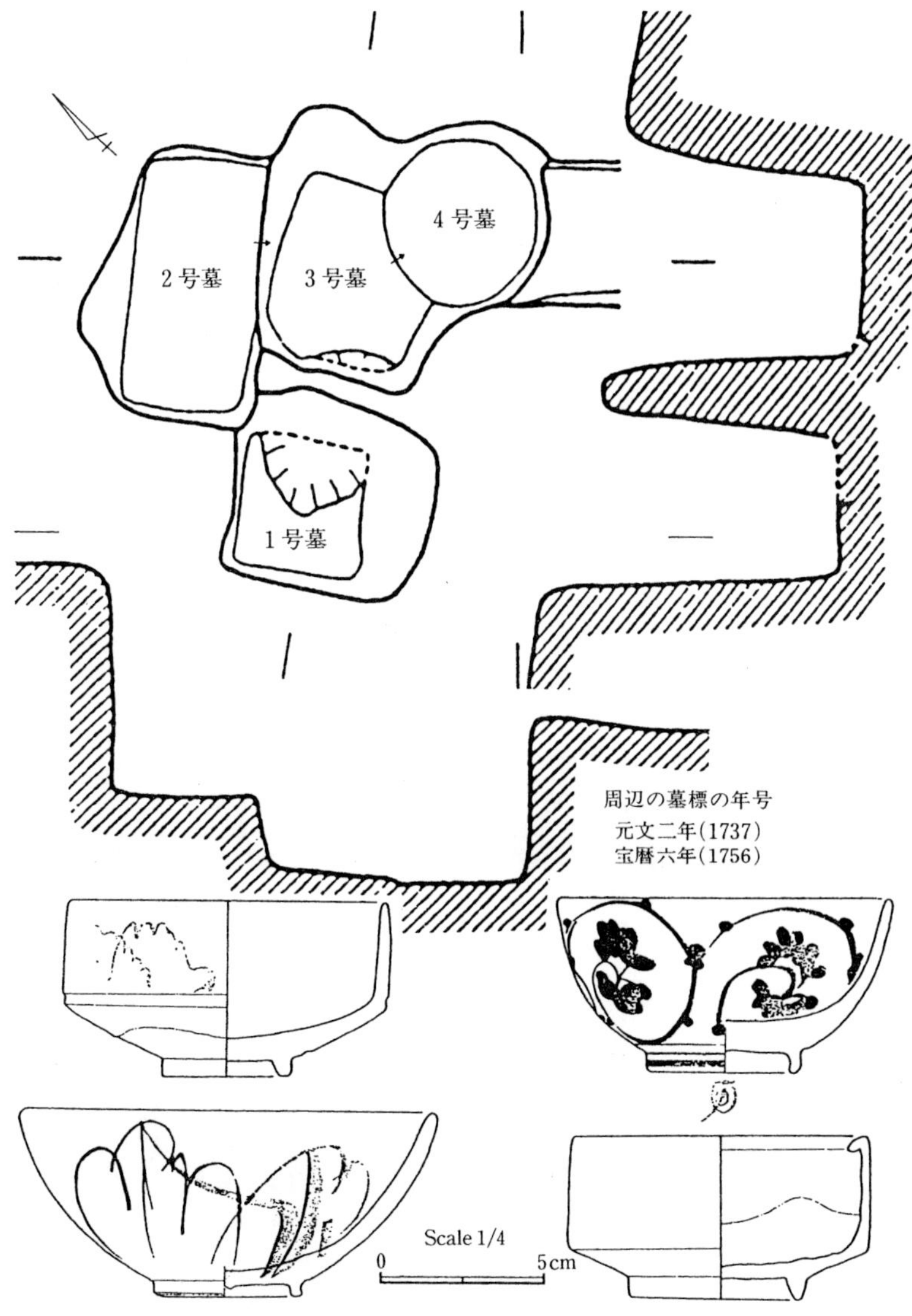

図 11　打越中谷戸遺跡検出墓壙〈1/40〉

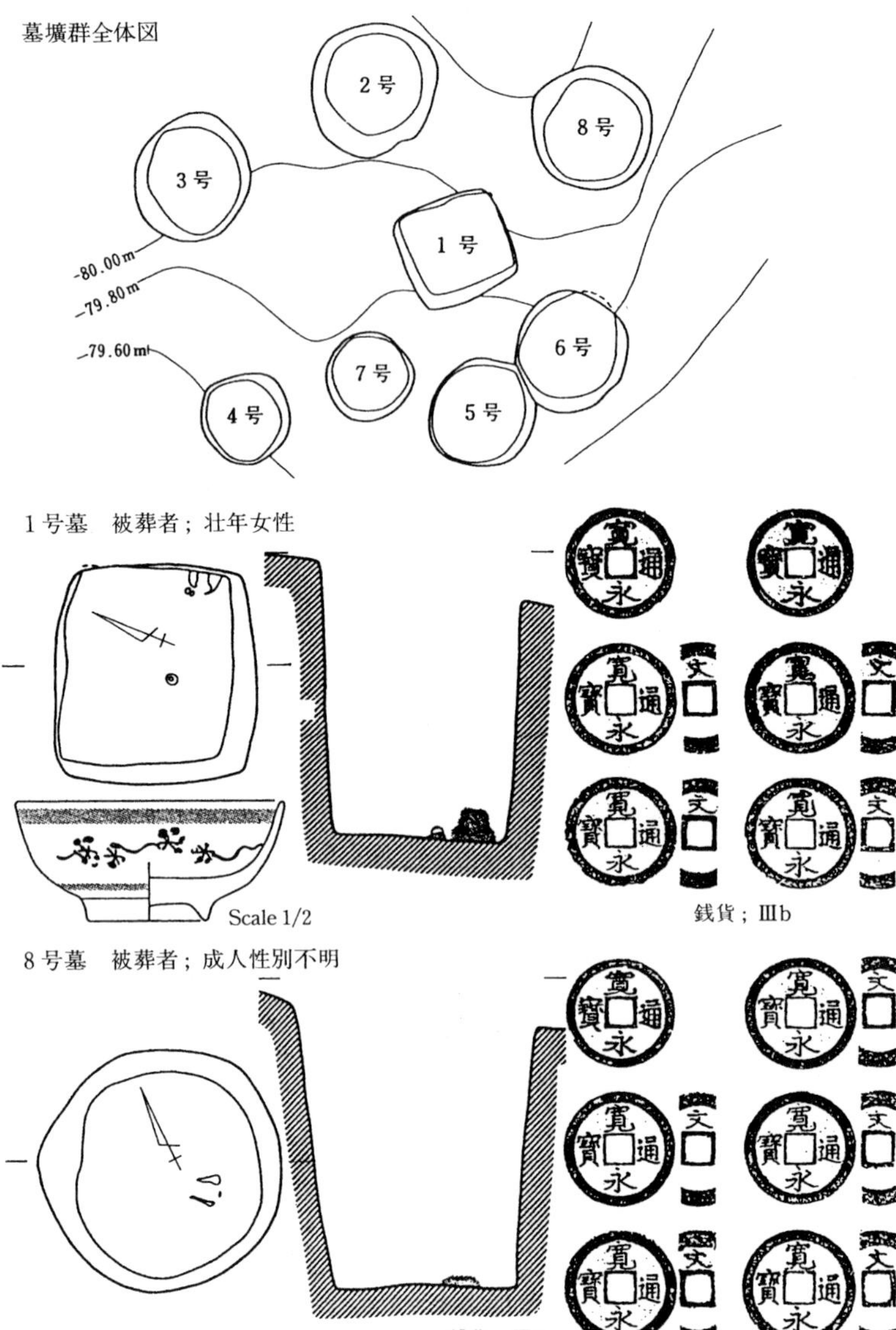

図 12　日陰山遺跡検出墓壙（1）〈1/60・1/40〉

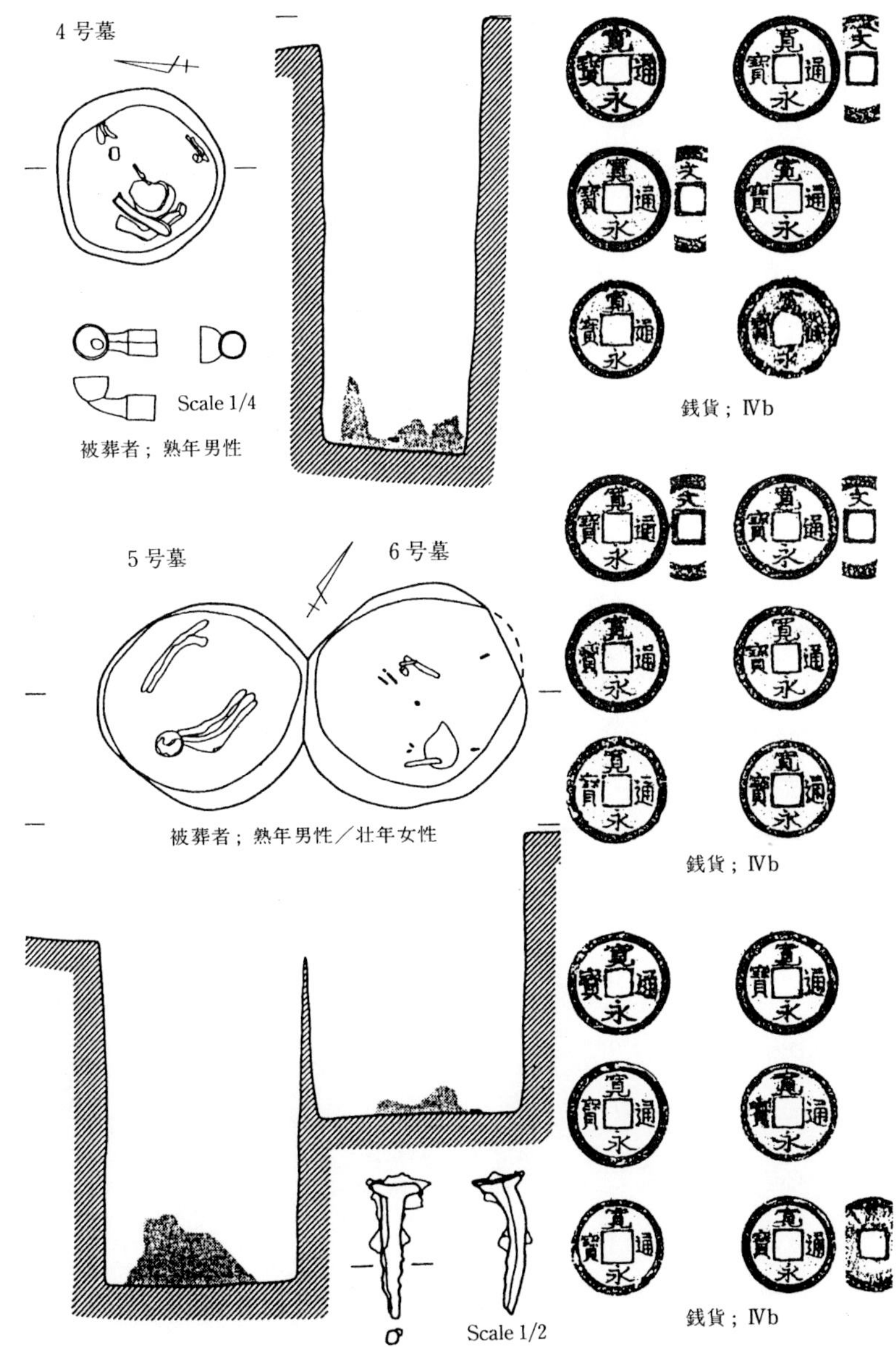

図 13　日陰山遺跡検出墓壙（2）〈1/40〉

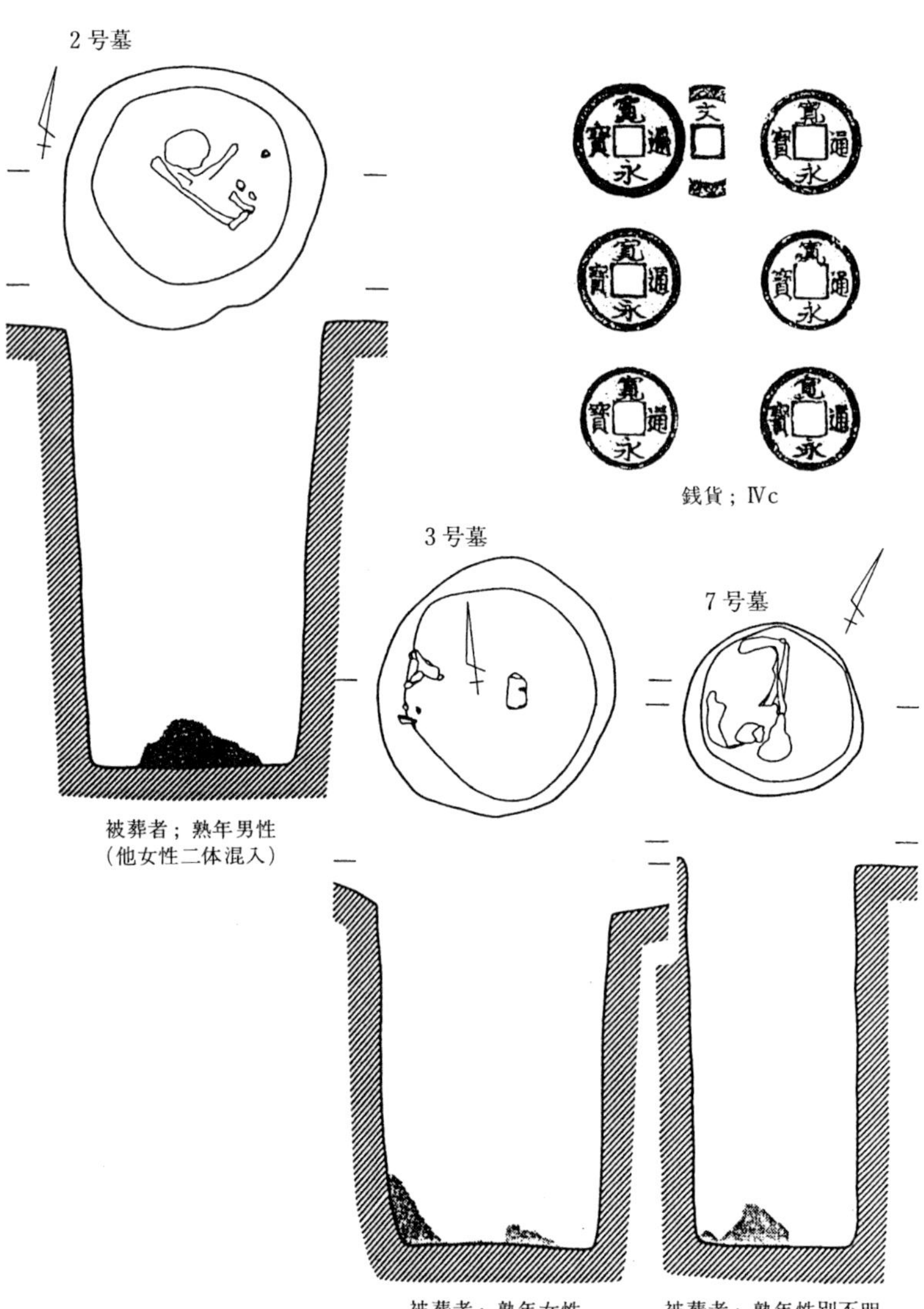

図14　日陰山遺跡検出墓壙（3）〈1/40〉

H　観福寺北遺跡（平子・鹿島一九八九、神奈川県横浜市都筑区所在、図15）　本事例は一九基の墓壙が密集して検出されているが、その配列は南側直近の溝に沿って一定の範囲・規則をもっているように見える。また、調査区に接する道を挟んで北側にも長方形に区画された墓地が存在していたという。隅丸長方形の墓壙は二基認められ、このうち一基は永楽銭を伴う。また、一基のみ認められる正方形墓壙は、副葬銭Ⅲ類を伴い、Ⅳ類の組み合わせを主体とする円形墓壙に先行するものであろう。また、やや不整な円形を呈する小形の墓壙が検出されているが、出土人骨の鑑定所見から、ここには幼児が直葬されていた可能性が高いことが指摘されている。この小形円形墓壙に伴う副葬銭には、Ⅲ類、Ⅳ類のいずれもが認められることから、幼児の埋葬形態は変化に乏しかったことが窺われる。

I　南養寺遺跡（馬橋ほか一九九五、東京都国立市谷保所在、図16・17）　多摩丘陵の北側を東に流下する多摩川左岸の河岸段丘上に位置し、北側近傍には甲州街道が通る。また、現存する南養寺には現在でも寺墓があって、明暦銘など一七世紀中葉代以降の石塔も散見することができる。遺跡は、この寺域に隣接しており、ここから約四〇基の墓壙が、いくつかの小群を形成しながら集合していた。人骨の依存状況も比較的良好で、これらを対象とした鑑定結果も報告されている。副葬銭の組み合わせは、Ⅱ～Ⅲ類を主体とし、その造営期間は一七世紀代中心であったことを窺わせる。筆者の見解で墓壙の形態を見ると、隅丸長方形ないしはこれに近似した不整長楕円形を呈する浅い墓壙、略長方形を呈するやや深い墓壙、さらには略正方形ないしは不整円形を呈する深い墓壙、そして小形で浅い不整形墓壙に区分できよう。

各類型の葬位を人骨検出状況から推定すると、隅丸長方形の浅い墓壙は側臥の屈葬位であったことが窺われる。報告書では棺を想定しているが、後述するように、筆者は直葬の可能性が高いと判断している。ちなみに、この種の墓壙からの鉄釘（くぎ）検出例は無い。長方形墓壙は、おおむね仰臥屈葬を基本とするが、側臥のもの、また半臥半座的な状態

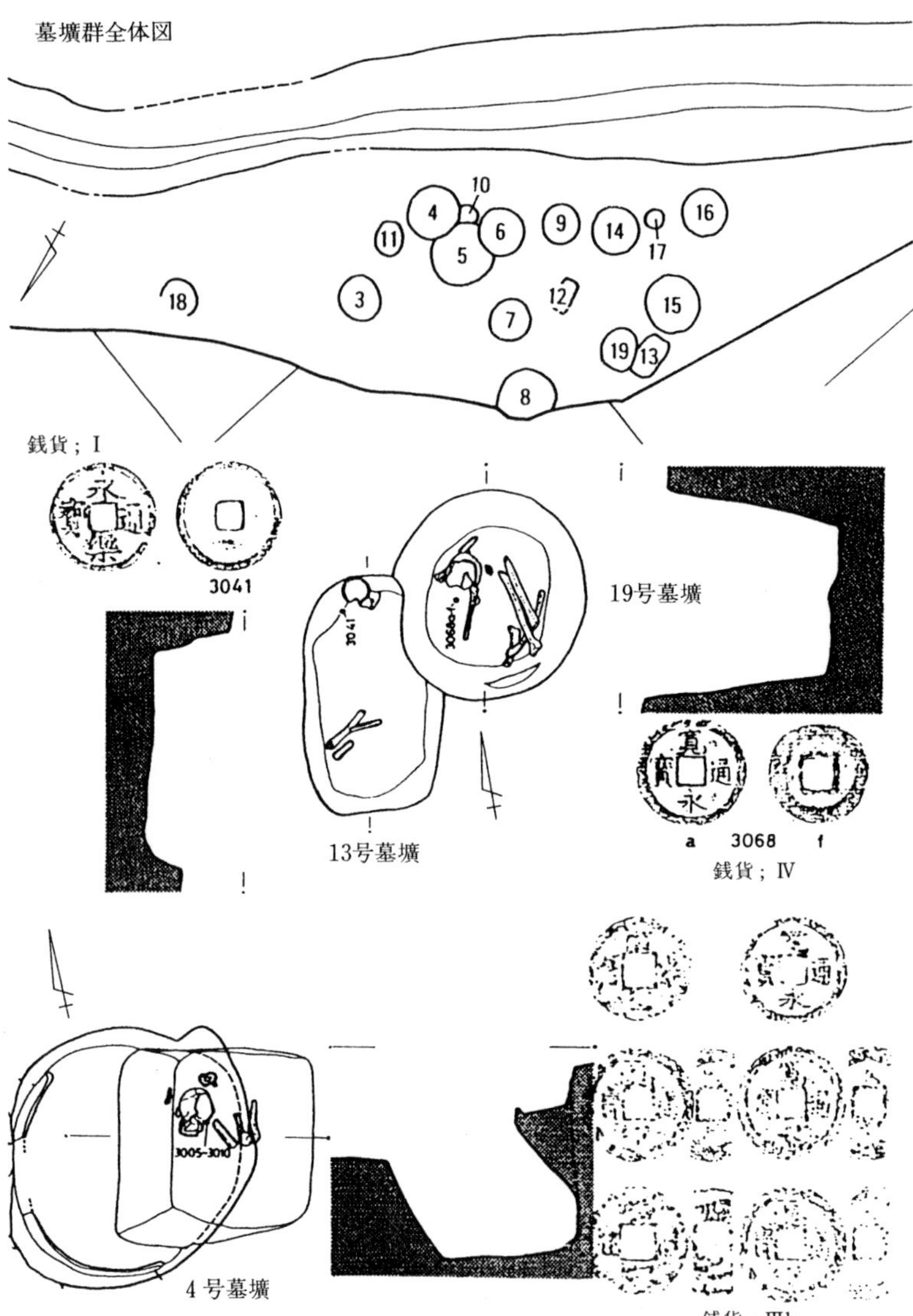

図15　観福寺北遺跡検出墓壙例〈1/400・1/40〉

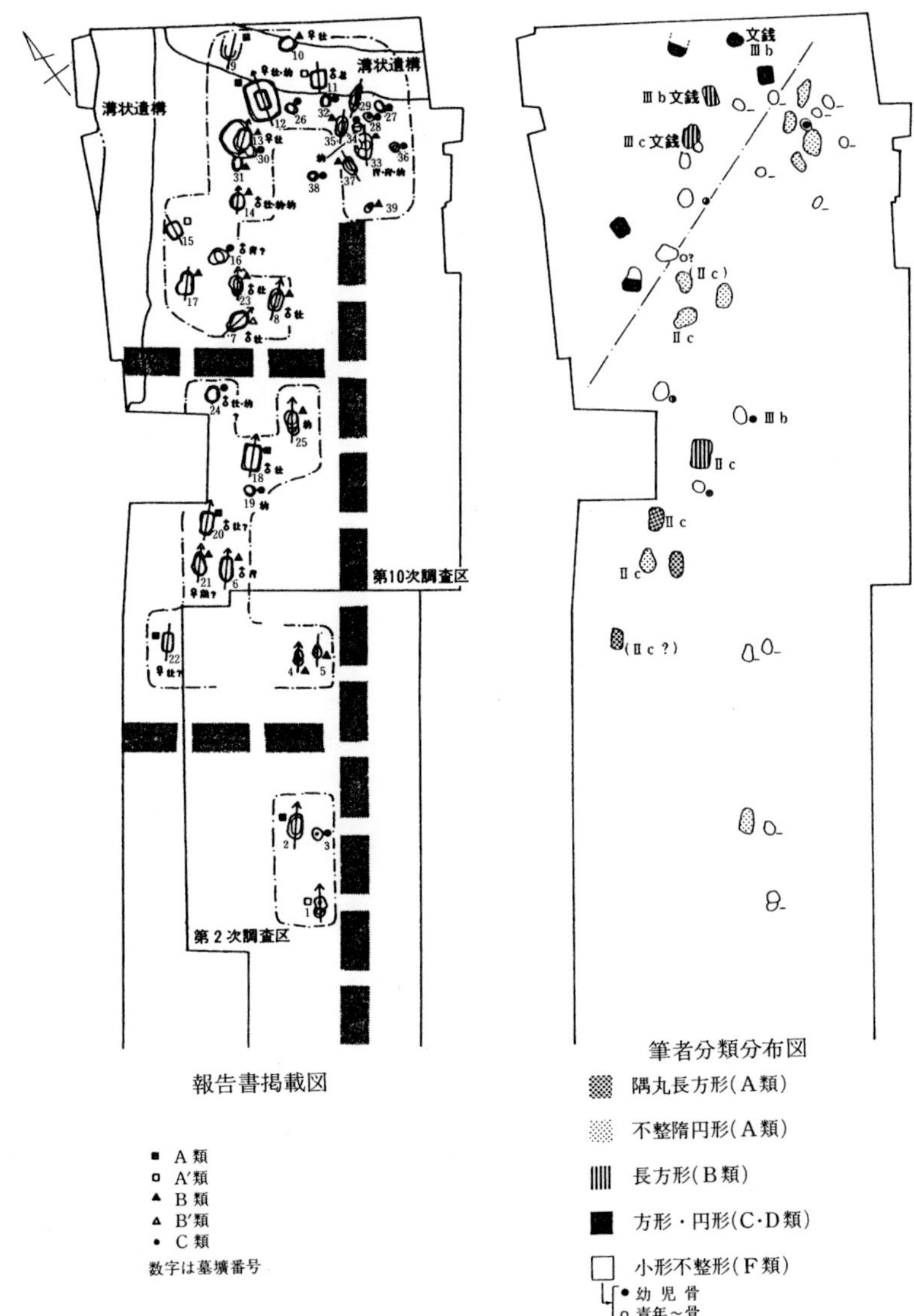

図16　南養寺遺跡検出墓壙群全体図 〈1/380〉

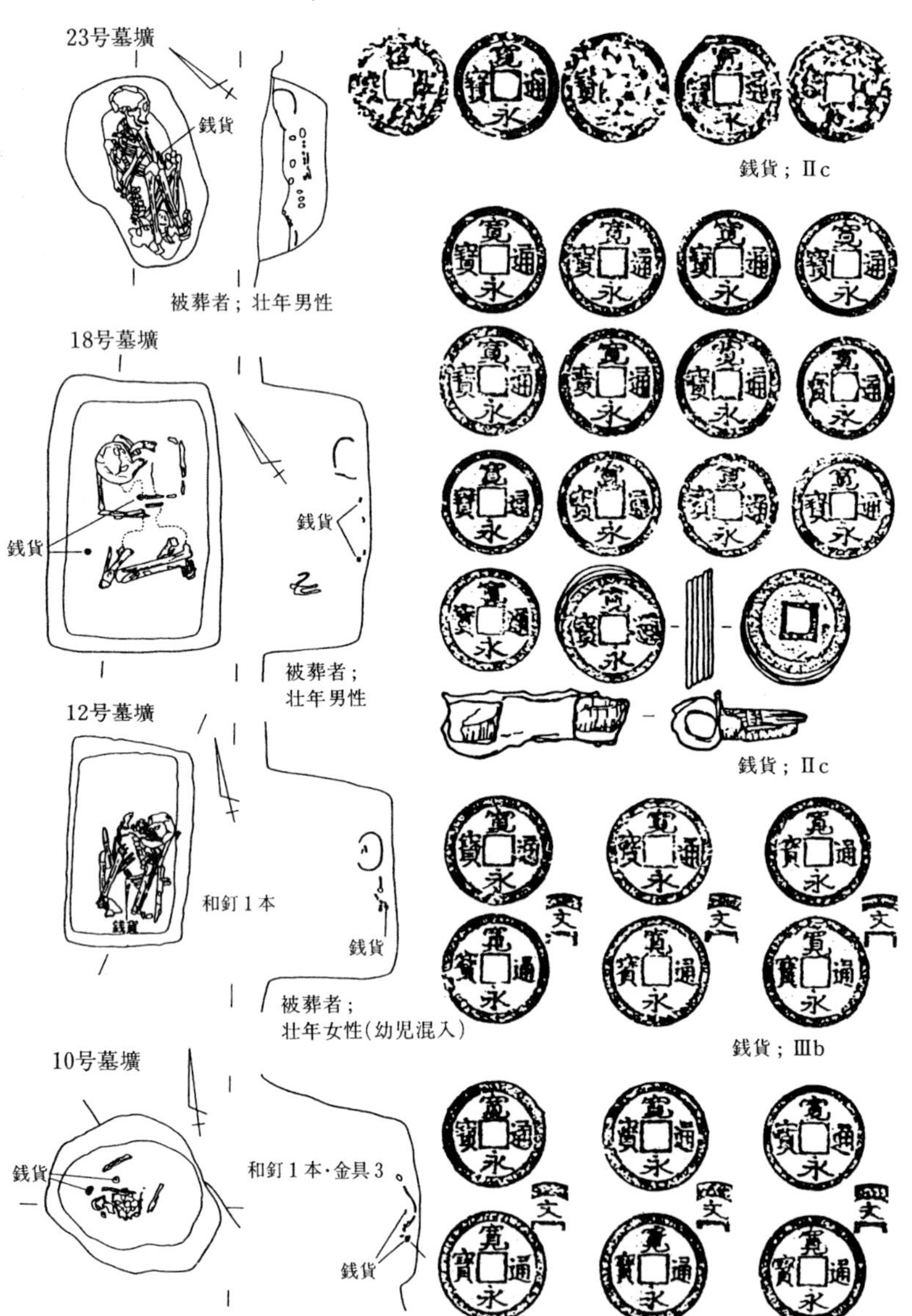

図 17　南養寺遺跡検出墓壙例〈1/40〉

を示すものも認められる。これらは、人骨が墓壙内でも限られた範囲にのみ集中すること、金具・釘等を多く検出していることから、長方形の棺を伴っていたものと推測する。不整円形の深い墓壙の場合は、墓壙底面積や人骨の検出状態から棺を用いた座葬の可能性が高い。また、正方形墓壙には人骨遺存例がなかったが、不整円形墓壙との類縁性から、やはり棺を用いた座葬であったことが類推できよう。銭貨をみると、新しい様相を示すIII類は長方形および不整円形墓壙（10・12・13号墓壙）に限られ、また長方形墓壙にはII類を伴うものも存在する（18号墓壙）。したがって、ここでも隅丸長方形→長方形→不整円形の順に変遷する可能性が指摘できる。また、墓壙の分布を見ると、隅丸長方形墓は検出域全体に散在するが、長方形・方形・不整円形墓は北側のさらに狭い範囲に集中し、棺の使用開始に伴い、墓の分布にも大きな変化があったことを窺わせている。なお、小形で浅い不整形墓壙については、幼児骨のみが検出されているので、観福寺北遺跡同様、乳幼児の葬法と認められよう。

J 箕和田（みのわだ）北久保遺跡（十菱ほか一九八四、東京都狛江市所在、図18） 多摩川左岸に立地するが、南養寺遺跡よりも下流域にあたる。ここからは、略長方形および方形の墓壙四基が密集して検出され、人骨の検出状況から臥位の長方形棺および座位の方形棺が想定できよう。また、本例は、墓域が隅丸方形を呈する溝で明確に区画されていた点が特筆される。近傍には石製墓標三基が認められ、検出された墓壙との関係が指摘されている。その紀年銘は一八世紀中葉ごろに集中し（一七四一、一七五六、一七七五）、IV類二例が検出された副葬銭とも整合する。この段階は、前述例の多くで円形もしくは不整円形墓壙が主体となる時期であり、留意が必要である。

K 宇津木台遺跡（渋江ほか一九八七、東京都八王子市宇津木台所在、図19・20） 多摩ニュータウンの北側、北に多摩川を望む丘陵地に立地する。全体図を示した二つの墓壙群は、いずれも互いに切り合うように密集し配列に一定の規則性を見出せる点で、前述例の多くと類似するが、個々の墓壙形態をみるとかなり異質な様相をもっていることが判る。

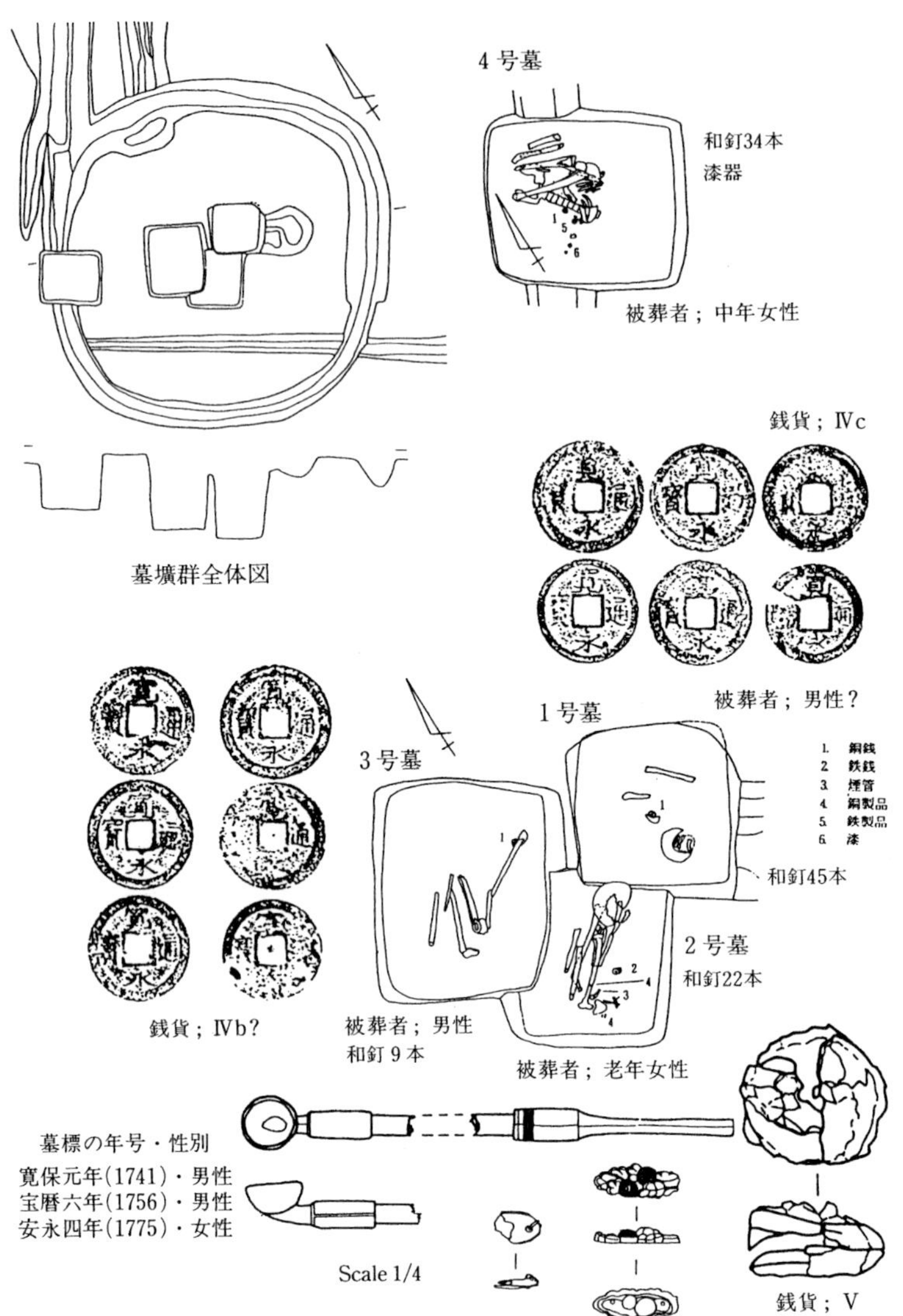

図18　箕和田北久保遺跡検出墓壙〈1/120・1/40〉

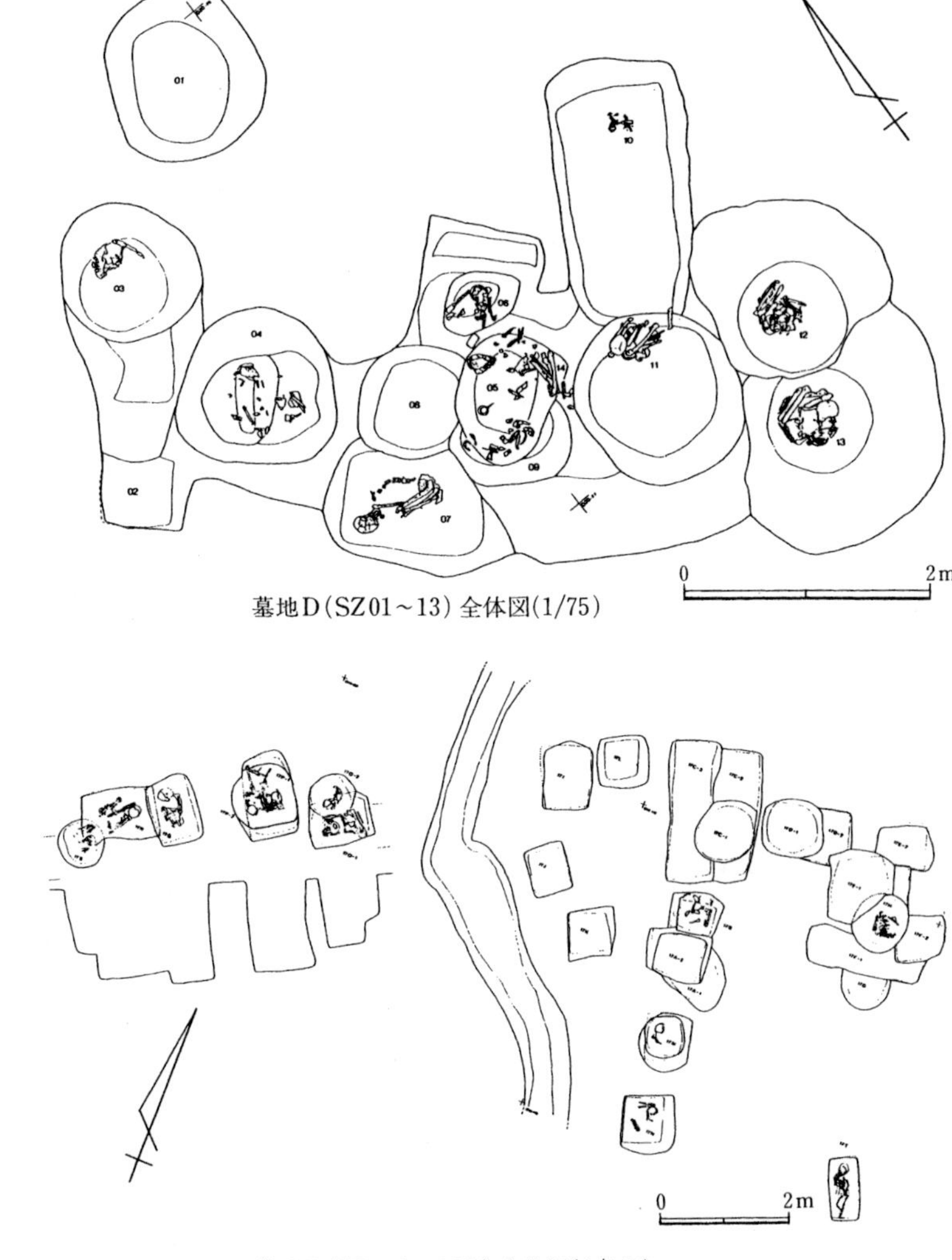

墓地D(SZ01～13) 全体図(1/75)

墓地B(SZ17A～17S) 全体図(1/143)

図19　宇津木台遺跡群D地区検出墓壙例 (1)

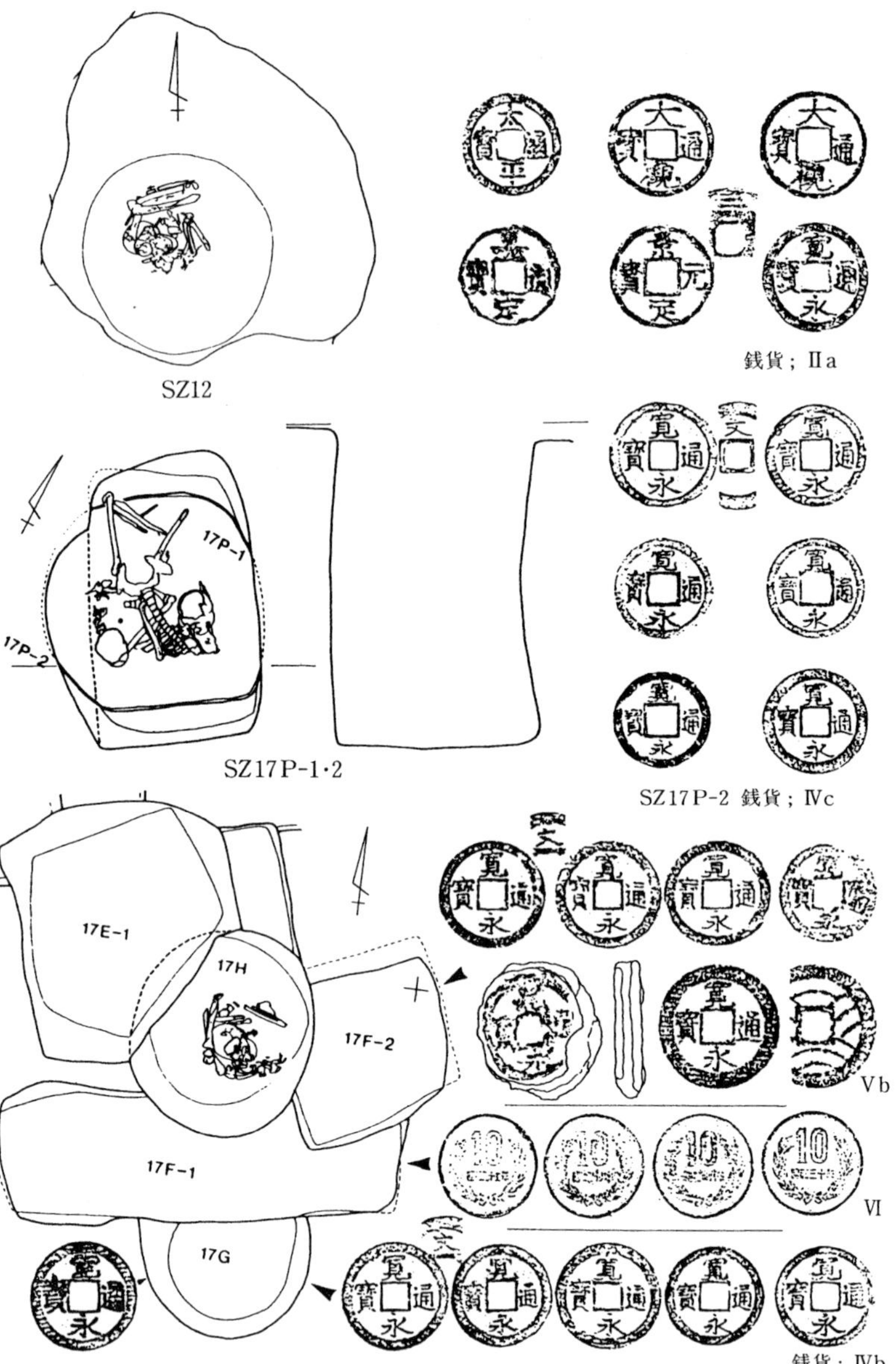

図 20　宇津木台遺跡群 D 地区検出墓壙例（2）〈1/40〉

すなわち、墓地Dにおいて、他例では方形墓壙に後出する円形墓壙がⅠ類副葬銭の段階から存在するのである（SZ12）。さらに、墓地Bでは長方形墓壙が円形墓壙を切っている事例（SZ17P―1・2）や、方形墓壙が円形墓壙を避けるように構築されている事例（SZ17E―1）なども認められる。したがって、本遺跡では円形墓壙→長方形・方形墓壙の変遷が辿れることとなり、他の遺跡とは逆の展開となっているのである。円形墓壙から方形墓壙へは、円形墓壙SZ17P―2に伴う銭貨がⅣ類、方形墓壙SZ17F―1がⅤ類をそれぞれ伴うことから、一八世紀後半ごろに推移したものと推測できる。なお、大会報告後、近隣の川口町十内入東遺跡（小松ほか二〇〇〇）においても類似する事例が検出され、こうした傾向を示す地域が一定の広がりをもつ可能性が出てきた。また、長軸規模の長い長方形墓壙（17F―1）に接して、現行一〇円硬貨の副葬銭が検出されている。TN№335遺跡同様、現代においては寝棺が用いられていたことを示すものであろう。

三　多摩丘陵周辺域における埋葬形態とその変遷

右に概観した通り、各事例には、互いに共通する要素、異なる要素が複雑に交錯している。ここでは、墓壙の平面形およびその平面分布を視点に置いて、これらの様相を整理してみよう。また、近世墓制を考察する上で欠くことのできない石製墓標についても触れてみたい。

墓壙の平面形態　まず、墓壙の平面形態については、A～Fの六類型に大別する。A類は、隅丸長方形もしくは長楕円形を呈するものである。個々の墓壙形態や規模には範型内でも比較的大きい偏差を認め、中には不整形に近いものも存在するが、長短軸が存在する点で共通する。深度は他の類型と比較して最も浅い。B類には、略長方形を呈するもののうち、短軸／長軸比がおおむね一対二以上、二対三程度までを一括した。長短軸を有する点ではA類に類似するが、壁が直線的に削出される点で区別される。C類は、長短軸を持たず、方形もしくは略正方形を呈するものを一括した。土坑の深度は、A・B類と比較して深いのが特徴である。今回抽出した事例においては、さらにやや小形でわずかに胴張りになるものと、やや大振りで直線的な壁をもつものがあるようで、後者の方に後出的要素が認められるが、事例数が少ないことから敢えて一括してある。D類には、円形・略円形のものを一括した。土坑の深度はC類同様深いものが多い。加えて、事例数は少ないものの、長軸／短軸が二〜三倍程度の細長い長方形を呈し浅い墓壙が存在することから、これをE類とした。さらに、A〜D類と比較して、平面規模が小形で、多くの場合不整形もしくは不整円形を呈する一群をF類としよう。

　これら墓壙平面形の相違は、当然、埋葬形態に起因することが想起される。多摩丘陵周辺域は風化火山灰土壌の厚く堆積する台地・丘陵地を主体とし、人骨・棺ともに土に還ってしまっていることが多いが、今回抽出した事例においても、これを裏付ける根拠をいくつか見出すことができる（図21）。

　まず、平面形態に明確な長短軸が認められ、深さが比較的浅いA・B・E類は、臥葬の可能性を指摘できよう。このうちA類は、TN№457遺跡7・9号墓壙（図2）、南養寺遺跡23号墓壙例（図17）などで、側臥屈葬位と推測される状態の人骨が検出されている。また、その頭骨は土坑長軸の一端に検出され、四肢骨は脊椎骨（せきずいこつ）の片側でのみ検出されるパターンで占められ、頭骨および脊椎骨はいずれも土坑底面壁際に検出されることが多い。仮に長方形の棺を想定した場合、棺の範囲が土坑底面範囲から逸脱することになるため、棺は用いられていなかった可能性が高い。対して、B類の長方形墓壙においては、人骨が仰臥屈葬位もしくは半臥半座と推測される状態で検出される事例で占められる。TN№5遺跡1・6号墓壙（図8）、南養寺遺跡12・18号墓壙（図17）、宇津木台遺跡SZ17—1（図20）などが良好な

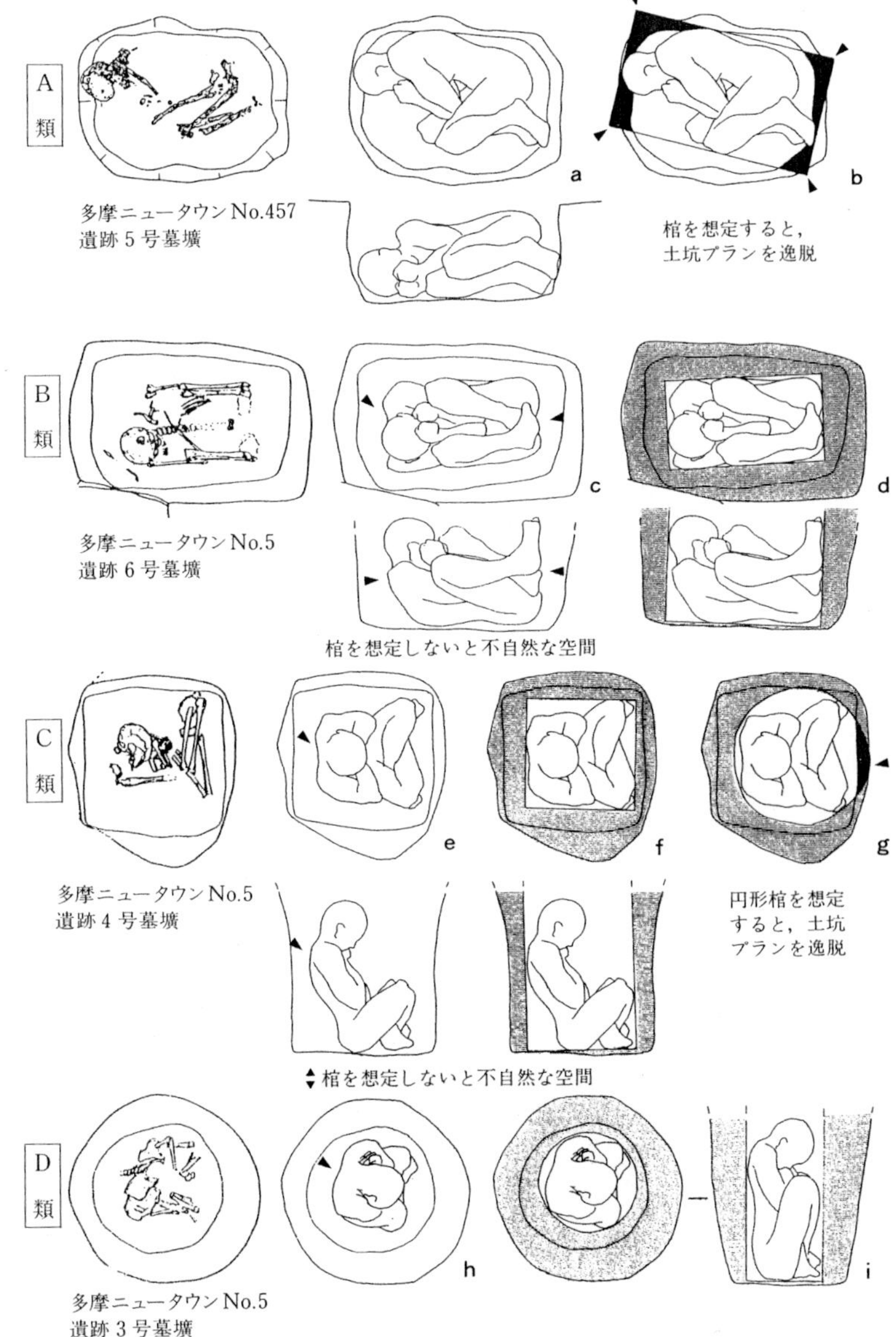

図21　各墓壙形態における埋葬形態復元モデル

事例で、四肢骨は脊椎骨の両側に、脊椎骨にほぼ平行する形で検出されることが多い。また、その分布状況から推測して、かなり窮屈な埋葬位が復元できるのに反して、人骨は壁から離れた部分にまとまる傾向が見いだせる。こちらは、むしろ長方形の棺を想定しなければ、不自然な状況であろう。棺の装飾金具と推測されるものが検出される事例が本類に多いなどを勘案すれば、やはり本類には長方形の棺が用いられたと理解するべきである。E類に関しては、前述の通り、TN№335遺跡94号墓壙（図7）において細長い長方形の底板が検出されている他、伝承事例でも寝棺の使用が確認できる。

C・D類は、墓壙の底面積の狭い点、反対に墓壙深度が深い点から見て、座葬位が想定できる。これを裏付けるように、人骨が遺存する事例はいずれも頭骨・四肢骨等がまとまって検出されるが、C類においては、TN№5遺跡2・4号墓壙（図9）のように略方形の範囲に分布する事例が多い。また、TN№335遺跡54・91・92号墓壙（図7）等では、平面正方形の空洞や棺底部材が検出されている点、鉄釘を伴う事例が多い点などを勘案すると、多摩丘陵周辺域で「タテカン」と呼ばれていた棺が用いられていた可能性が極めて高いといえよう。一方、D類円形墓壙においては、平面円形の桶底のような棺材検出例で占められ、釘の検出事例も少ない。また、TN№335遺跡32号・95号墓壙（図7）で底部の痕跡もしくは板材が遺存していた。したがって、「ハヤオケ」などと称される桶棺ないしは、これに類する多角形棺が用いられていたものと推測される。

残るF類については、残念ながら、埋葬位を推定できる事例に恵まれていない。しかし、遺骨の鑑定が行われた事例では、いずれも乳幼児であることが報告され、直葬の可能性が指摘されている。

以上をまとめると、多摩丘陵周辺域においては、A類墓壙は側臥屈葬位による直葬、B類墓壙は平面長方形棺を用いた仰臥屈葬もしくは半臥半座葬、C類墓壙は平面正方形棺を用いた座葬、D類は平面円形もしくは多角形棺を用いた座葬、E類が長方形棺を用いた伸展葬、そしてF類が乳幼児を対象とした葬位不明の直葬と認めることができる。したがって、以下では、仮に人骨・棺が遺存していない事例においても、これに従って論を進めることとする。

さて、一遺跡内において墓壙形態が墓の時期差を反映する事例があることは既に指摘した。そこで、前述一一遺跡の墓壙平面形を時期別に示したのが図22である。一瞥するだけでは遺跡間のばらつきが大きいが、共通する点もいくつか指摘できる。まず、A類墓壙は、副葬銭Ⅰ類～Ⅲ類を伴う事例で占められ、Ⅳ類以降を伴わない。したがって、当該地域において中世段階から続き、近世中期ごろに途絶えた古い葬法であることが判る。B類墓壙は、宇津木台遺跡を例外とすれば、副葬銭Ⅲ類～Ⅳ類を伴う事例で占められ、近世前期後半ごろに盛行したことが窺える。他類の消長を勘案すると、A類からC・D類に変遷する過渡期に多く認められると言えよう。C・D類墓壙は、これも宇津木台遺跡を例外とすれば、Ⅲ類副葬銭を伴う事例から認められ、副葬銭Ⅵ類を伴う時期まで認められる。したがって、江戸時代中・後期から近代に至る段階に盛行したと認められる。最も多く見られるケースは、当初C類が出現した後、D類に変遷するパターンで、近代に至って、C類が復活する事例も少なからず認められる。E類に関しては、近・現代の事例のみが確認されている。すなわち、多摩丘陵周辺域における埋葬形態の基本のパターンとしては、A→B→(C→D→C)→Eという流れがありそうである。すなわち、側臥屈葬位の直葬から、次第に棺を用いた座葬に展開していくという大きな傾向は確かに見て取れるのである。

しかし、基本パターンに掲げた各類の変遷時期は、遺跡によって異なる。街道に近い南養寺遺跡では、副葬銭Ⅱ類、すなわち一七世紀中葉でも早い段階でB類墓壙が出現し、副葬銭Ⅲ類の段階にはC・D類墓壙に変遷しているが、丘陵内に立地するTN遺跡の多くでは、副葬銭Ⅲ類の段階でようやくB類墓壙が現れ、座葬が普及するのはⅣ類の段階を待たなければならない。TN№421遺跡のように、副葬銭Ⅲ類の段階においてもなお、A類が残存する事例もある。

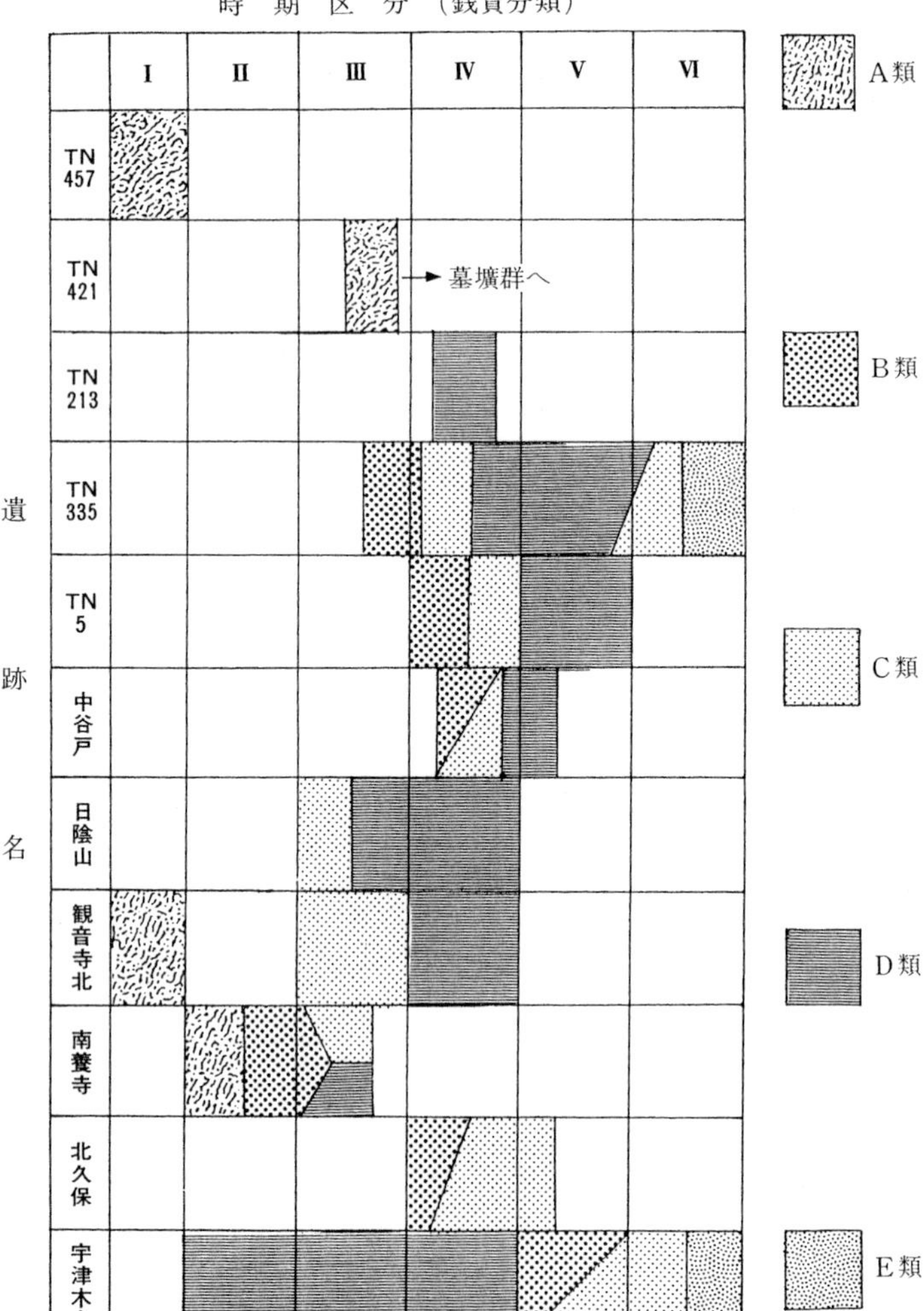

図22　遺跡ごとの墓壙形態の変遷

すなわち、この変化には地域内においても複雑な受容過程の差異や時間差が認められるのである。最も特異な様相を呈するのは宇津木台遺跡で、副葬銭II類の段階からD類墓壙が出現し、副葬銭V類の段階になってようやくB・C類が現れ、他の遺跡と大きく異なるパターンを示している。D類→C類への変化は、他の遺跡でも見受けられることから、宇津木台遺跡の特殊性は、一七世紀段階からD類が出現している点に集約されよう。今回概観した中には、他に同様の傾向を有する遺跡はないが、多摩丘陵地域の東に存在する大都市江戸では、類似した変遷を示す事例が多いことには大きな注意を払うべきである。こうした極端な例外は別としても、A類墓壙が古相を示していることは共通するものの、棺を使用するB~D類墓壙は、遺跡によってその選択が異なっていたと理解するのが妥当であろう。

墓壙の平面分布　次に遺跡内における墓壙の分布状況を概観しよう。今回示した事例の多くは、墓壙が互いに切りあうように密集した形で検出されており、当該地域における近世墓制の大きな特徴の一つとして挙げることができる。一方、TN№457・421遺跡例のように、数メートル~数十メートルの間隔を有しながら緩やかに群を形成する場合もある。これを「散在墓壙群」、隣接もしくは切り合いながら密集する場合を「集中墓壙群」と仮称して比較してみよう。

散在墓壙群は、墓壙の主軸方位にばらつきが大きく、配列上の規則性を窺うこともむずかしいことから、「広い墓域を定めた上で、ここにランダムに埋葬する葬法」というイメージが導き出される。また、構成する墓壙がすべてA類で占められることから、これが当該地域における古い墓制の特徴のひとつと理解することができよう。

一方、集中墓壙群は、数基~二、三〇基前後によって構成されることが多く、これがおおむね半径数メートル~十数メートルの範囲に収まる。TN№335遺跡や南養寺遺跡のように、これを越える事例の場合においても、内部にいくつかの単位を認めることができ、集中墓壙群の複合体として認めることが可能である。また、墓壙の主軸に明確な規則性が認められる事例や、直線やコの字など規則的な配列を呈する事例も多い。ここからは、「数間×数間規模の敷地を定め、ここに規則的に埋葬する葬法」というイメージが導き出される。中には、多摩ニュータウン№5遺跡、日陰山遺跡などのように、二基一単位のような規則性を見出せる場合もあり、そのほとんどが直系血縁系譜を基盤とした祖先祭祀の場＝「イエバカ」であることを示唆している。また、これらはB〜E類墓壙によって構成され、稀にA類墓壙を含む事例があるものの、この場合でもA類墓壙同士が隣接もしくは切り合うことはない。こうした事実は、B〜E類墓壙、すなわち棺を用いた葬法を受容したと同時に、イエの墓所を定めたことを示すものとして理解されよう。(3)

石製墓標　今回取り上げた調査事例は、ほとんどが上部の設えを失った後に調査が行われており、墓標と墓壙との関係を窺うことはむずかしい。よって、今回は概略のみについて触れ、その展望を述べておく。

図23・24に当該域の石製墓標報告例の一例を挙げる。当該地域で主体をなす石製墓標の形態には、民俗学や先行研究（谷川一九八八など）が指摘する通り、頭部三角形、断面舟形を呈するいわゆる板碑形（谷川B―一類）、第二は、頭部が半円形もしくはかまぼこ形を呈するもの（谷川D類）、第三は塔身が方柱形を呈するもの（谷川E類）などが主体的に認められる。その紀年銘を見ると、頭部三角形・断面舟形が古い段階に盛行したことが窺われるが、一七世紀前葉以前に遡るものは認められず、棺の受容や集中墓壙群の形成開始との関連を想起させる。個別に見ると、副葬銭II類、すなわち一七世紀中葉の早い段階で棺使用の埋葬形態に転じる南養寺遺跡隣接墓地では、正保・明暦・万治・寛文など一七世紀中葉代の墓標が散見できる。やはり、II類の段階から円形墓壙が用いられる宇津木台遺跡関連の屋敷墓では、一七世紀前半代の墓標こそ見当たらないが、寛文・延宝・天和（てんな）等、一七世紀後半代の墓標は複数認められる。(4)しかし、一七世紀後半代に至って棺を受容し、一八世紀前葉にかけて複数の墓壙群が成立・展開するTN№335遺跡関連の屋敷墓等では、元禄期、すなわち一七世紀末以降の墓標から認められるようになり、近隣の宝泉寺墓地でも、寛文

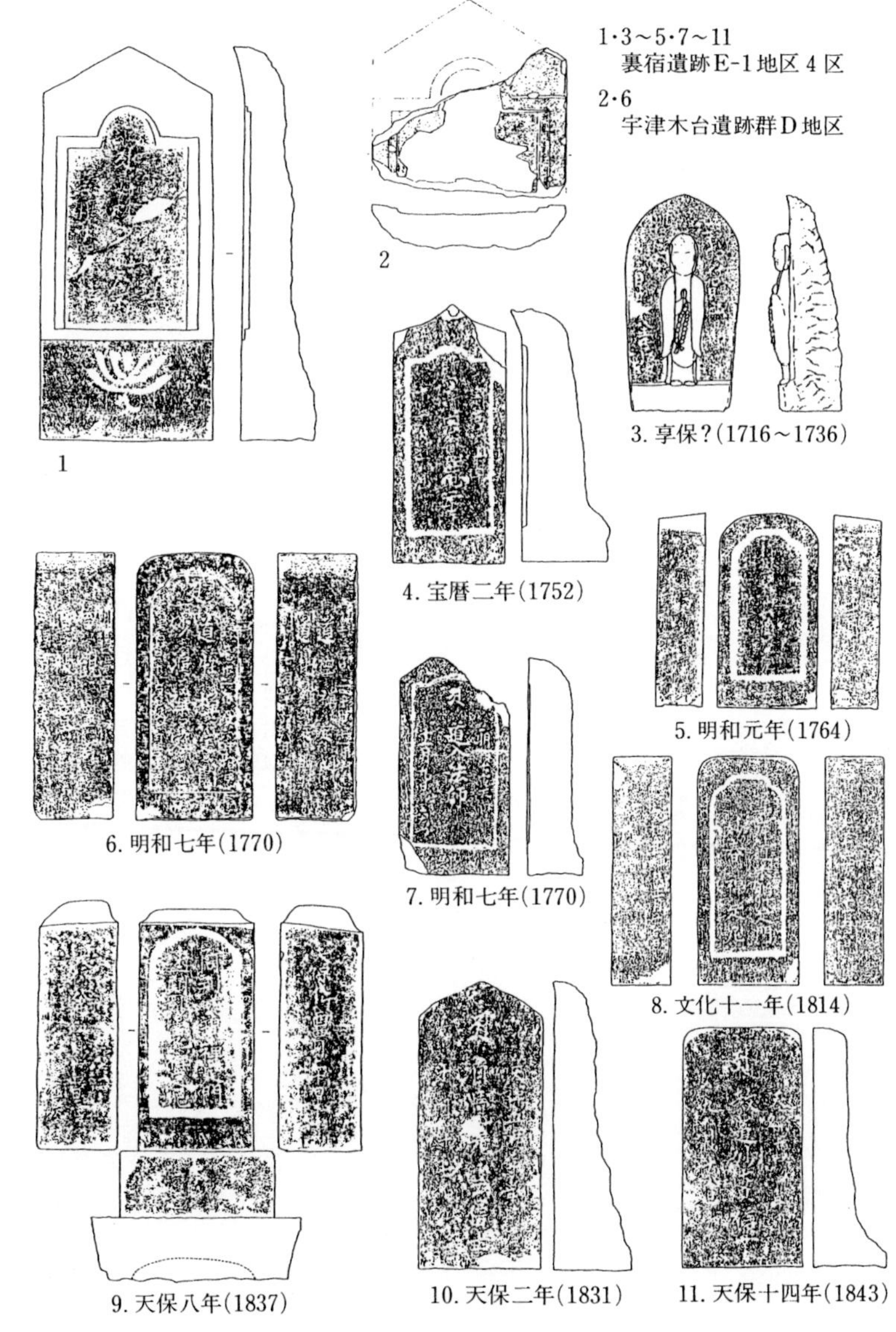

図23　多摩丘陵における石製墓標の検出事例（1）〈1/13〉

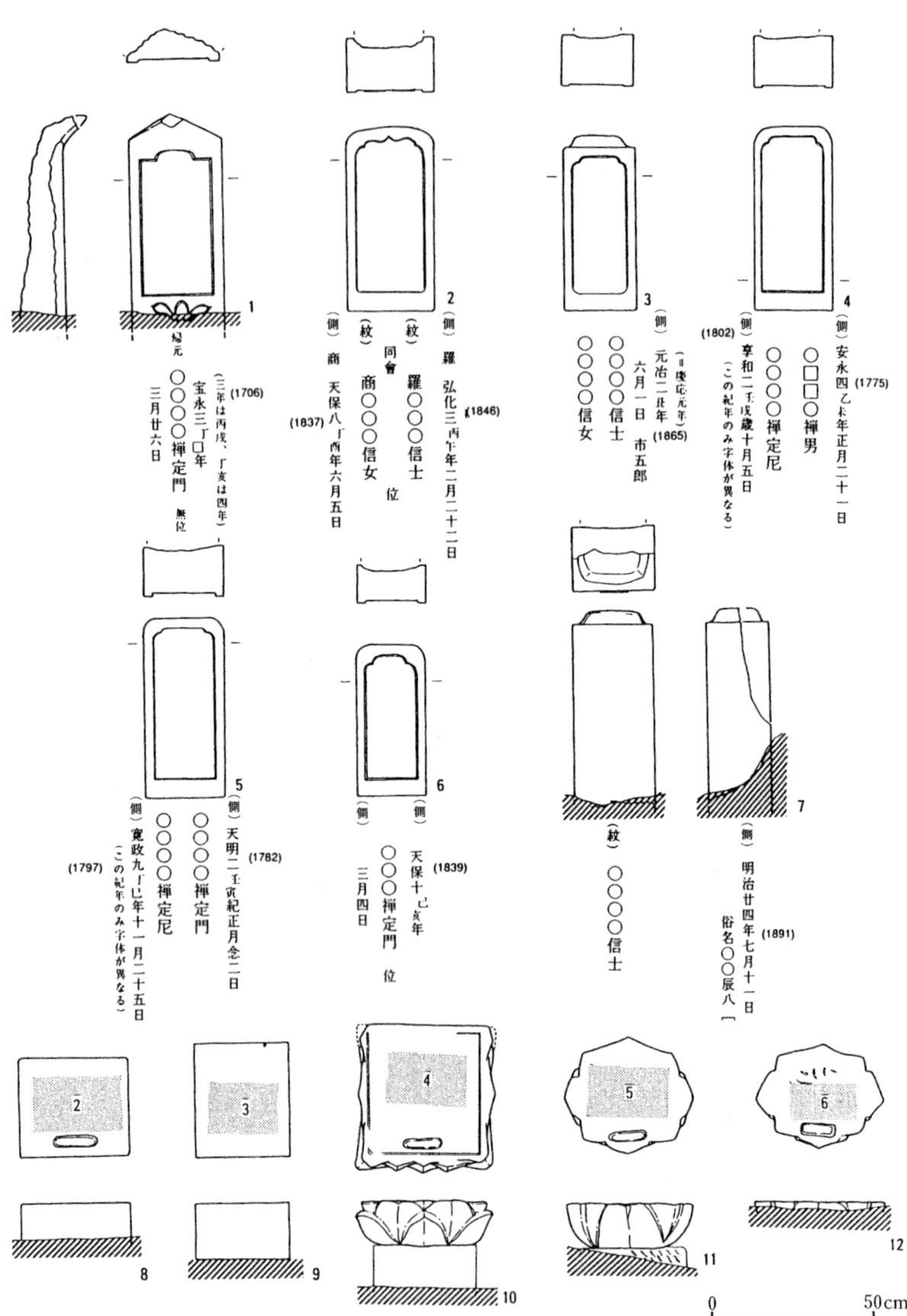

図 24　多摩丘陵における石製墓標の検出事例 (2)
——多摩ニュータウン No. 335 遺跡内未改葬墓地——〈1/27〉

年間の墓標が一例確認できた他は、いずれも元禄期以降のもので占められる。わずかな事例ではあるが、やはり石製墓標の建立開始は、棺を受容し、集中墓壙群の形成が始まった時期とほぼ一致する可能性が高く、ここでは、石製墓標も集中墓壙群の成立、棺の受容と同時に村落墓制の中に付加されたものと積極的に理解しておきたい(5)。

四　まとめ――多摩丘陵周辺村落域における「近世的墓制」の要件

右をまとめると、多摩丘陵周辺域における村落墓制は、三つの特徴、すなわち①集中墓壙群の形成、②棺の使用、③石製墓標の建立を同時に具備することで大きく変容することになる。ここでは、こうした要件を備えた墓制を多摩丘陵周辺域における「近世的墓制」と称し、三つの特徴をこの近世的墓制の規定する上での三要素と位置づける。また、この新墓制の受容時期や使用する棺の形態変遷には狭い地域内でも大きな偏差があり、その浸透過程は段階的であったことも確認した。

この「近世的墓制」の成立は、当然、当該域村落民(6)の伝承にも大きな変化があったことを示すものであろう。しかし、地域内においても受容時期に差があり、また、細部で異なる部分が多く認められることを勘案すると、これが法令等で直接的かつ強権的に垂下したとは考えにくい。すなわち、現象的には祖先墓の継続的維持・相続と評価できるこの動向は、従前より指摘されている「イエ意識」の浸透に比すべきものであろう。すなわち、「イエ」の概念が垂下する過程において、近世初頭ですでに①墓所の設定、②棺の使用、③石塔の建立という三要素を有していた大名墓等に類比しうる形式をその担体として選択したと考えれば、三要素の同時付加という現象も容易に説明がつく。また、こうした習俗伝承の単位が血縁・地縁などを基盤とした比較的小さなものであることを想定すれば、ここに伝播する過程でのブレが生じる余地を認めることができ、受容時期の差異や複雑な様相の説明も可能となるであろう。これに対し、中世後期から近世前期の墓制は、民俗学で「無石塔墓制（福田一九九三）」などと定義される様態を有していたものと推測できる。すなわち、この段階では、「葬地」は遺骸処理の場であって、「葬送儀礼」のための一時的な設えは別として、個々の遺骸の埋葬地点は永続的に認識され続けることはなかったものと思われる。ただし、当該地域の事例には、ＴＮ№457・421遺跡、島屋敷遺跡例など、居住空間とほぼ重なるように墓域が設定されている事例が多く、また、埋葬施設の可能性が指摘されている地下式横穴を伴う事例もあることなど、むしろ居住空間に積極的に包摂するかのようにも見える事例が多い。中世後期から近世前期における墓制は地域差や被葬者の階層差などを踏まえた上で、さらに検討を加える必要があろう。

筆者は、今回導かれた一地域における様態が、さまざまな地域的差異を織り込んだ上で、ある程度普遍化できるものと考えている。また広域間の対比が可能になれば、その地域的・時期的差異を手掛かりに、地域史・文化史に関する視点や評価を得ることも期待できよう(7)。この点に関しては、機会を改めて考察したいと思っている。

〔追　記〕

発表後、すでに七年余を経過していることから、稿を改めるにあたり新出資料などを加えて内容を補うつもりでいたが、筆者の怠慢からこれがほとんど叶わなかった。当時の記録ということでご容赦願う次第であるが、ここで後に思い至ったことのいくつかを覚書として記しておきたい。

江戸市中との関係　江戸市中の調査事例を概観すると、多摩丘陵村落域と大きく異なる様相の一つとして、一七世紀前葉からＤ類墓壙が卓越する点が挙げられる（谷川一九九一など）。そこで、円形棺の採用は、江戸もしくは都市空間において開始されたという仮説を提起しておきたい。江戸における円形棺の使用は、「早桶（はやおけ）」という別称にも現れているように、階層意識もしくは都市ゆえの略式感覚によって生じたと理解するのである。そして、これが「江戸流」として定着し、ある時期、例えば「当世流」にやつされて村落域にも広まったと考えれば、相反するように見える遺跡間の変遷観の差異も、一連の流れの中で理解できよう。むしろ、村落域における「新墓制」の受容時に方形棺が多用されることは、新たな墓制を受容する段階において、より強く制式を意識し、これを実践した所産と読み解くこともできよう。また、宇津木台遺跡例などは、伝承経路の相違により「早桶」が直接的に伝播したと考えれば、周辺地域との不整合を理解することが可能となる。

乳幼児の葬法について　乳幼児の埋葬に関しては、今回、近世期を通じてF類墓壙に直葬する可能性が窺われたが、このF類墓壙のあり方にも、また留意しておきたい。すなわち、南養寺遺跡や観福寺北遺跡においては、他類と混在する形で確認されたが、むしろ、まったく確認されていない遺跡の方が多いのである。逆に、法性寺跡とされるTN№113遺跡のようにF類墓主体で構成される事例や、神奈川県横浜市受地だいやま遺跡のように、墓壙分布域の一部にF類が集中するような事例も報告されている。これは、乳幼児が、成人と区別される形で埋葬されていたことを示唆するものであり、民俗学で指摘されている「子墓」との関連などが想起されよう（長佐古二〇〇一）。

「両墓制」について　埋葬地である「埋墓」と、石塔を立てる「詣墓」が分離した「両墓制」は、日本の古い墓制形態を残す可能性があるものとして、民俗学等において早くから注目されてきた。近年では、石塔が一般化した時期における観念の相違が当該墓制を生み出したとする説が有力であるが、今回、指摘した三要素の浸透という現象からも、この「両墓制」成立を説明することが可能であろう。図25にそのモデルを示した。すなわち、直葬を主体とする「無石塔墓制」の中に三要素が付加される過程において、なんらかの理由（例えば強い遺骸忌避観）によって、遺骸処理

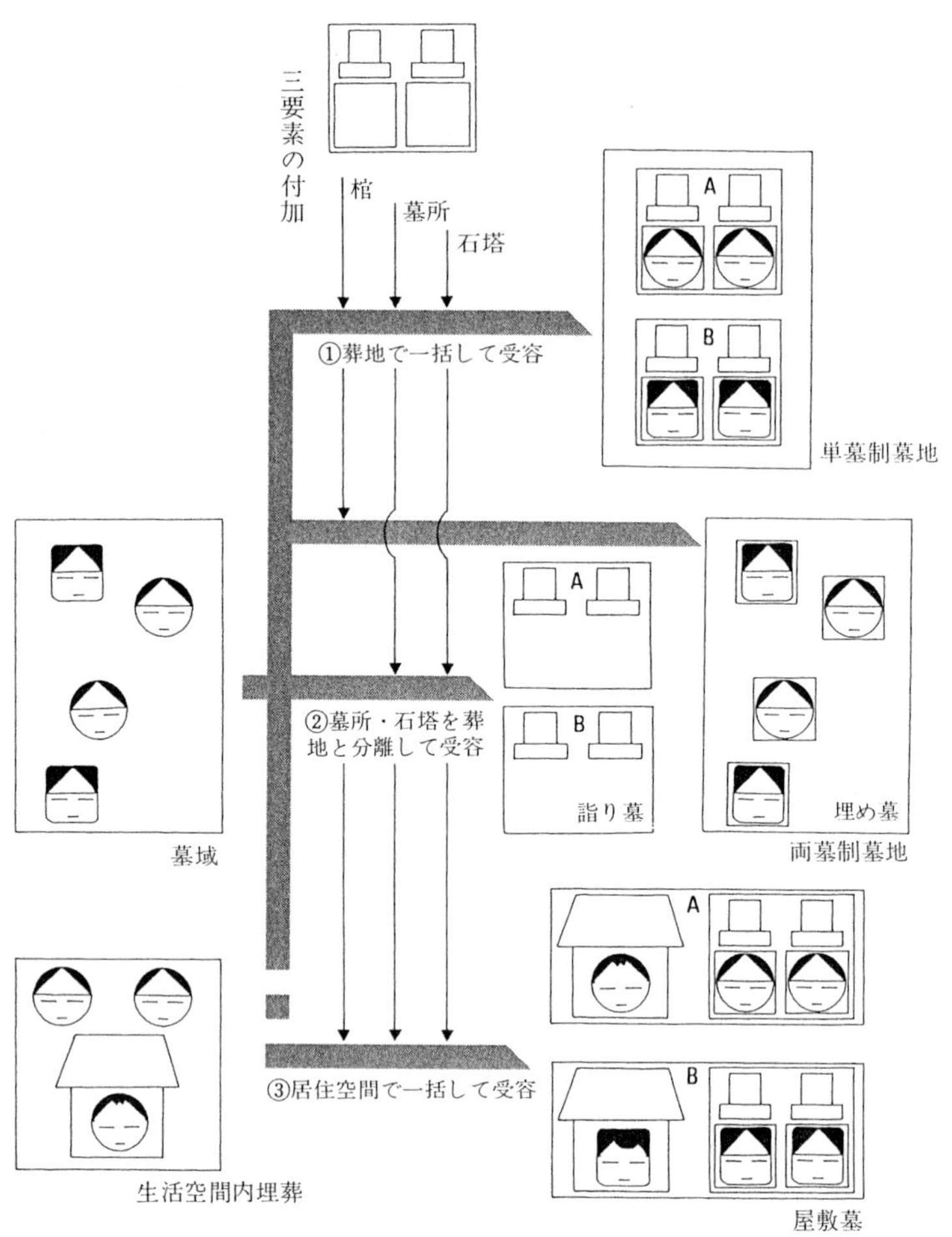

図25　近世的墓制三要素受容パターンのモデル

手法としての色彩が強い「棺」のみが葬地にもたらされ、祖先祭祀相続のための装置である「墓所」および「墓標」は従前の葬地から分離されたと考えるのである。現時点では両墓制墓地の発掘調査事例を欠くことから断定はできないが、このモデルが正しければ、「ウメバカ（ミバカ）」の墓壙においては、「マイリバカ」成立期以降の墓壙から棺の使用が確認できることになる。その当否については、今後の調査に期待する他はないが、このモデルに従えば、「両墓制」成立は近年の見解（新谷一九九一、森一九九三など）により高い妥当性を見出すことができるわけで、むしろ容易に起こりうる現象であったと評価できるかもしれない。逆に、多摩丘陵周辺域でよくみられる「ヤシキバカ」については、もともと「葬送空間」を自らの「生活空間」内もしくは近傍にもっていた地域・階層において三要素が受け入れられた所産と考えられるのではなかろうか。本文でも指摘したように、例示した散在墓壙群が、いずれも居住空間に近接している点は非常に興味深い。また、伝承等によれば、当該地域における有力農民層の多くが、中世末から近世初頭において帰農した武士階層であるとされる。したがって、イエ意識の受容に関しても純粋な農民層と比較してなんらかの差異があったことも想起されよう。類例の増加を待った上で、改めて検討したい。

埋蔵文化財としての近世村落遺跡　大会発表においては、いまだ体系的に把握されている段階にはないと評した農村域の墓制研究ではあるが、墓標を対象に掲げる研究会の旗揚げや、これに基づく個別の成果も提出され始めており、新たな研究の進展に向けた状況は整いつつあると言って良いだろう。しかし、こうした学問的動向とは対照的に、近世以降の遺跡に対する埋蔵文化財としての認識が急速に後退しているのも事実である。東京都の定めにおいても、二〇〇〇年以降、朱引（しゅびき）（江戸の町城）外の近世遺跡に関しては一部の例外を除いて埋蔵文化財調査の対象としないことになっており、近・現代遺跡に至っては、一部の産業遺産や戦跡のみが保護の対象となっている。今回取り上げた墓制に限らず、近世村落域を対象とした考古学研究が、史学上の重要課題に大きく寄与する可能性を有していることは言うまでもないが、研究の基礎となる埋蔵文化財を残すことが困難になりつつある現状に関しては、やはり遺憾と言わざるを得ない。各時代における生活の実態やそこに内包されていた基底文化を見つめ、これを現代に照射するという視点を取り戻すため、拙文がいささかでも寄与することを願うものである。

注

（1）図中では、参考として最も新しい銭貨が占める割合が全体の三分の一未満、三分の一以上三分の二未満、三分の二以上の基準で、a～cまでの細分を加えてある。

（2）「ヤシキバカ」には、さまざまな意味が含まれようが、ここでは、当該地域の様態に倣い、「イエ」単位で独立して設けられている墓所を指すこととする。したがって、丘陵斜面や畑地内に設けられている事例を含み、必ずしも屋敷内に設けられているとは限らない。

（3）ただし、定めた墓所が旧来と比較して狭い領域である必然性はなく、土地利用における別の配慮が加えられた可能性には留意しておくべきであろう。

（4）この屋敷墓では、一七世紀代の石製墓標の大半が「舟形光背に仏像を半肉彫りにしたもの」（谷川C類）で占められ、他例とその様相が大きく異なる。これは、今回取り上げた事例で、宇津木台遺跡のみが、一七世紀中葉代から円形墓壙が卓越することとも関連があるものと推測される。

（5）民俗学における先行研究においても、石製墓標の悉皆的普及は、近畿地方においては一七世紀初頭、その他の地方においては、一七世紀後半前後であることが多数報告されている。

（6）ここでは、村落を構成する中核的農民層、すなわち民俗学でいう「常民」をイメージしている。

（7）例えば、江戸後期から近代期における方形棺の復活は、国学の浸透と興隆や、これに基づく復古主義などとも対比しうるのではないか。

〔参考文献〕

荒木正光ほか　一九八九『真光寺・広袴遺跡群IV』鶴川第二地区遺跡調査会

金持健司ほか　一九八七「多摩ニュータウンNo.421遺跡」『東京都埋蔵文化財センター調査報告第八集　多摩ニュータウン遺跡　昭和六〇年度』第一分冊　東京都埋蔵文化財センター

川島雅人ほか　一九八一「多摩ニュータウンNo.457遺跡」『東京都埋蔵文化財センター調査報告第一集　多摩ニュータウン遺跡　昭和五五年度』第四分冊　東京都埋蔵文化財センター

川島雅人ほか　一九八二「多摩ニュータウンNo.457遺跡」『東京都埋蔵文化財センター調査報告第二集　多摩ニュータウン遺跡　昭和五六年度』第三分冊　東京都埋蔵文化財センター

川島雅人ほか　一九九六『東京都埋蔵文化財センター調査報告第三五集　多摩ニュータウン遺跡――No.457遺跡――』東京都埋蔵文化財センター

郡山雅友ほか　一九九一『東京都八王子市裏宿遺跡群III』八王子市浦宿発掘調査団

小薬一夫ほか　二〇〇二『三鷹市島屋敷遺跡　第三次調査』東京都埋蔵文化財センター

小松真名ほか　二〇〇〇『東京都埋蔵文化財センター調査報告第九一集　川口町十内入東遺跡』東京都埋蔵文化財センター

十菱駿武ほか　一九八四『蓑和田北久保遺跡』狛江市教育委員会

渋江芳浩ほか　一九八七『宇津木台遺跡群IX』八王子市宇津木台地区遺跡調査会

新谷尚紀　一九九一『両墓制と他界観』吉川弘文館

鈴木公雄　一九八八「出土六道銭の分析」『芝公園一丁目増上寺子院群　光学院・貞松印跡・源興院跡』東京都港区教育委員会

竹田均ほか　一九九一「多摩ニュータウンNo.213遺跡」『東京都埋蔵文化財センター調査報告第一二集　多摩ニュータウン遺跡　平成元年度』第四分冊　東京都埋蔵文化財センター

谷川章雄　一九八八「近世墓標の類型」『考古学ジャーナル』二八八　ニューサイエンス社

谷川章雄　一九九一「江戸の墓地の発掘――身分・階層の表徴としての墓――」『甦る江戸』新人物往来社

坪井洋文　一九七六「民俗　第一章　人生儀礼」『町田市史』下巻　町田市教育委員会

長佐古真也　一九九五「農村――多摩ニュータウン遺跡――」『季刊考古学』五三号　雄山閣出版

長佐古真也　二〇〇一「江戸近郊村落墓制の多面性――子墓・鍋被りの検出事例から――」『考古学ジャーナル』四七七　ニューサイエンス社
長佐古真也ほか　一九九七「多摩ニュータウンNo.335遺跡」『東京都埋蔵文化財センター調査報告第四二集　多摩ニュータウン遺跡』東京都埋蔵文化財センター
服部敬史ほか　一九八四『打越中谷戸遺跡』八王子バイパス打越遺跡調査会
平子順一・鹿島保宏　一九八九『観福寺北遺跡・新羽貝塚発掘調査報告』横浜市教育委員会
福田アジオ　一九九三「両墓制の空間論」『国立歴史民俗博物館研究報告第四九集共同研究「葬墓制と他界観」』国立歴史民俗博物館
福田敏一ほか　一九八七「多摩ニュータウンNo.5遺跡」『東京都埋蔵文化財センター調査報告第八集　多摩ニュータウン遺跡　昭和六〇年度』第二分冊　東京都埋蔵文化財センター
馬橋利行ほか　一九九五『南養寺遺跡X』国立市教育委員会
森　謙二　一九九三『墓と葬送の社会史』講談社
柳田国男　一九四六「先祖の話」『定本柳田国男全集』第一〇巻

山梨県北部における江戸時代墓地について

……森原明廣

はじめに

ここで発表する塩川遺跡は山梨県の北西端、長野県に近接した北巨摩郡須玉町に所在した遺跡である。この遺跡は一九八九年から九〇年の三カ年にわたり、山梨県埋蔵文化財センターが発掘調査を実施した。調査の原因は山梨県による「塩川ダム」の建設工事に伴うものであり、水面下に沈んでしまう村で発見された遺跡の調査であった。ダム建設ということからもおわかりのとおり、この遺跡は周辺を急峻な山地に囲まれた地形に立地しており、今回、発表する内容はこの塩川遺跡のうち「B地区」と呼称した調査区から発見され、調査された一〇四基から成る近世墓壙(ぼこう)群についてである。

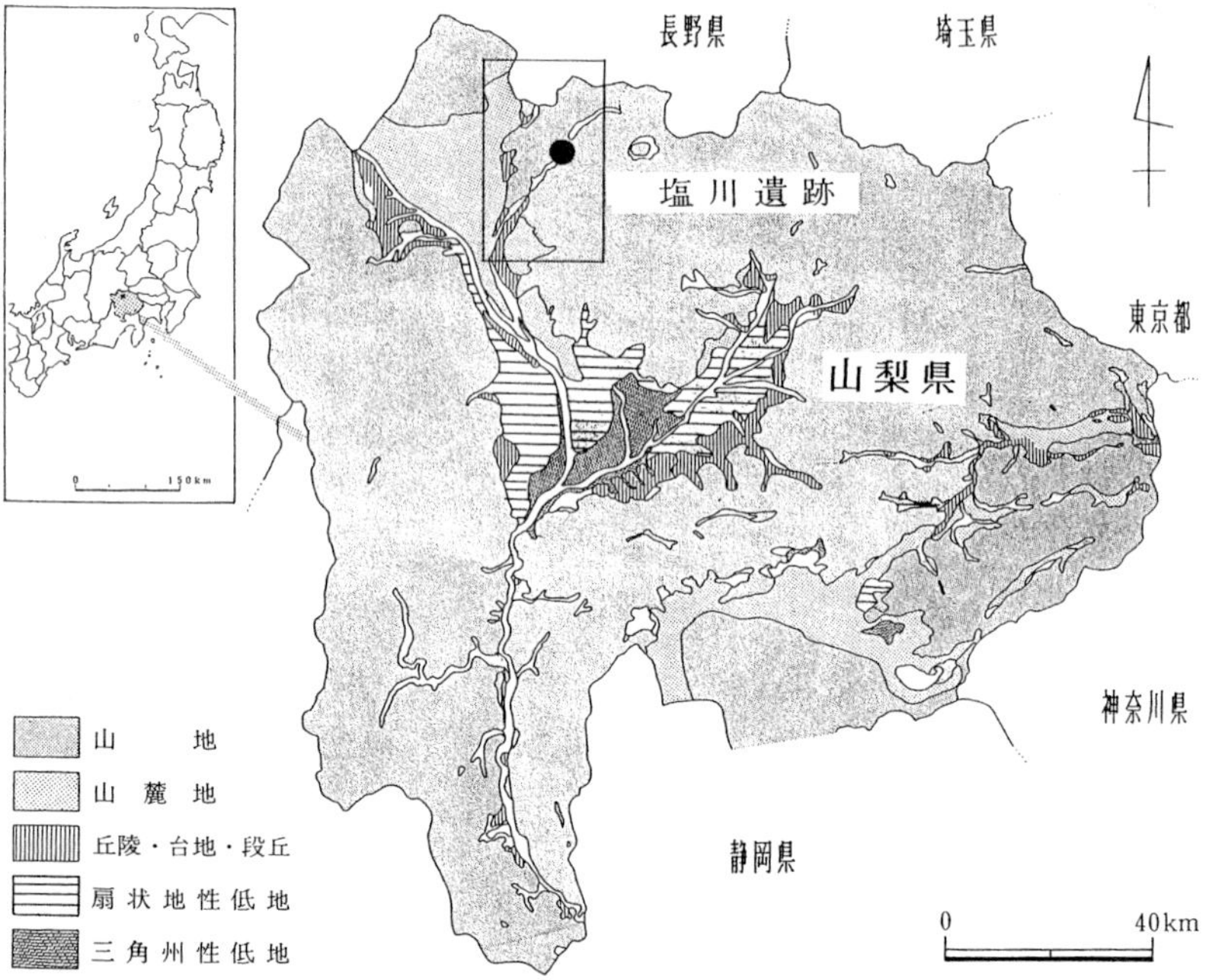

長野県
埼玉県
塩川遺跡
東京都
山梨県
神奈川県
静岡県
山地
山麓地
丘陵・台地・段丘
扇状地性低地
三角州性低地
0 40km
0 150km

図1　塩川遺跡の位置と山梨県の地形

一　遺跡の位置と環境

遺跡の位置については、図1にあるとおりであり、山梨県の北西の山間部に位置している。山梨県の県庁所在地である甲府市の中心部から直線距離でも約五〇キロメートルも離れた場所であり、遺跡の標高は約八五〇メートル前後を測る。非常に山深いところにある遺跡であるが、この場所、つまり塩川という川に沿った街道は甲州と信州を結ぶ抜け道、裏道のようなルートに該当し、決して辺鄙な山間の孤立した集落という環境ではない。

遺跡の地形的な環境は、山間の谷底を流れる河川により形成された狭小な河岸段丘上にあり、段丘上のわずかな平坦地をさまざまに土地利用してきた環境にあるといえる。

遺跡内容の詳述は避けるが、遺跡からは縄文時代早期〜晩期・古墳時代前期・平安時代・中世まで連綿と遺構・遺物が検出されており、狭小な平坦地の長期間にわたる土地利用のあり方が確認されている。塩川遺跡B地区はダム建設以前には集落が存在し、複数の屋敷地や畑地が存在していた場所である。そのため集落内にはそれらの屋敷に伴う墓が点在しており、ダム建設に伴う集落移転の際に、地表面で確認されていた約二〇基の「墓」および「遺骨」が移転されていた。その移転作業後に発掘調査に着手したのであるが、調査担当者の予測に反して、移転されなかった「墓」が数多く発見され、考古学的調査の対象となった。塩川遺跡B地区で発見された墓壙は一〇四基を数えたが、これらは墓壙として確認できたものの総数であり、移転された墓壙や人骨のみが出土した事例をトータルすると、この調査区内には少なくとも一四〇基前後の「墓」が存在していたことが予測される。

二　検出された墓壙について

1　検出された墓壙とその形態について

検出された墓壙について、写真を示して概説しておきたい。図2は墓壙の検出状況である。これは一部を撮影したものであるが、特徴的なことは、それほど切り合い関係を持たない、あっても接する程度ということであり、完全に隣の墓壙をこわすように墓壙が構築されるということは、ほとんどみられなかったということである。墓の形態は、すべて土壙墓である。一〇四基の墓壙が約二〇〇〇平方メートルの範囲内に密集するような形で検出されている。それら土壙墓は大きく二つに分類することができる。図3は「座葬」(穴の中に遺体を座り込ませたような形)の例である。足をおりまげて、手を胸の前に置くような埋葬状態で検出された。座葬に対し、遺体が土壙内に横に寝かされた形態

図２　墓壙群の検出状況

図３　87 号墓壙の人骨出土状況

をとるものも存在し、これらは「寝葬」と呼称した。図４は寝葬の一例であるが、「横臥屈葬」と呼ぶべきであるような、横を向けてうずくまらせた形のものである。副葬品については、図５のように顔面の前のあたりや懐に近い部分で検出される事例が多く見られ、陶磁器等が副葬される場合には足元や顔面の付近に正位に置かれる例が多い。

図4　102号墓壙の人骨出土状況

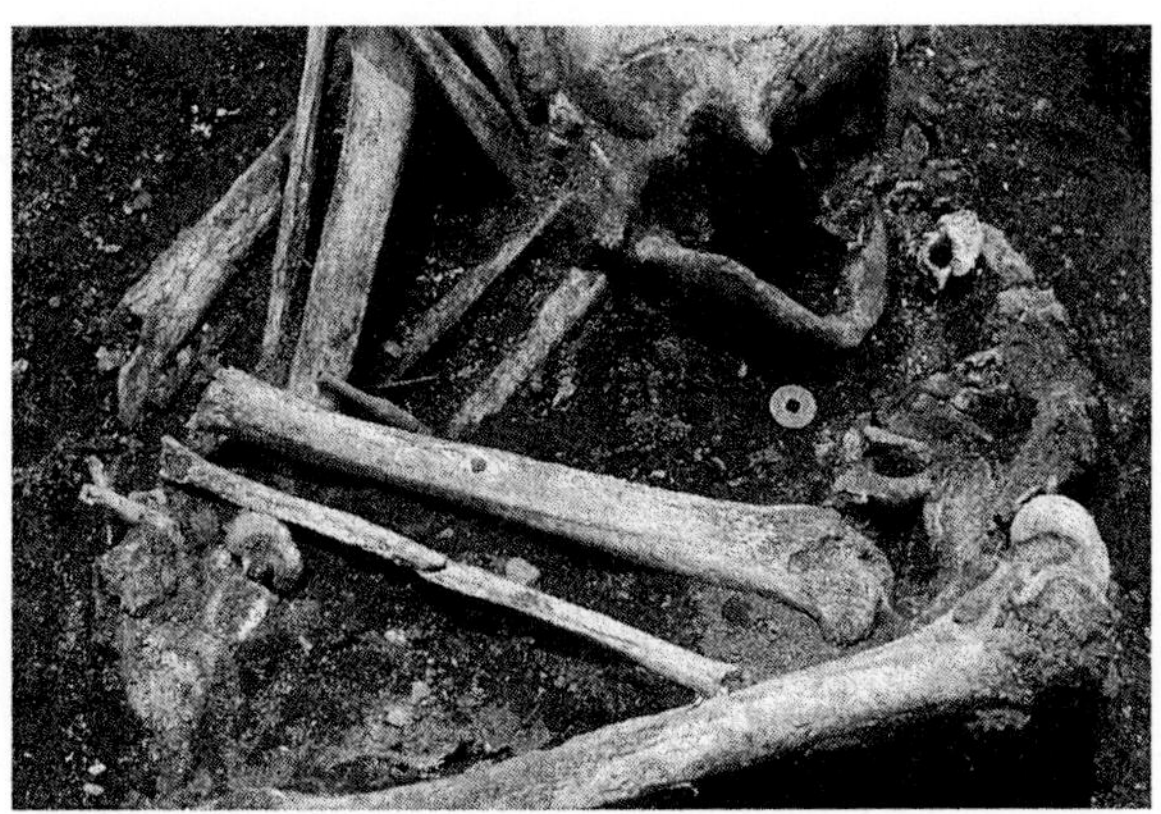

図5　95号墓壙の遺物出土状況

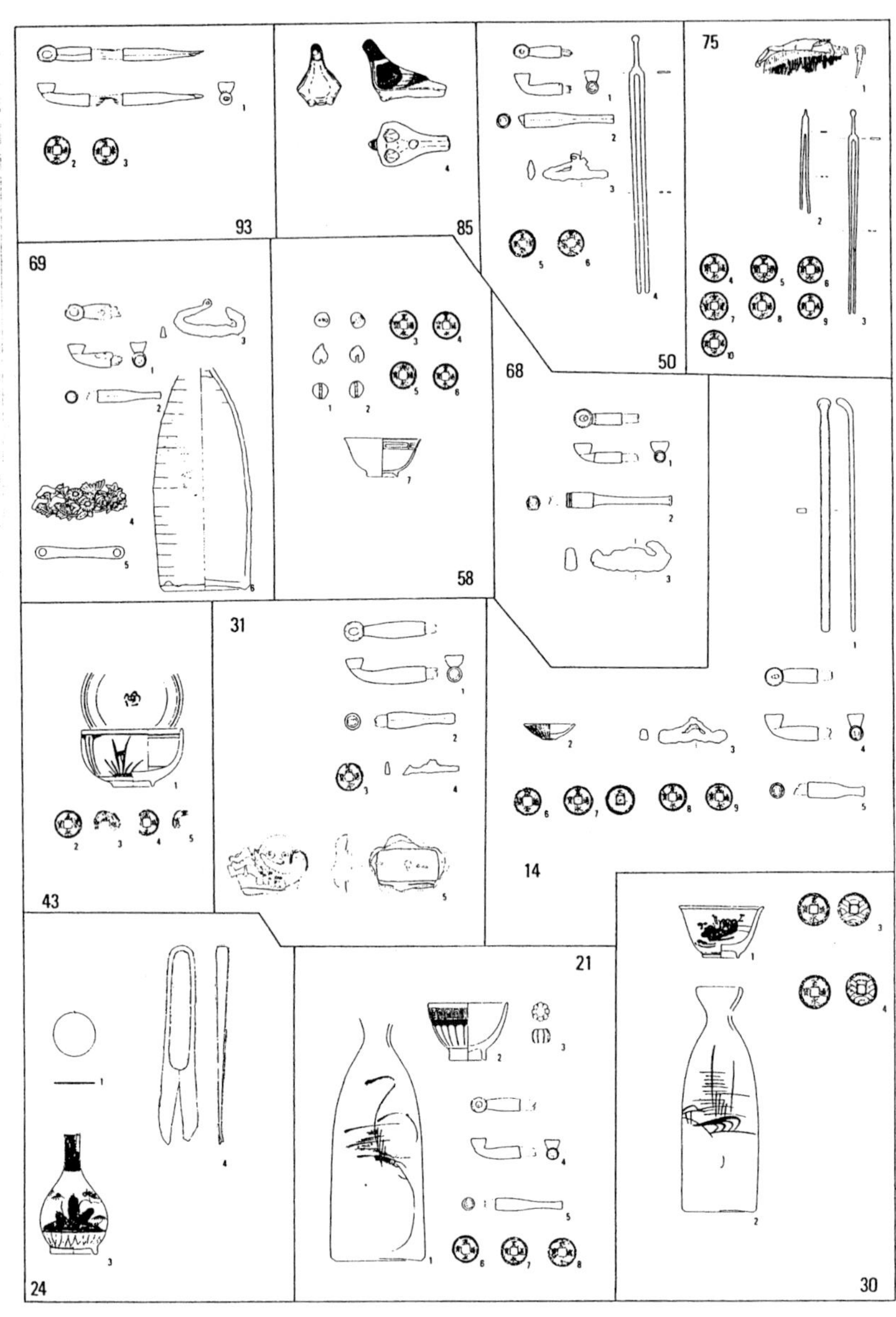

図6　墓壙出土の遺物例

番号は墓壙ナンバーを示す

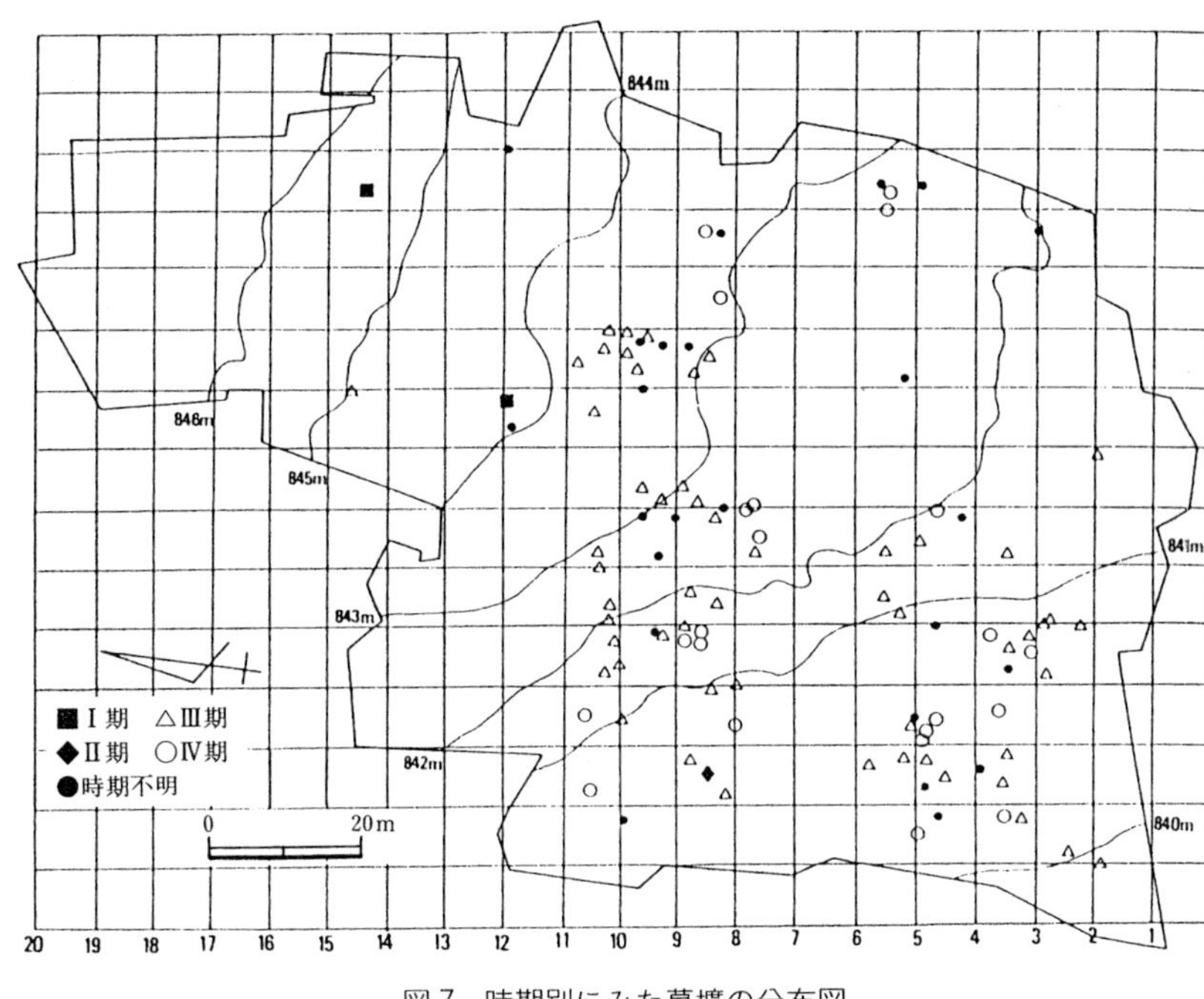

図７　時期別にみた墓壙の分布図

2　墓壙の時期設定について

塩川遺跡B地区から検出された墓壙の所産時期の設定については、それぞれの墓壙に伴う副葬品と考えられる遺物の所産時期をベースに設定した。図６は副葬品の一部を図示したものである。決して量は多くないものの、陶磁器・煙管（きせる）・銭などを中心に副葬品を確認することができたため、これらの所産時期を可能な限り検討した結果、Ⅰ期からⅣ期の四期区分を行うに至った。時期決定にあたっては、各土壙墓から出土した遺物（副葬品）から導き出された最も新しい時期をその土壙墓の所産時期として設定した。よって当然のことながら、必ずしも遺構の正確な所産時期が示されているものとは言えない状況であるが、土壙墓の形状や規模あるいは埋葬形態をあえて考慮せずにまず設定したものである。

時期については、Ⅰ期は一七世紀代以前、Ⅱ期は一七世紀代、Ⅲ期は一八世紀代、Ⅳ期は一八世紀末

〜一九世紀代と分類設定し、その結果を平面分布図化したものが図7である。図によれば、塩川遺跡B地区から検出された墓壙の大半はⅢ期とした一八世紀代が占めることがわかる。また、Ⅳ期とした一八世紀末〜一九世紀代の墓壙も多く検出されており、トータルして考えると、一八世紀以降、一九世紀の始めごろにピークを迎える墓壙群であるということがわかる。

3　墓壙の平面形態について

塩川遺跡B地区から検出された墓壙の平面形態は埋葬形態の別（座葬あるいは寝葬）に関わらず、さまざまな形状を見せる。図8は一〇四基全ての墓壙について所産時期等に関わらず出したデータである。これによると楕円形が主体的であり、次いで不整円形・円形・方形の順となり、円形あるいは楕円形の平面形が優位となる。

図9は墓壙の平面形態が時期的にどう移っていくのか、あるいは時期的に移り変わる傾向が指摘できるのかどうかということで出したデータである。主体となるⅢ期以降について考えると、楕円形がⅢ期からⅣ期になると減少する傾向を認めることができる。その一方で増加するのが円形の墓壙である。全体的に考えると、時間的経過はどうやら「円形嗜好」の方向を示すことが指摘できると考えられる。

4　埋葬形態について

次に墓壙への遺体の埋葬形態である。塩川遺跡B地区で検出された墓壙に見られる埋葬形態は「寝葬」と「座葬」の二形態に分けられる。さらに細かく見るならば、これらをさらに細かく分類することができる。例えば足の組み方や手の組み方などは多種多様であり、必ずしも一様ではない。図10は埋葬形態の内訳をデータ化したものである。こ

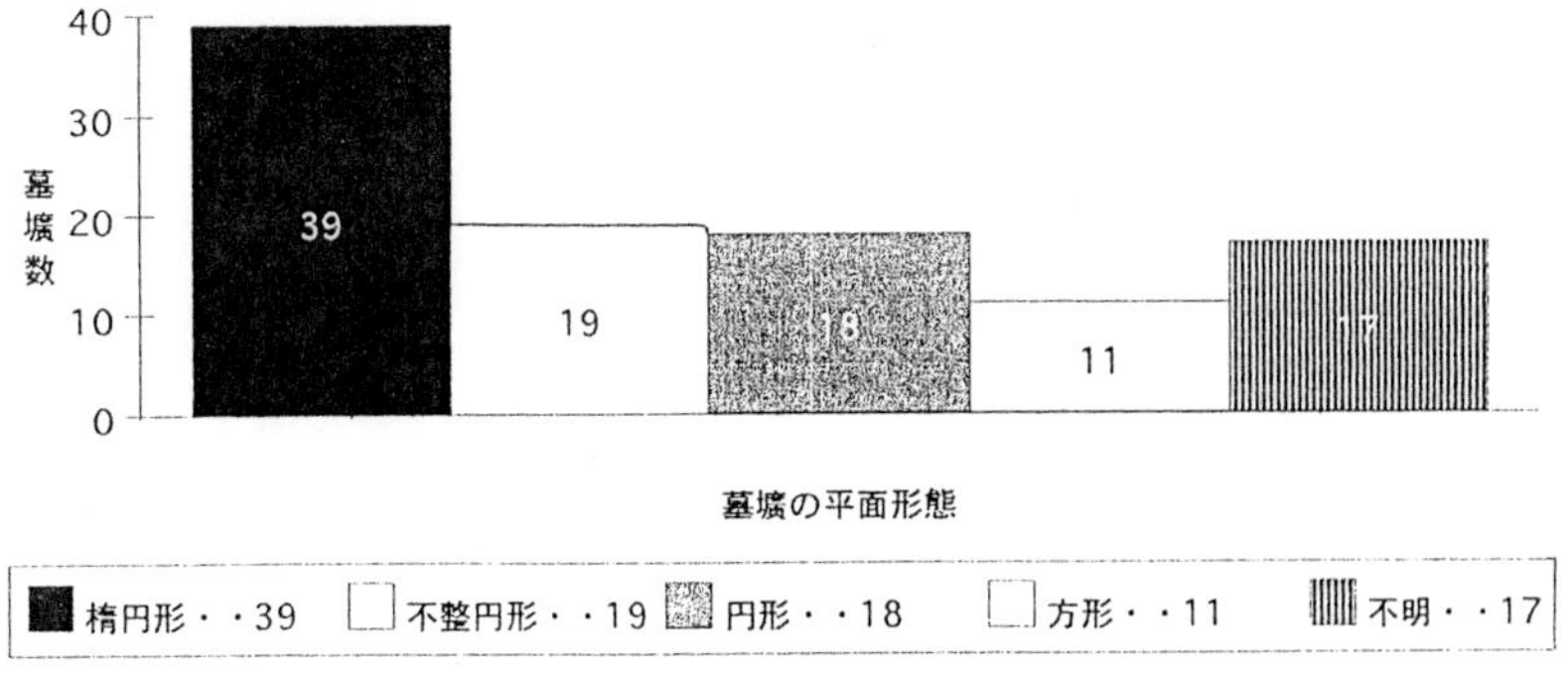

図8　墓壙の平面形態

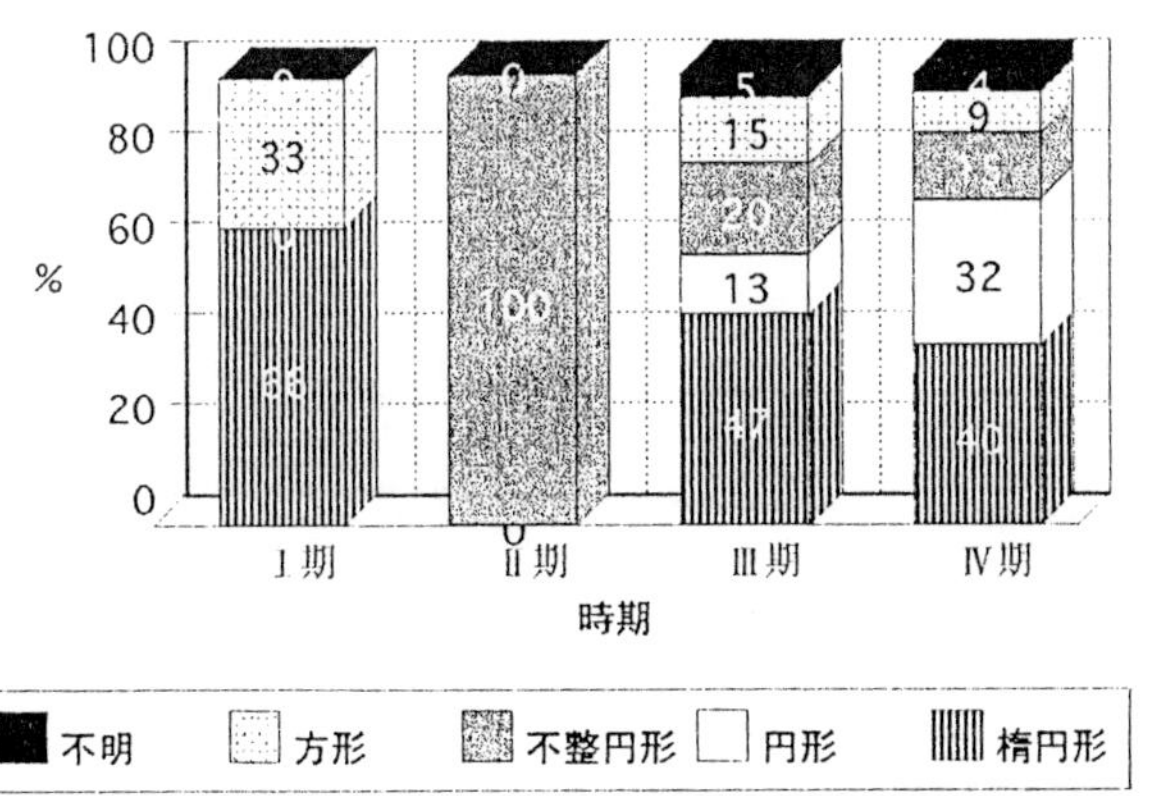

図9　時期別にみた墓壙の平面形態

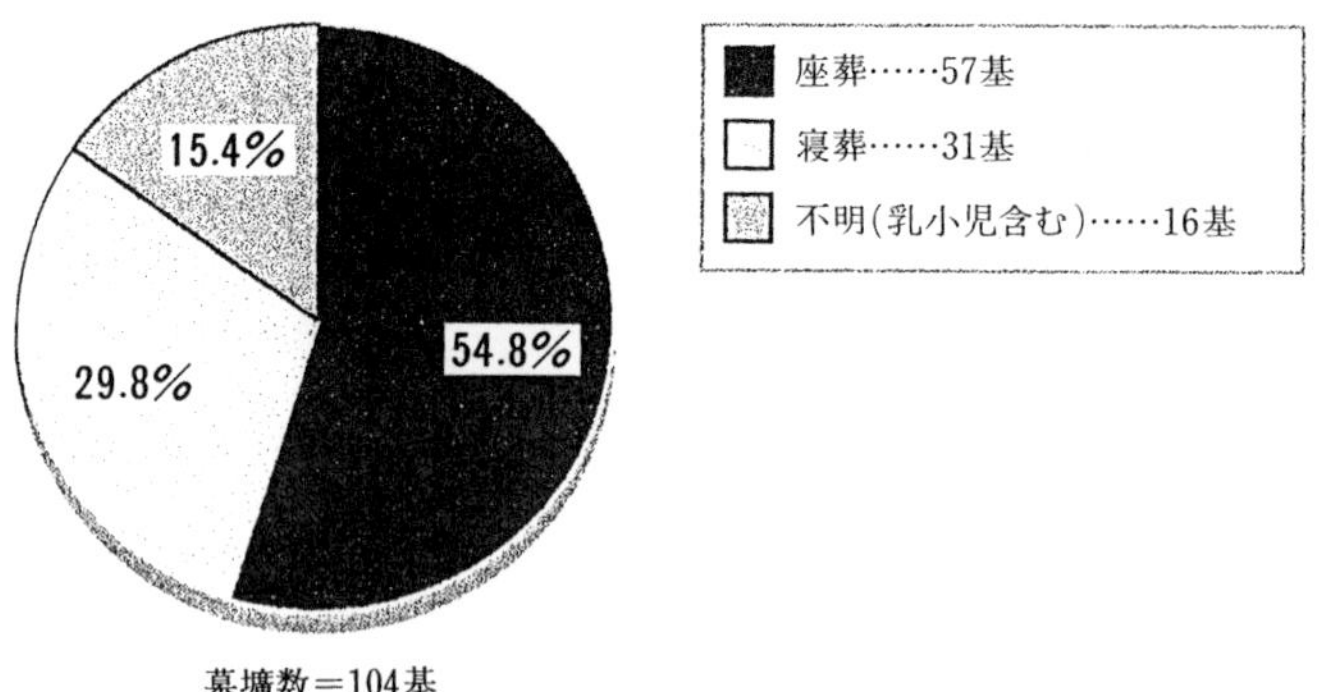

図 10　埋葬形態の内訳

40
30
墓壙数
20
10
0
37
7
4
4
2
北 北東 西 北西 南 東 南西 不明
遺体の向く方向
座葬=57基

図 11　座葬の遺体方向

28
24
20
墓壙数
16
12
8
4
0
28
2
北 東 南
遺体の向く方向
寝葬=31基

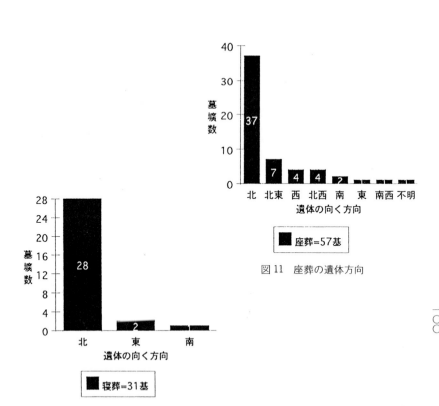

図 12　寝葬の遺体頭位

れによれば座葬（土壙底面に対して背骨の部分が垂直ないしは垂直に近い形になるものを一括する）が約五五パーセントを占める。これに対して、寝葬（墓壙の底面に対して背骨が水平になるものを一括する）が約三〇パーセントであり、この遺跡では座葬の墓壙が多い傾向が認められる。なお、不明とした墓壙一六基は乳児、あるいは小児など非常に骨の残りが良くないものなどを含めた。これらは非常に浅い掘り込みの中に小さく骨がまとまるように出土するものである。これらは何か風呂敷のようなものに包んだのではないかと考えられるが、寝ているとも座っているとも言えないため不明とした。

続いて、埋葬形態の二形態別についての特色を見出すために、遺体の葬られている方向を検討してみた。図11は座葬についての遺体方向である。遺体の葬られている方向とは、顔面ないしは胸部をどちらの方向に向けているかを考えた。これによれば、座葬の墓壙つまり座っている遺体の大半は北側を向いており、北東を向いているものや北西を向いているものも目立つ状況である。全体的に見れば、遺体に北方向を向かせることが座葬の特徴として指摘できる。ただし、わずかではあるが、南や南西を向いているものも存在する。これが一体何を意味するのか、時期的あるいは死因の差異など何か思想的なものに関わるものなのか興味深いところではある。図12は寝葬についてのデータである。ここでは頭位方向ということで、遺体の頭をどちらの方向に置いているかをデータ化したものである。これによれば、北側に頭を置いている例が大半を占めている。ここで頭位について座葬と寝葬を比較すると、遺体を北向きに葬る傾向の強い座葬では頭位はおのずと南側にあることになり、頭位を北側に置く傾向の強い寝葬とは異なった感覚（意図）が存在したことを指摘できる点が興味深い。なお、補足として、寝葬の顔面方向をデータ化したものが図13である。これによれば、寝葬された遺体は、「横向き」と「上向き」に大別することが可能であり、特に横向きのものについては、西側を向いているものが大半を占めることがわかる。塩川遺跡B地区検出の墓壙に葬られた遺体の方向性につ

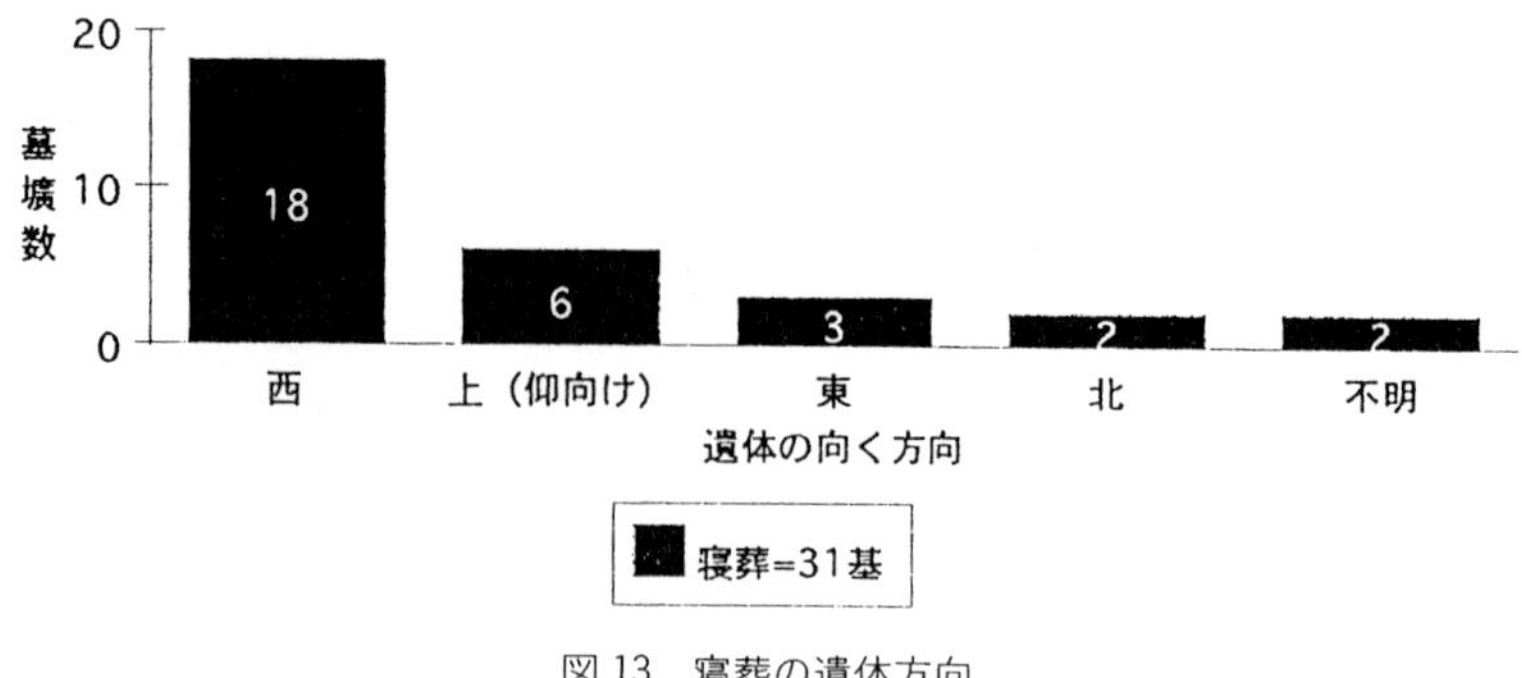

図 13　寝葬の遺体方向

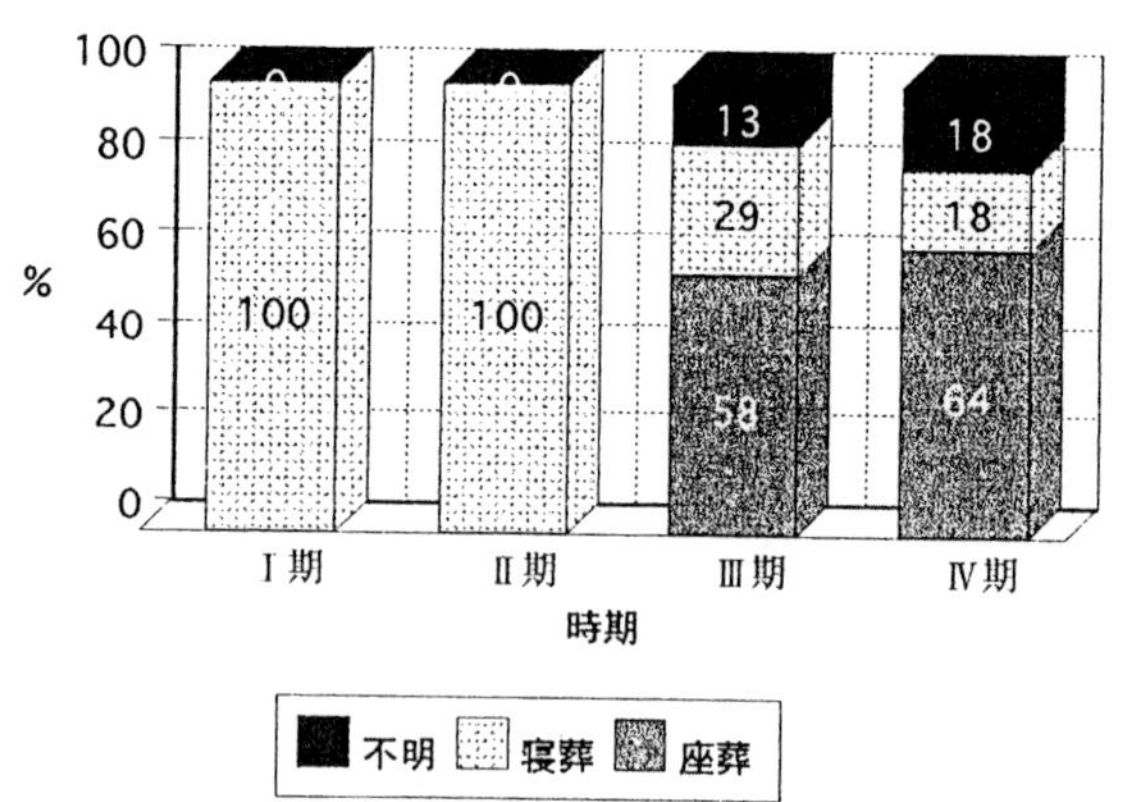

図 14　時期別にみた埋葬形態

いてまとめるならば、座葬については南枕の北向きであり、寝葬については北枕の西向きという葬り方が強いことが指摘できる。

図14は時期別にみた埋葬形態の変遷をデータ化したものである。I期およびII期については、数が少なくデータ処理的には不十分ではあるが全て寝葬となる。その後、時期が新しくなると座葬と寝葬が混在しながらも、数量的にはやや座葬の方が増えていくということが傾向として指摘できる。

図15・16は埋葬形態と墓壙形態にどんな関係があるのかを示したものである。図15座葬について見れば、円形が大半を占めるであろうという予測が覆り、楕円形のものが比較的多く認められる。また、不整円形としたものも多く、

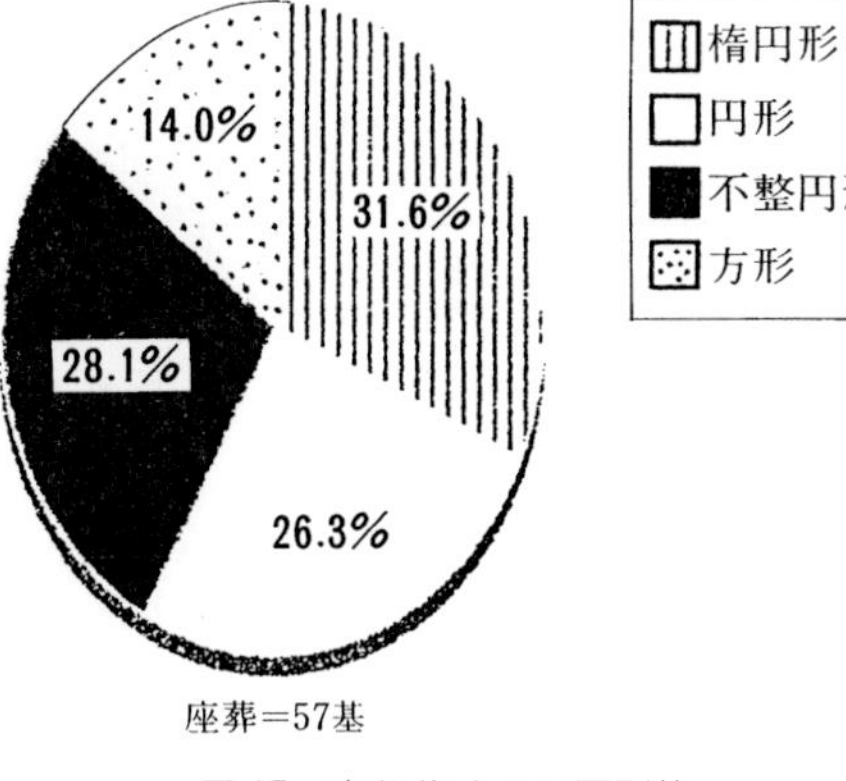

図15　座葬墓壙の平面形態

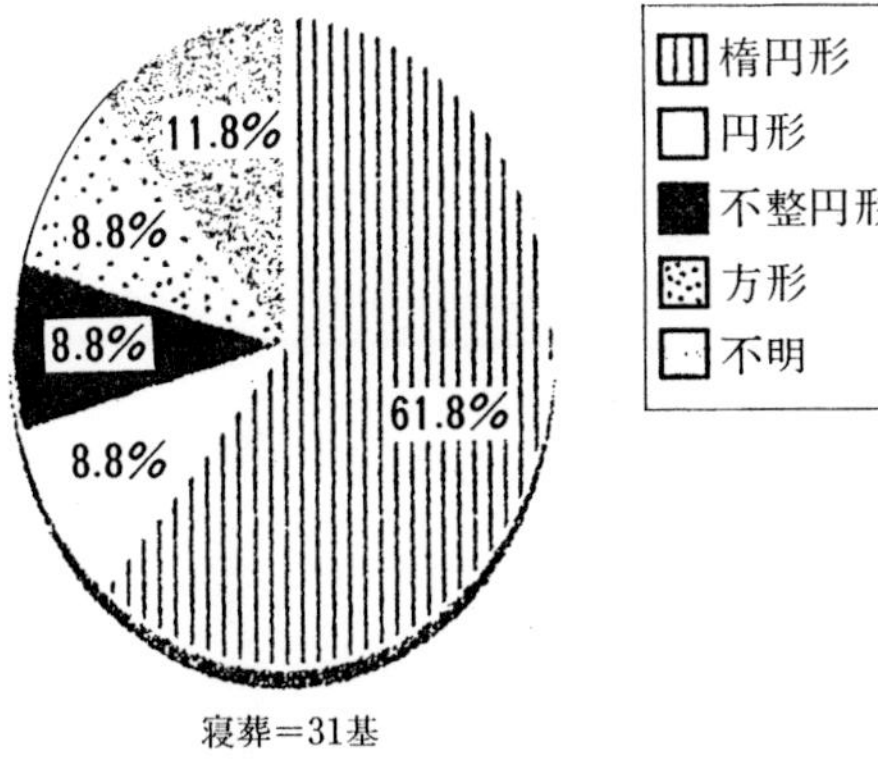

図16　寝葬墓壙の平面形態

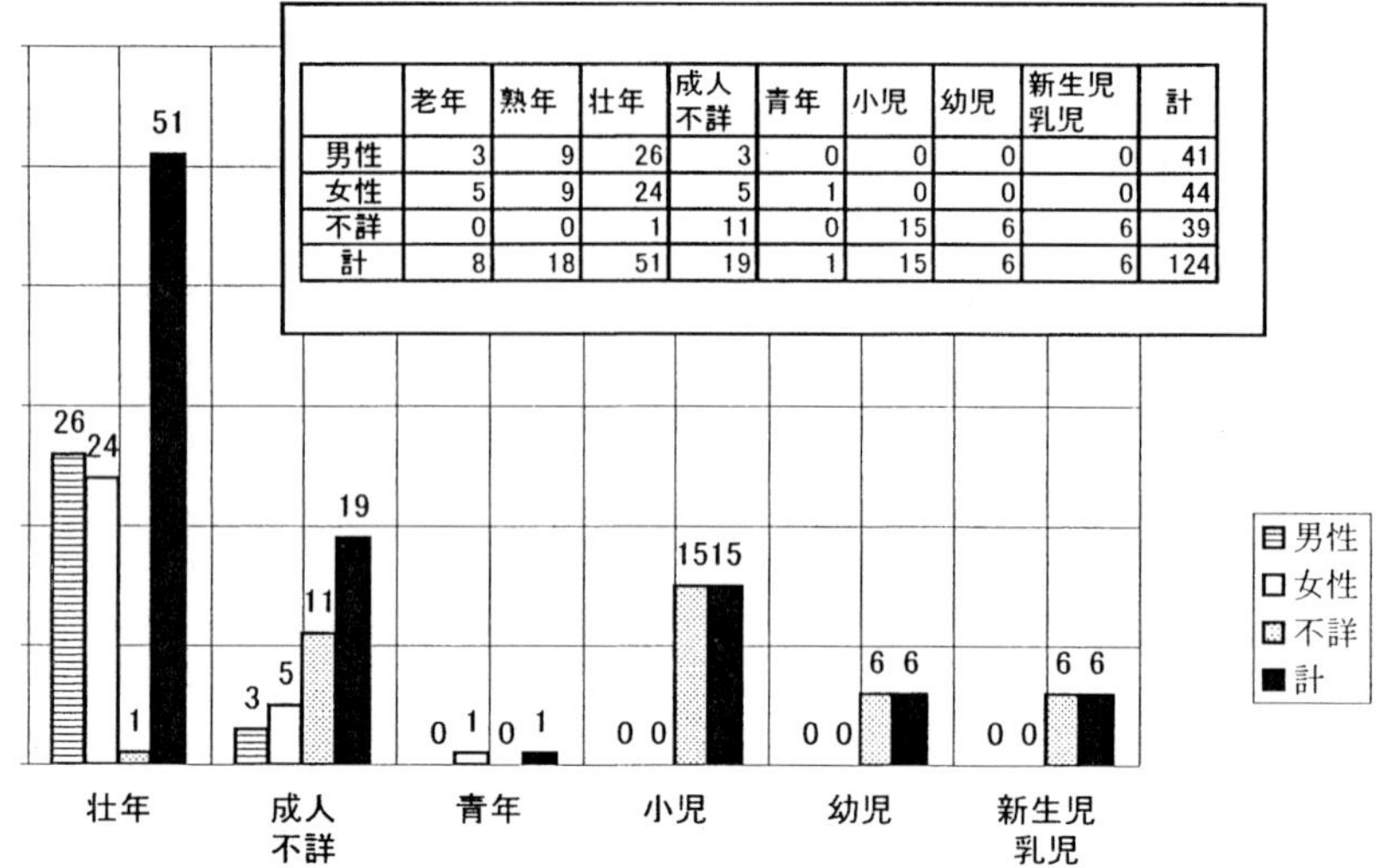

	老年	熟年	壮年	成人不詳	青年	小児	幼児	新生児乳児	計
男性	3	9	26	3	0	0	0	0	41
女性	5	9	24	5	1	0	0	0	44
不詳	0	0	1	11	0	15	6	6	39
計	8	18	51	19	1	15	6	6	124

個体数（総個体数＝124）

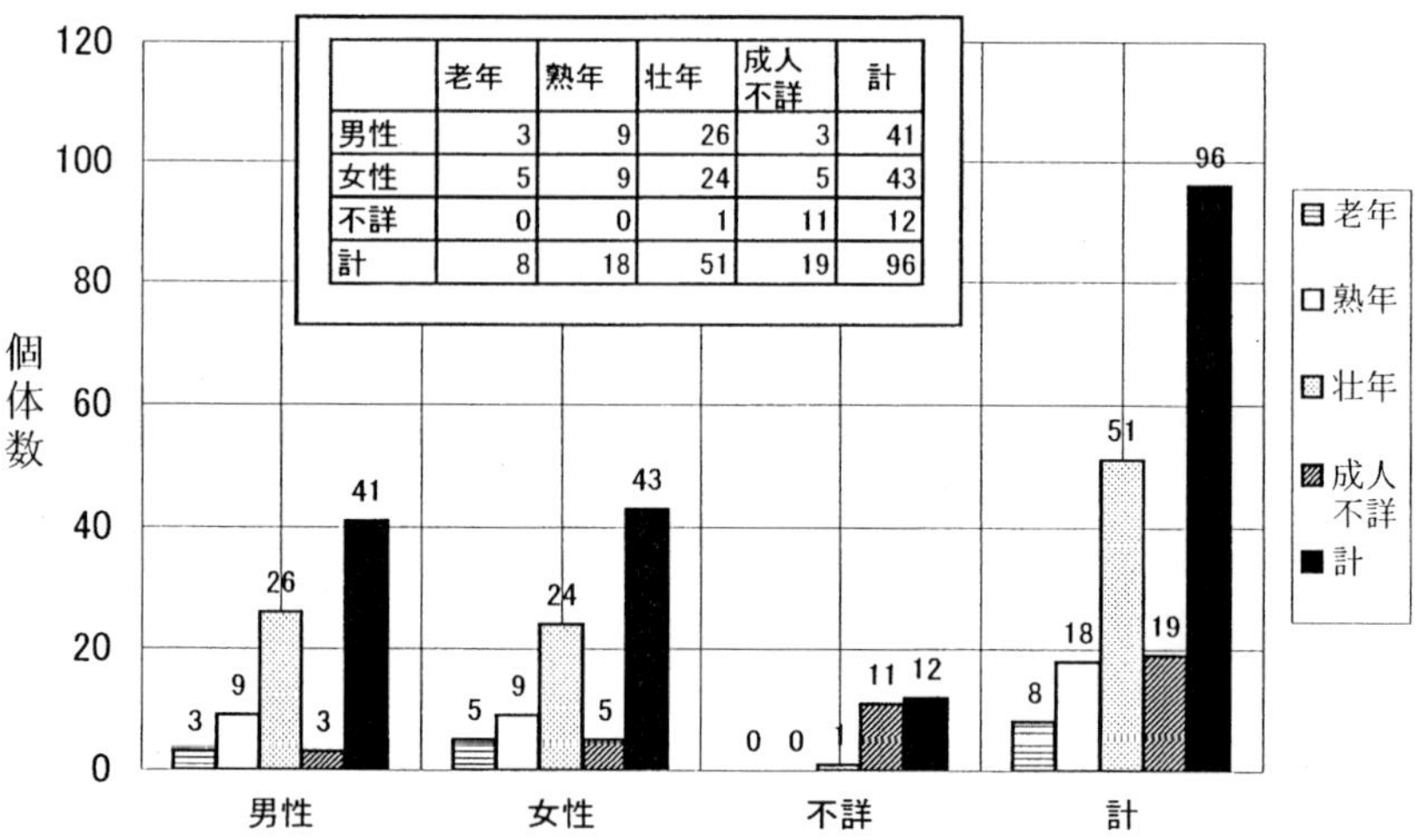

	老年	熟年	壮年	成人不詳	計
男性	3	9	26	3	41
女性	5	9	24	5	43
不詳	0	0	1	11	12
計	8	18	51	19	96

図 18　出土人骨（成人）の個体数（成人個体数＝96）

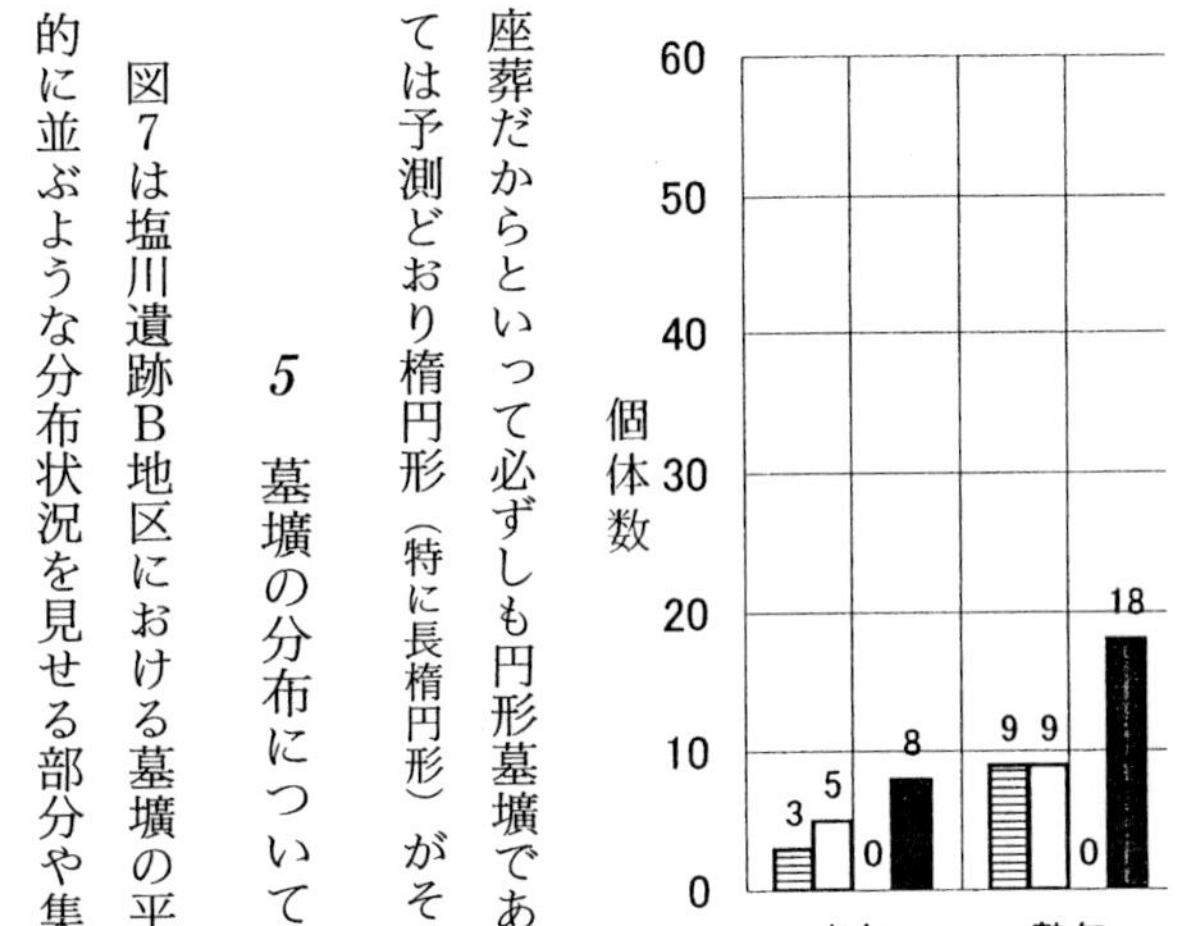

図17　出土人骨の

座葬だからといって必ずしも円形墓壙であるとは限らないということがこの遺跡では指摘できる。一方、寝葬については予測どおり楕円形（特に長楕円形）がその大半を占めていることが、図16からわかる。

5　墓壙の分布について

図7は塩川遺跡B地区における墓壙の平面的な分布状況図である。平面分布の詳細な分析は未完了であるが、直線的に並ぶような分布状況を見せる部分や集中箇所の存在が指摘できる。また逆に、墓壙がまったく存在しない「空白箇所」がいくつか認められることも同じく指摘できる。このような空白箇所については、調査段階から「建物」等の存在を考慮し精査したが、残念ながらそれらを確認することはできていない。

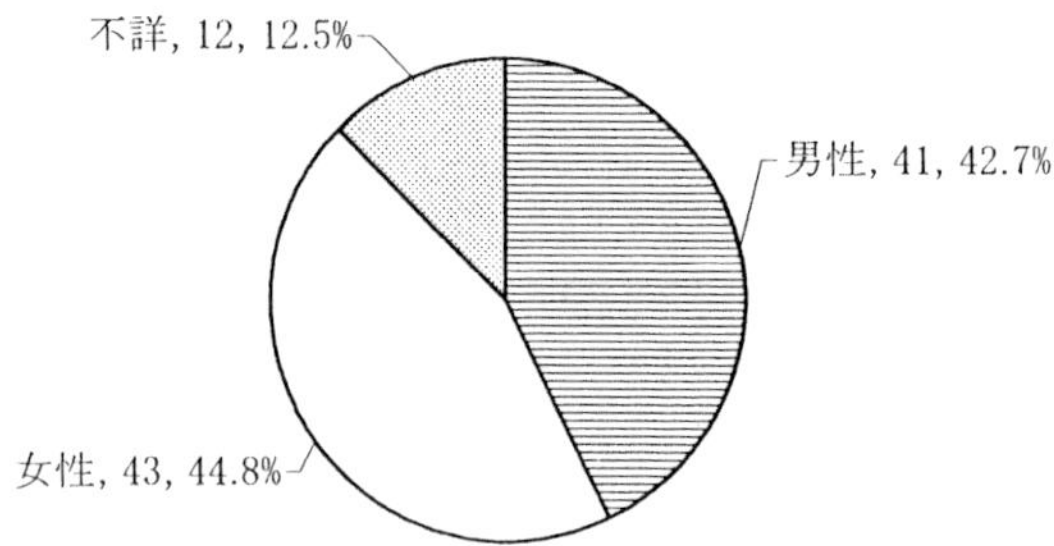

図 19　成人の男女比率（成人個体数＝96）

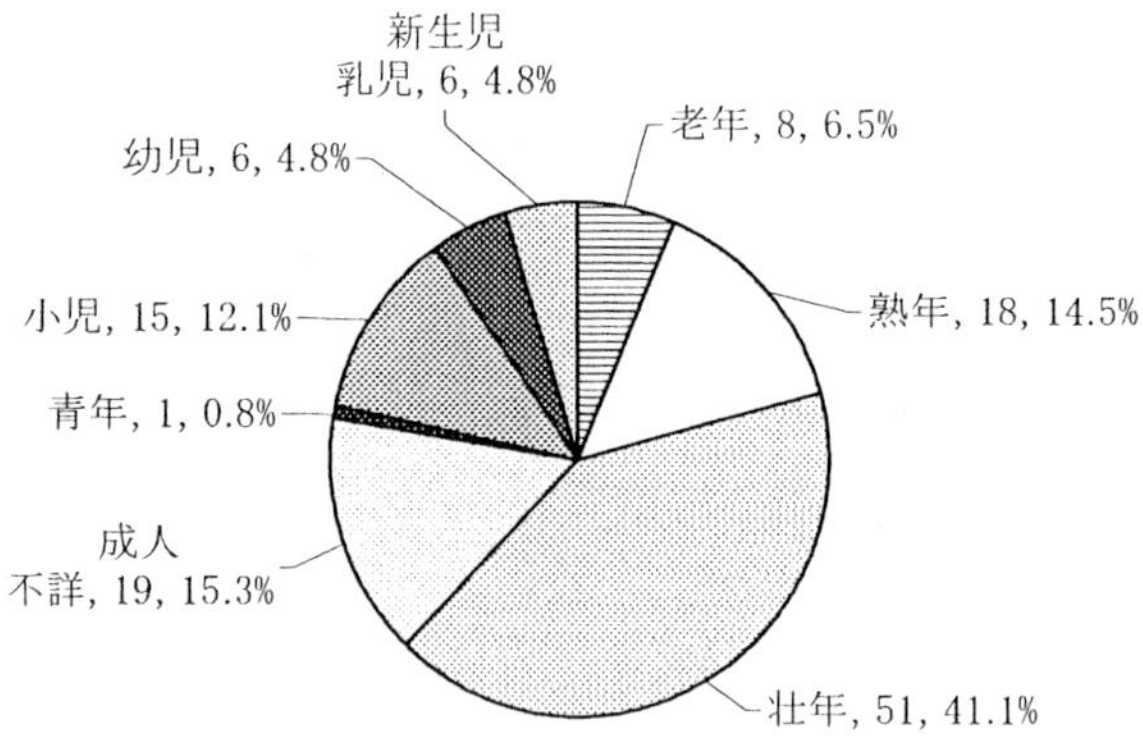

図 20　出土人骨の年齢比率（総個体数＝124）

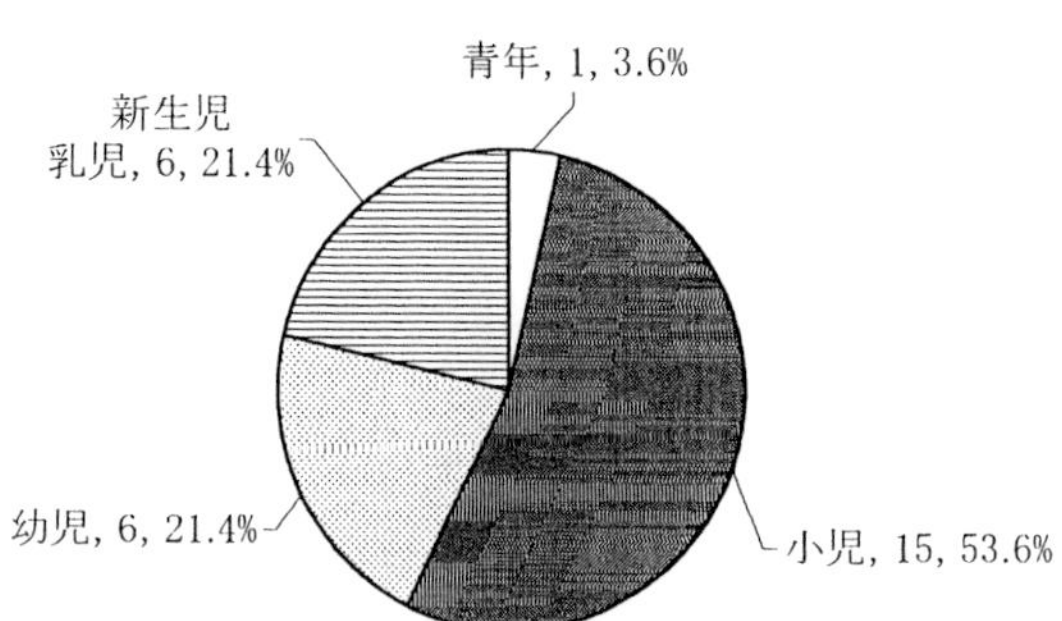

図 21　未成人の年齢比率（未成人個体数＝28）

三　人骨資料について

塩川遺跡B地区から検出された墓壙は一〇四基であり、これら以外にも遺構外出土の人骨資料が少なからず存在したため、これらを含めると約一二〇体の人骨資料を得たことになる。人骨資料については、森本岩太郎先生（故人・調査当時聖マリアンナ医科大学教授）および吉田俊爾先生に分析を委託した。図17はその成果をまとめたものであり、図18は出土人骨のうち成人だけをピックアップして図化したものである。これによれば、男女とも非常に分布図形が似ているということが指摘でき、全体的には壮年での死亡率が非常に高い、ということがいえる。図19によれば、男女比は男性が約四二パーセント、女性が約四四パーセントであり、男女比はほぼ均等であることがわかる。次に年齢比率を図化したのが図20である。これによれば、壮年の遺体が極めて多い、つまり壮年期の死亡率が高いことが指摘でき、熟年や老年は意外と少ないことがわかる。なお、図21は未成人遺体の年齢分布図である。未成人の場合には男女差が区別しにくいが、少なくとも小児の死亡率が高いことが指摘できる。

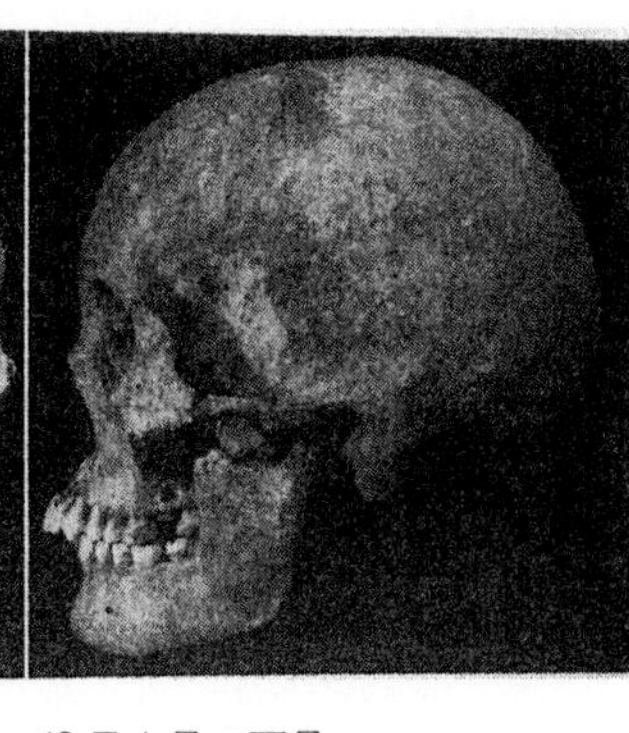
図22　43号人骨の頭骨

図22は第43号墓壙に埋葬された人骨（壮年期・女性）の頭蓋骨資料である。分析いただいた先生方の指摘によれば、非常に中世的な顔立ちを残している、あるいは中世から近世の移行型的な顔立ちであることが指摘された資料であるが、

この人骨には梅毒症の痕跡である頭骨の発泡状痕跡が骨に残っているということが指摘されており、この資料以外にも、もう一体梅毒症の痕跡をもつ遺体が認められた。江戸の都市部のみならず、塩川遺跡のような山間の集落にまでこういった病が及んでいたことが判明した資料として注目されよう。また、これら以外にも人骨資料からは、山間部の急斜面地における生業（林業等）を裏付ける脚部骨（踝部骨（かぶこつ））の特徴的な磨耗や変形性脊椎（せきずい）症の痕跡なども確認されており、山間部における生活の実態に迫れるデータも得られている。

四　出土遺物（副葬品）について

次に出土遺物、副葬品のうち六道銭・キセル・陶磁器について触れておきたい。六道銭については全体の七〇パーセント以上の墓壙で出土するほどの普遍性を持っている。主たる副葬銭は銅製の寛永通宝であるが、鉄製のものが多く混在する特色がある。副葬点数については、六点のものが数値的には多いが、一点のみから一四点までとバラエティーに富んでいる。傾向的には銭を副葬するとすれば、一枚から七枚程度を副葬していることが指摘でき、埋葬者が有していた「六道銭の意識」を探るためデータとして興味深いものがある。

喫煙具であるキセルについては、成人男性が葬られた墓壙の約六〇パーセント、さらには成人女性の葬られた墓壙の約四二パーセントがキセルの副葬を受けていた。キセルの所有イコール喫煙習慣とは限らないが、これらの比率はおおむねその当時の集落の人々の喫煙率に近いデータであろうと解釈できる。また、キセルについて補足するならば、キセルは口に触れる道具であり、各個人所有の「銘々道具」であるため、伝世することが少ないことが予測され、墓壙の年代決定には極めて有効と考えられる。

陶磁器については、全墓壙の一一パーセントという非常に少ない墓壙からしか検出されないという数量的な特長が認められた。このような少なさは都市部との陶磁器流通量の差異を示しているものと考えられ、比較検討が可能であろう。

おわりに

塩川遺跡B地区からは上述のような墓壙が検出されており、都市部の同様資料との比較研究等によって導き出される知見は少なくないと考えられる。墓壙の構築時期のより詳細な検討や各墓壙・人骨の個別属性や分布状況の検討など残された課題について、適宜検討を進めていきたいと考えている。

〔付　記〕

本稿は一九九六年二月開催の江戸遺跡研究会第九回大会『江戸時代の墓と葬制』で口頭発表した内容を文章化したものである。よって、発表後に行った本遺跡の再検討等の成果（森原明廣　一九九七「山間部集落における近世墓壙群のあり方――山梨県北巨摩郡須玉町塩川遺跡の調査事例から――」『生産の考古学』同成社）は盛り込まれていないことをお断りしておく。また、発表に際し、多くの文献およびご助言を参考にさせていただいたが、ここでは掲げなかったことをお詫びする。

経ヶ峰伊達家三代墓所の調査

……小井川　和夫

一　経ヶ峰の位置・概要

伊達家三代の墓所である経ヶ峰は仙台市青葉区霊屋下（おたまやした）に所在し、仙台城の南東方、広瀬川に臨む比高約五〇メートルの段丘上にある。この地を墓所と定めたのは初代藩主政宗の生前の遺言であるとされ、以後二代忠宗、三代綱宗が葬られた。

続く四代綱村は黄檗（おうばく）宗に深く帰依し、さらに南東方約二キロメートルの茂ヶ崎に黄檗宗の寺院として大年寺を造営した。このことから四代以降明治維新を迎える一三代慶邦まで、基本的に大年寺が伊達家の墓所となった。（図1）

経ヶ峰頂部には、東峰に初代政宗の廟である瑞鳳殿が西面して建ち、相対して西峰に二代忠宗の廟・感仙殿、三代綱宗の廟・善応殿が南北に並んで建っている。別に、感仙殿の北側に九代周宗、一一代斉義および夫人の墓がある。周宗は一四歳で没した。この幼くして死去したということから、仙台城あるいは藩祖に近い場所に葬られたのではないかと考えられている。斉義は瑞鳳殿背後の急崖の崩落の防止・修理に特に力を注いだ。こうしたことから斉義の墓

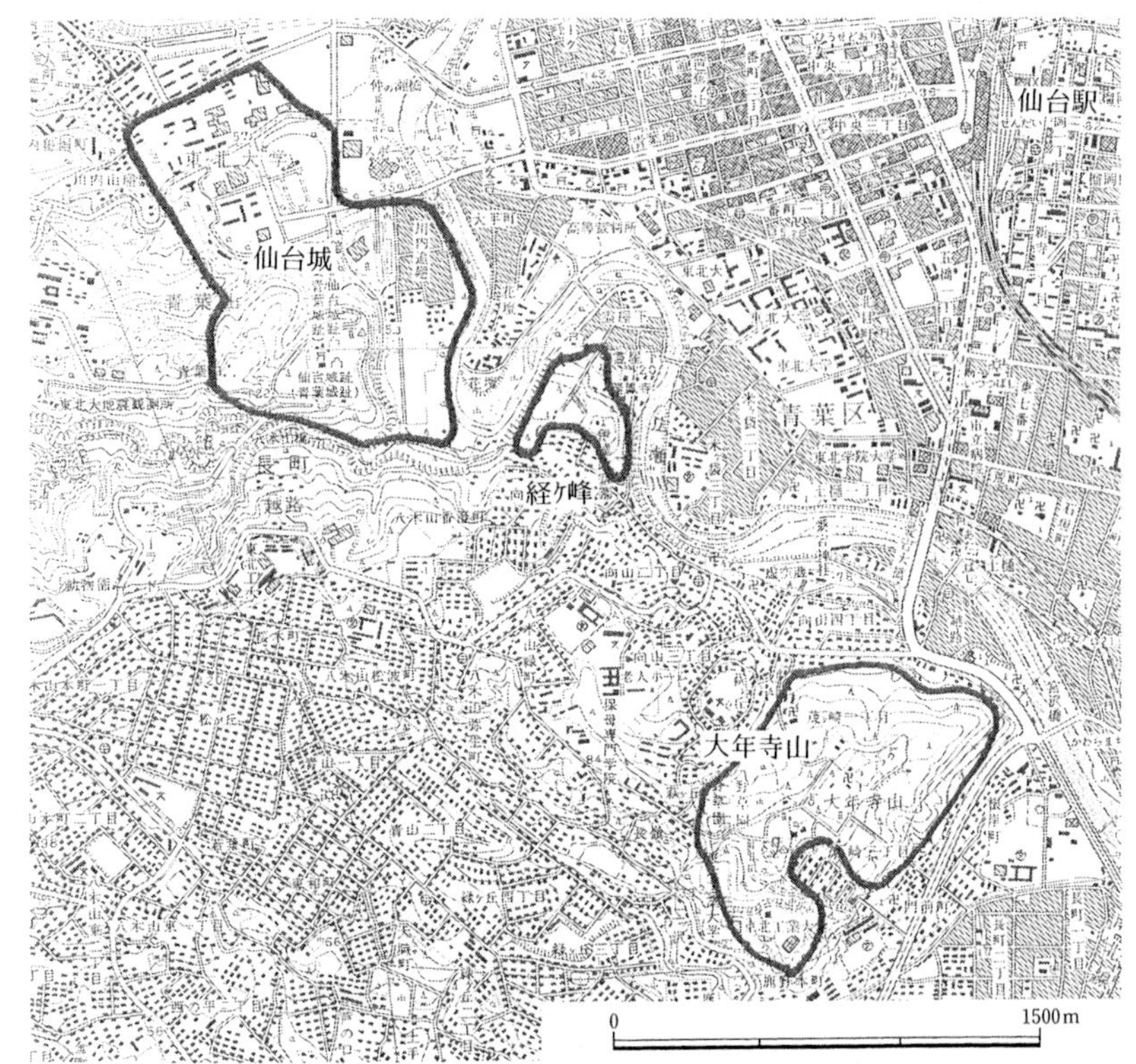

図１　墓所の位置

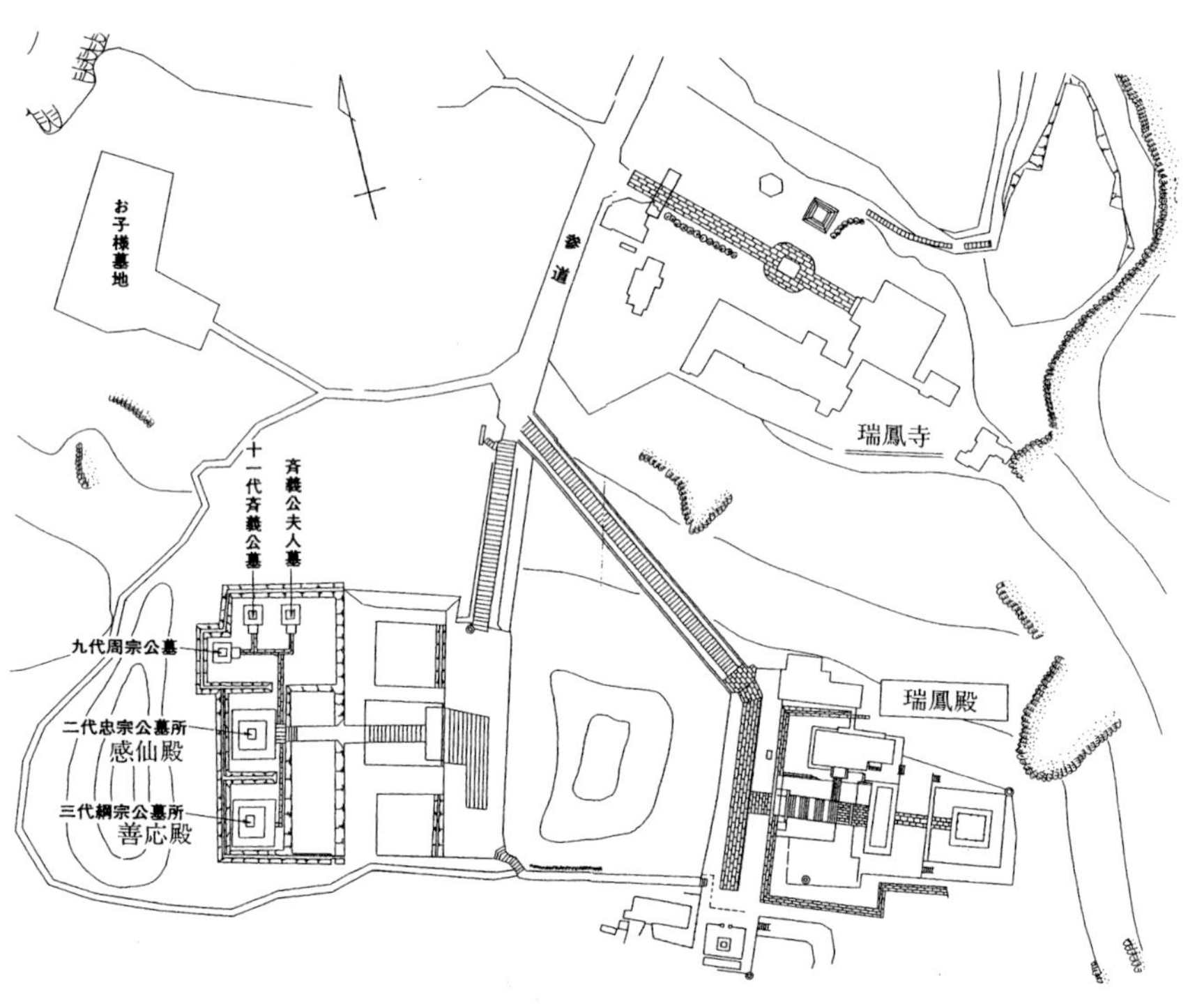

図2　経ヶ峰概要図

がこの地にあるのは、死後もなお藩祖廟を護るというような意味があったのではないかと想像されている。また北西部には、五代吉村が定めた公子・公女の墓所があり、二八の墓碑がある。北麓に建つ瑞鳳寺は、寛永一四年（一六三七）一〇月二四日に瑞鳳殿とともに落成した瑞鳳殿の香華寺である（臨済宗妙心寺派）。（図2）

二　三代の墓の調査

瑞鳳殿、感仙殿、善応殿の三代の墓所は、いずれも涅槃門・拝殿・唐門・本殿と続くいわゆる霊廟造りである。明治初期に感仙殿・善応殿の拝殿・唐門などが整理されたが、瑞鳳殿および二・三代墓の本殿といった主要な諸建物は一九四五年七月の空襲によって焼失するまで残存していた。

墓所の調査は、失われた廟の再建にあたって地下埋葬施設への影響を調べることを目的としたもので、伊東信雄東北大学名誉教授を調査団長として三次にわたって実施された。

一次…一九七四年九月二五日〜一〇月一五日　瑞鳳殿

二次…一九八一年一〇月一二日〜一一月六日　感仙殿、善応殿（石室上面まで）

三次…一九八三年一月一八日〜一月二五日　善応殿石室内

遺体が埋葬された本殿部分の平面形態は、規模に若干の差異はあるものの、三殿とも同様である。縁石で囲まれた約一〇メートル四方の区画の中央に三×三間の本殿が建てられている。本殿内外は敷石で覆われるが、内部は一段高くなっている。本殿内部の中央に厨子台（ずし）があり、その背後に来迎柱（らいごう）を二本建て来迎壁が置かれる。（一二一ページ図8参照）

1　瑞鳳殿―初代政宗墓（図3〜7）

伊達政宗は、寛永一三（一六三六）年、江戸桜田藩邸において七〇歳で没した。埋葬・葬礼に関わる主な事項は以下の通りである。

寛永一三年（一六三六）五月二四日卯刻（午前六時）　卒　七〇歳　江戸桜田藩邸
束帯姿（そくたい）、柩（ひつぎ）に水銀・石灰（せっかい）・塩を詰める
戌刻（午後八時）　藩邸発
六月三日　仙台着　覚範寺に安置
六月六日　埋葬　遺体を容れた棺桶をのせた駕籠（かご）

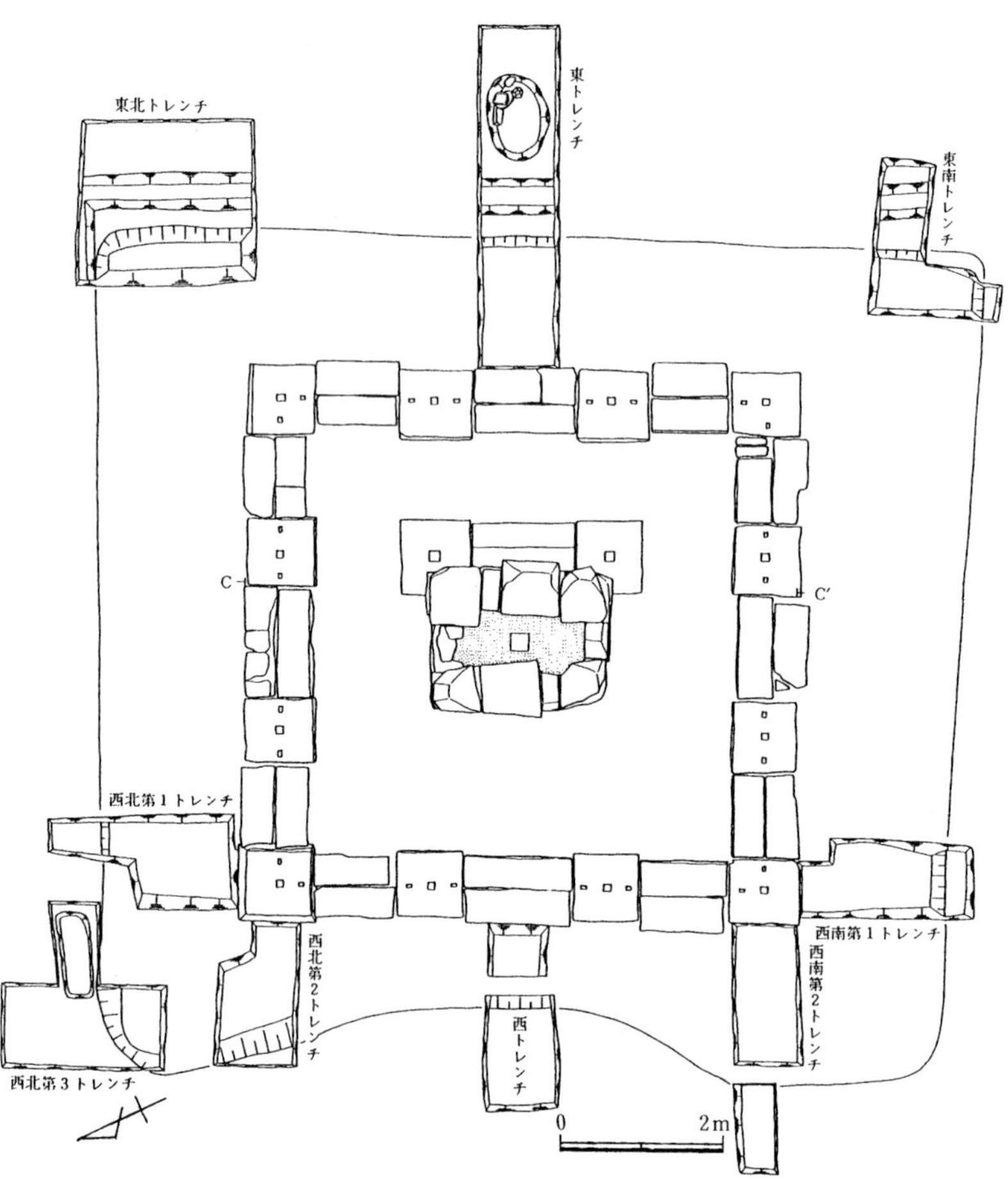

図３　瑞鳳殿本殿土壙範囲図

六月二三日　空棺をもって野外で葬礼
秋（九月？）　瑞鳳殿着工
寛永一四年（一六三七）一〇月二四日　瑞鳳殿・瑞鳳寺落成

ちなみに、この項で示したように、葬礼そのものは遺体埋葬から一〇日ほど経た後、空棺をもって原野で行われた。棺および葬具を焼き、その灰は、塚を築造してその中に埋められた。灰塚と呼ばれる。二代、三代の場合も同様である。ただし、この葬制は五代吉村の代に至って廃された。

瑞鳳殿の本殿部分は縁石および敷石はすでに失われた状態であったが、調査によって、縁石内にほぼ相当する一〇・五×一〇・五メートルの範囲の大きな土壙が確認された。深さは一・二〜一・七メートルと推定され、本殿建設の基礎工事のためのものと理解される。土壙中央やや北寄りの底面から二・二×二・五メートルの掘り方（墓壙）が掘り込まれ、石室が構築されていた。石室は厚さ一五センチメートルほどの凝灰岩切石で構築されており、内法で一・八×一・二メートル、深さ一・五メートルほどである。側壁切石のつなぎ目に「△」「㊉」「×」「〇」といった墨印が付されたところもあり、一度墓壙外で組み立てて見たことが知られる。

土壙（本殿の基礎工事）・墓壙の工事手順については一連の事業として実施されたことも明らかになった。すなわち、本殿土壙を掘る→底面に墓壙を掘る→石室を構築する→遺体埋葬→土壙に粘土・礫（れき）石を交互に積みながら礎石などを据える、という順序である。なお、石室蓋（ふた）石の上面は腐食した板で覆われていたが、これは埋葬後本殿工事開始までの間（約三カ月）かけられていたものであったと見られている。

遺体は棺桶に坐位の状態で納められ、駕籠にのせたままで石室中央やや東寄りに安置されていた。棺には石灰他が詰められていた。副葬品は石室西北隅にまとめて置かれていた。一番下に冠・石帯などが入った衣裳箱と思われる黒

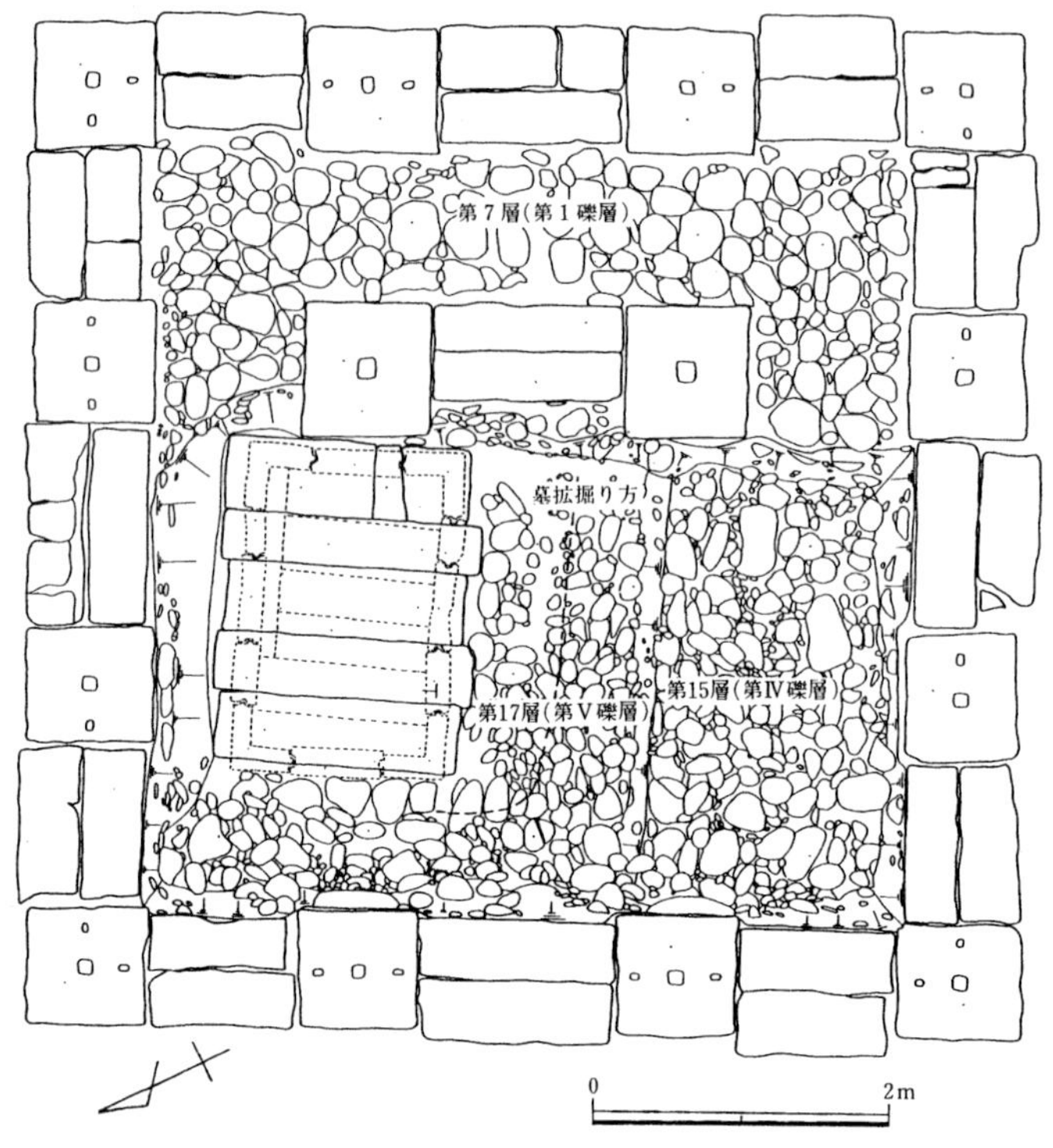

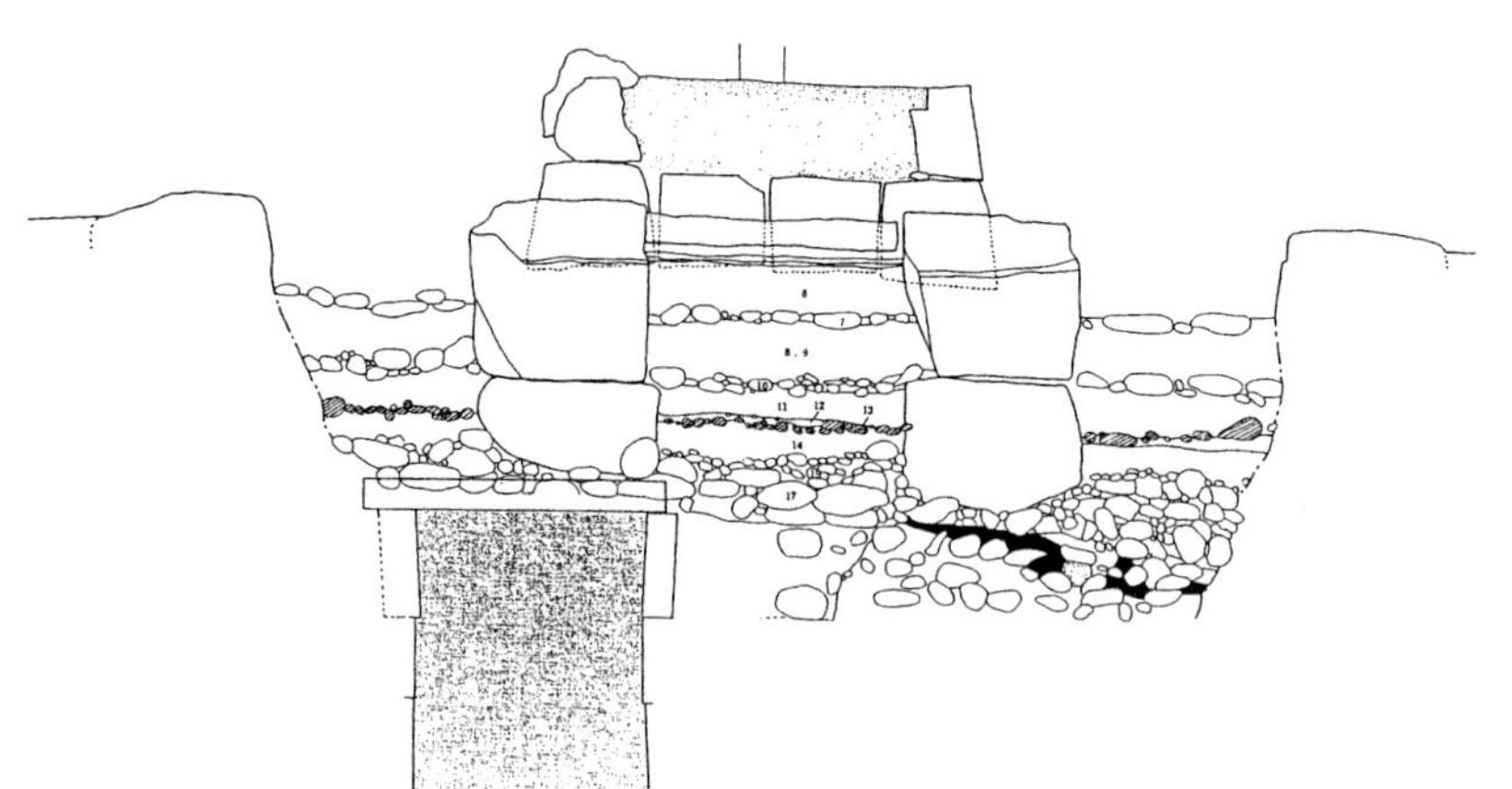

図４　瑞鳳殿石室の位置と土壙断面・石室見通図

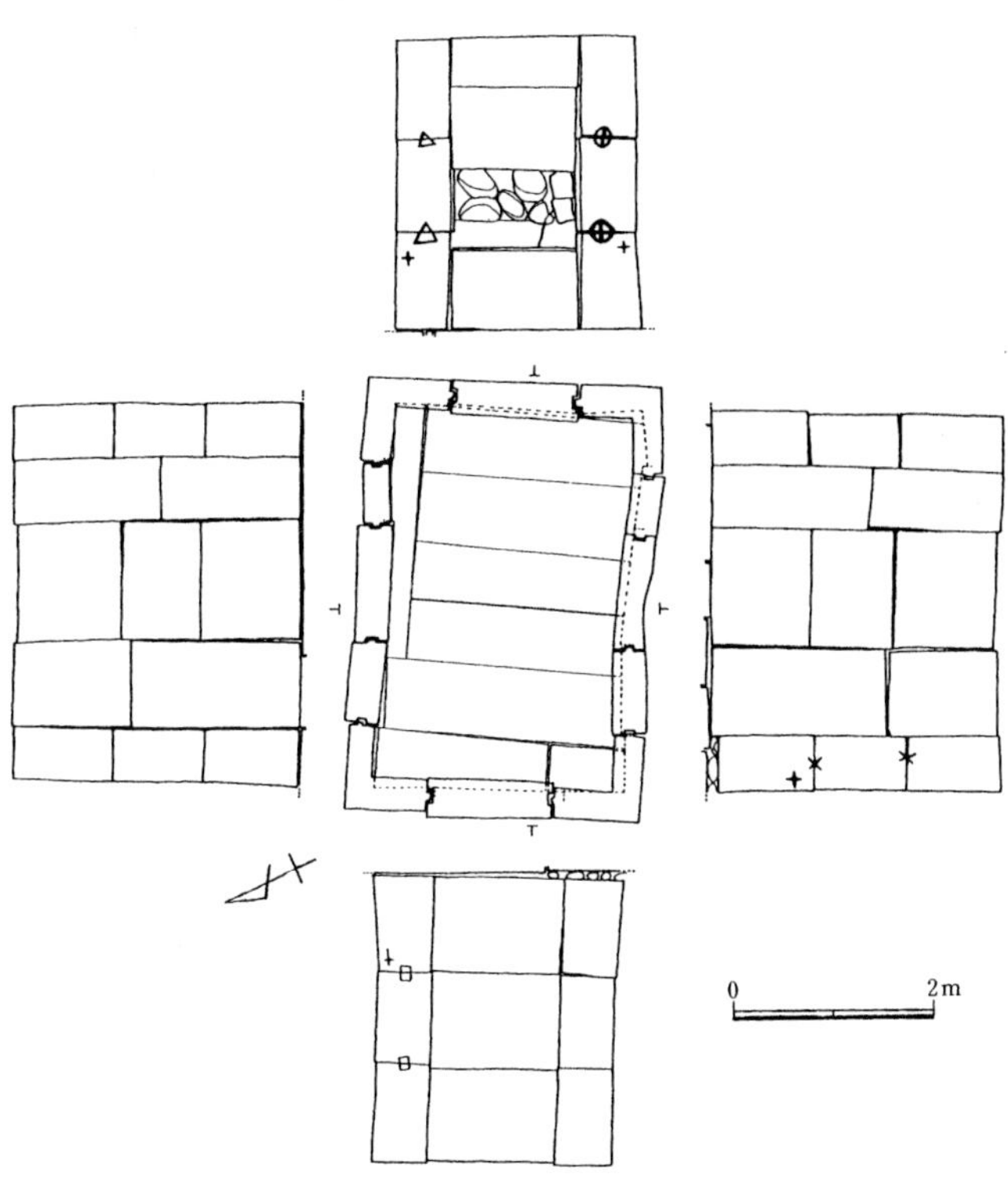

図5　石室内面実測図

漆箱があり、その上に鎧櫃が重ねて置かれていた。さらにその上に脇差、紙入、黒漆葛蒔絵箱があり、糸巻太刀が鎧櫃に寄せかけてあった。また本来鎧櫃の上に置かれていたと考えられる蒔絵箱などが石室底面に散乱していた。

なお、記録には遺体には束帯を着せたとあるが、棺内から発見されたのは麻布のみであり、おそらく麻の帷子を着せたものと推定されている。また棺内に石灰・水銀・塩を詰めたとあるが、水銀・塩は分析によっても検出されなかった。

副葬品は次の通りである。

［棺外—石室内］

鎧櫃—具足一式・采配

糸巻太刀

脇差

黒漆葛蒔絵箱—筆一三・墨・文鎮

漆塗紙入―懐中鏡・白木櫛（くし）二・毛抜
梨地煙管（きせる）箱―煙管二・掃除用具（竹製ヘラ・ひご竹）
革袋―ブローチ・日時計・一分金三
梨地梅竹蒔絵硯（すずり）箱―硯・銅製水滴・筆入れ

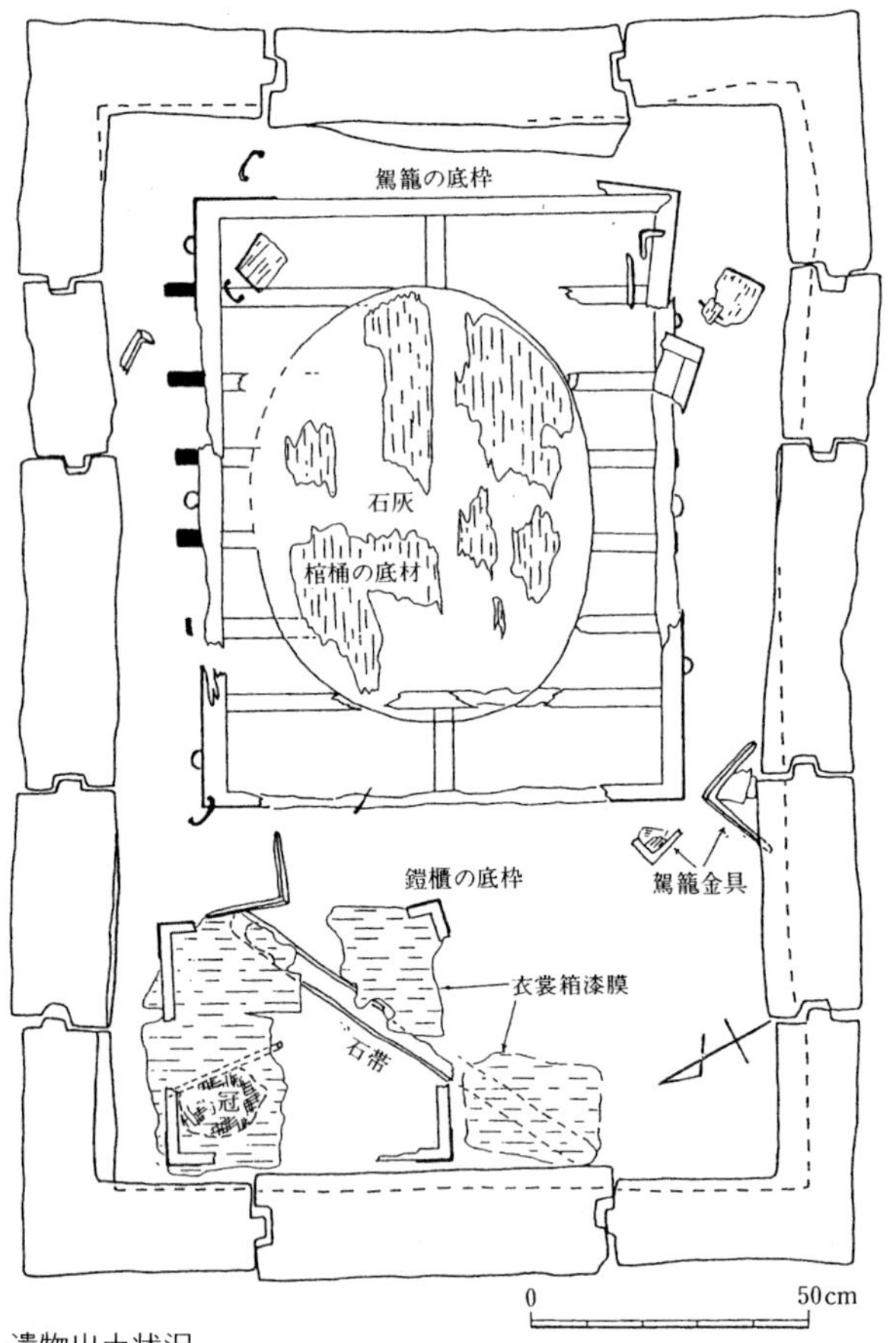

遺物出土状況

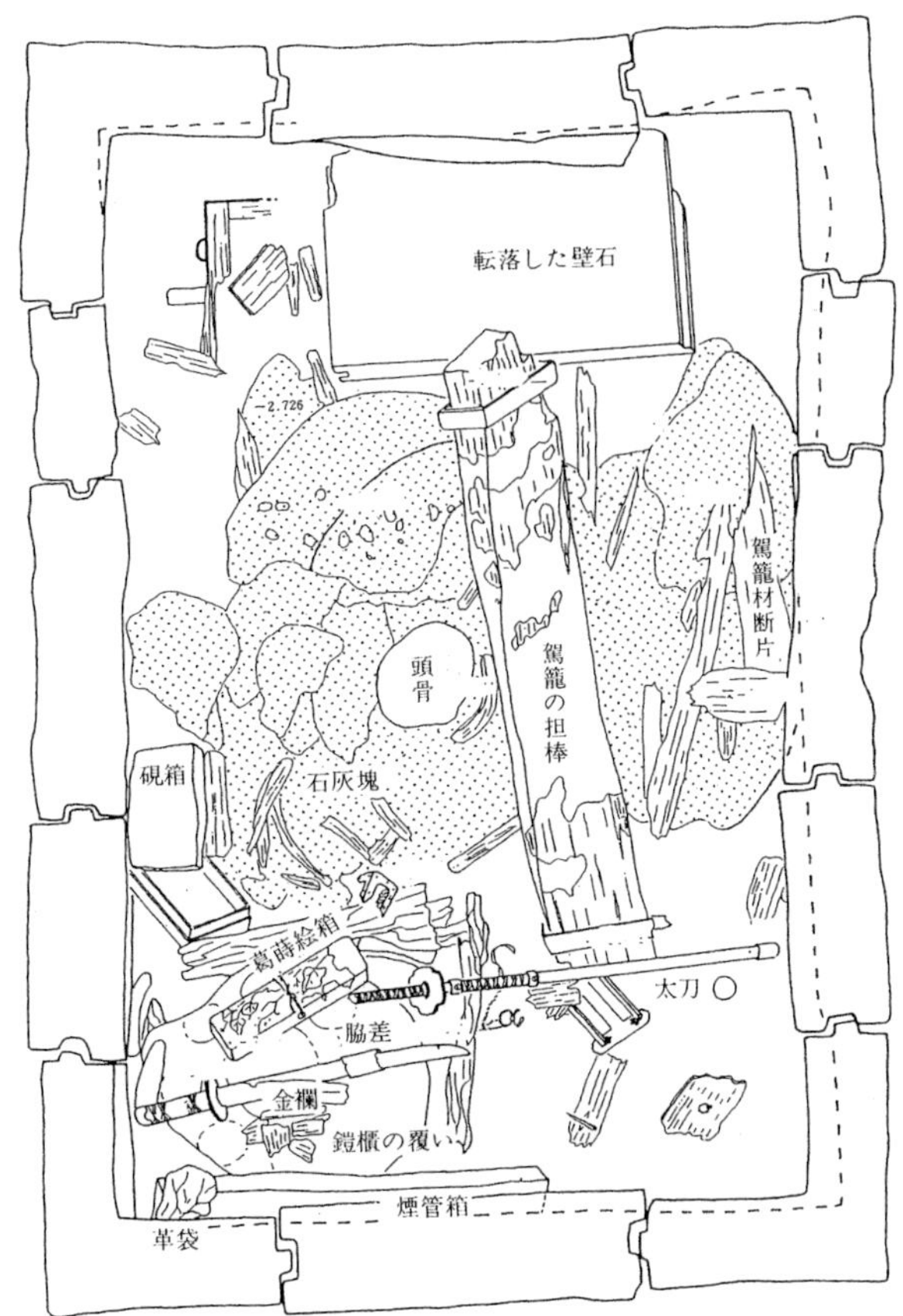

図6　石室内の

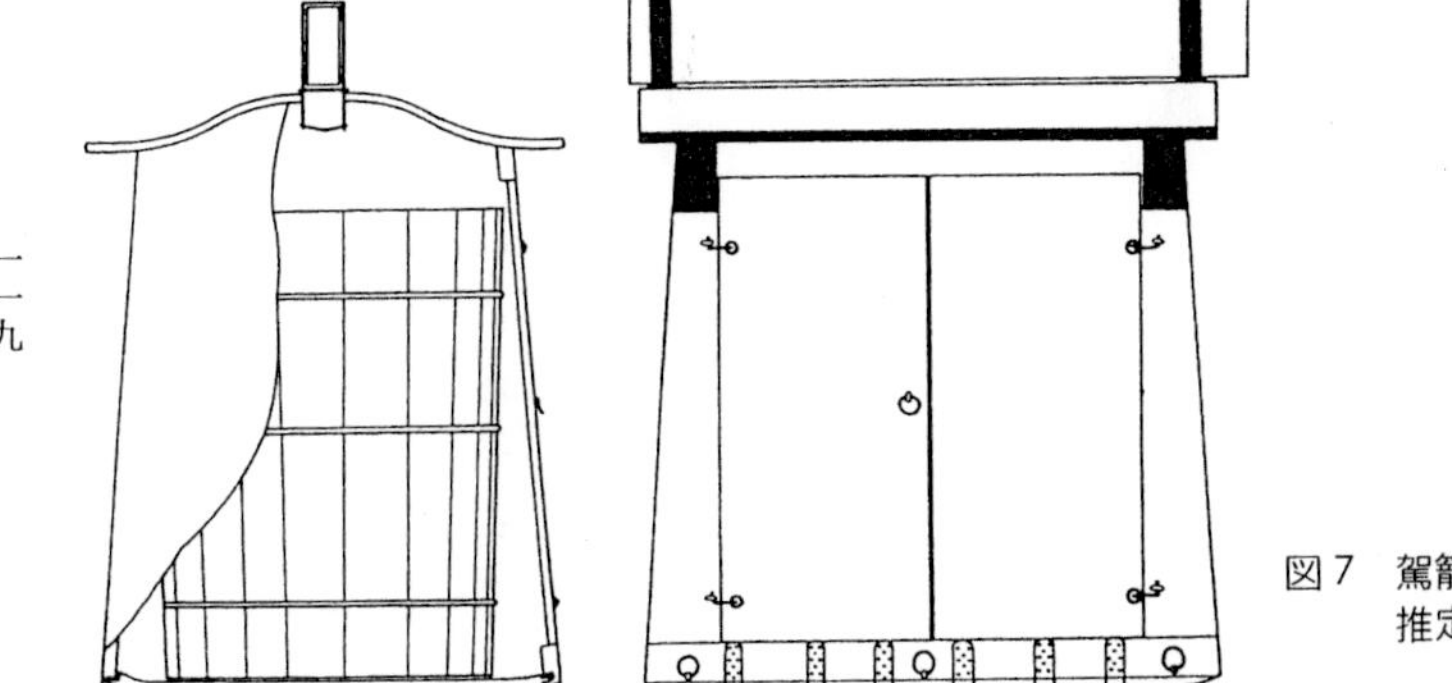

図7　駕籠・棺桶
推定復元図

黒漆白梅蒔絵箱
梨地菊蒔絵印籠（いんろう）
黒漆箱―石帯・冠（箱入り）・鞭（むち）

［場所不明］

梨地鉄線蒔絵香合
菜板（雲母五・金一・銀一）
鉛筆ほか

2　感仙殿―二代忠宗墓（図8〜11）

万治元年（一六五八）七月一二日辰刻（午前八時）　卒　六〇歳　仙台城
　束帯姿、棺内に汞（こう）（水銀）・牡蠣（かき）灰を詰める
　戌刻（午後八時）　瑞鳳寺に安置
七月二四日酉刻（午後六時）　埋葬　遺体を容れた棺桶をのせた駕籠
八月六日　葬礼
万治二年（一六五九）五月　三代綱宗、感仙殿造営を命ずる
寛文四年（一六六四）五月一七日　感仙殿落成

感仙殿においても本殿部分に土壙が掘られ、その底面から石室を構築するための墓壙が掘られている。土壙の規模は瑞鳳殿に比べると小さく本殿に相当する範囲と推定され、深さも本殿内敷石下面から約三〇センチメートル前後で

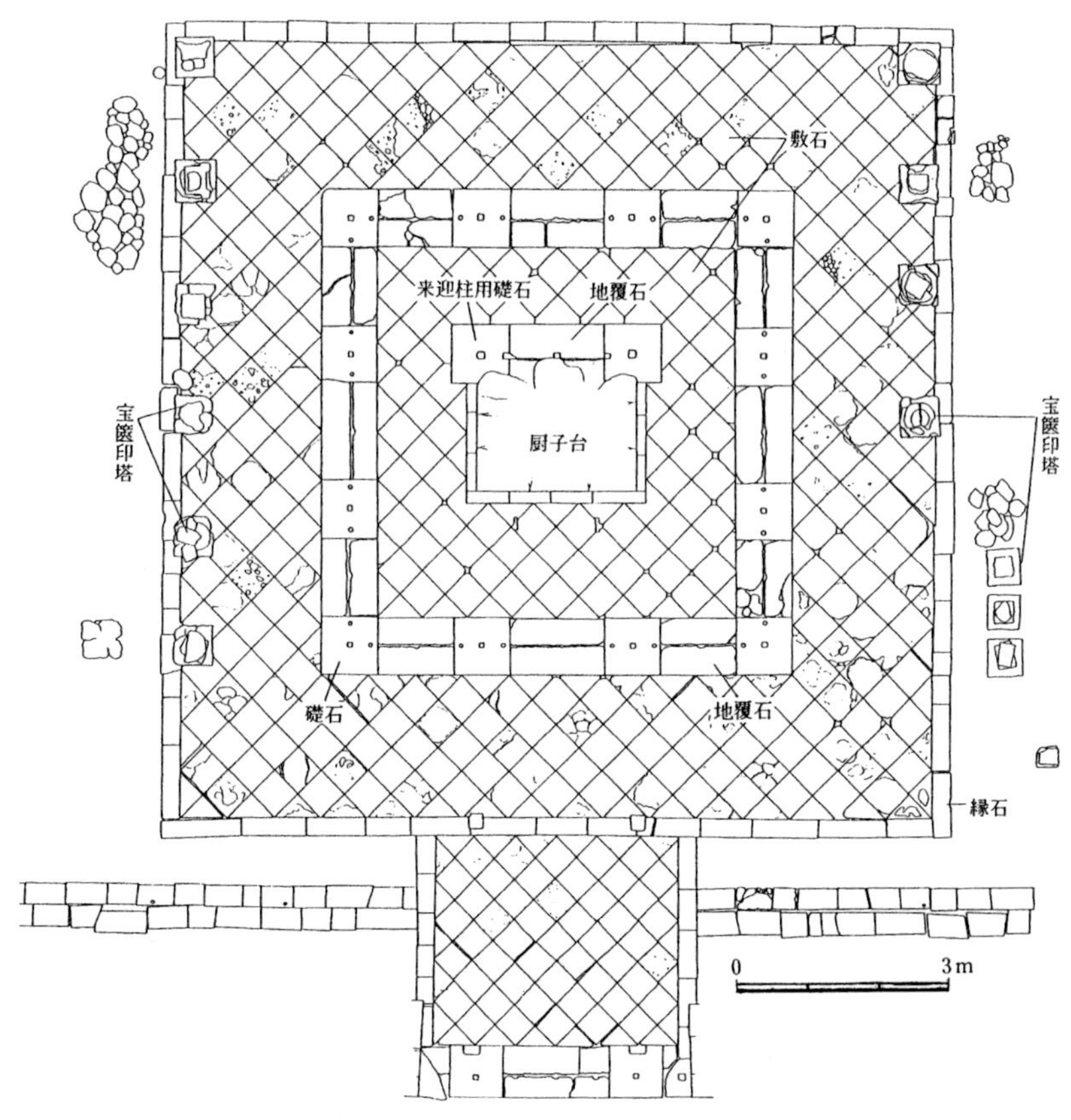

図8　感仙殿跡実測図

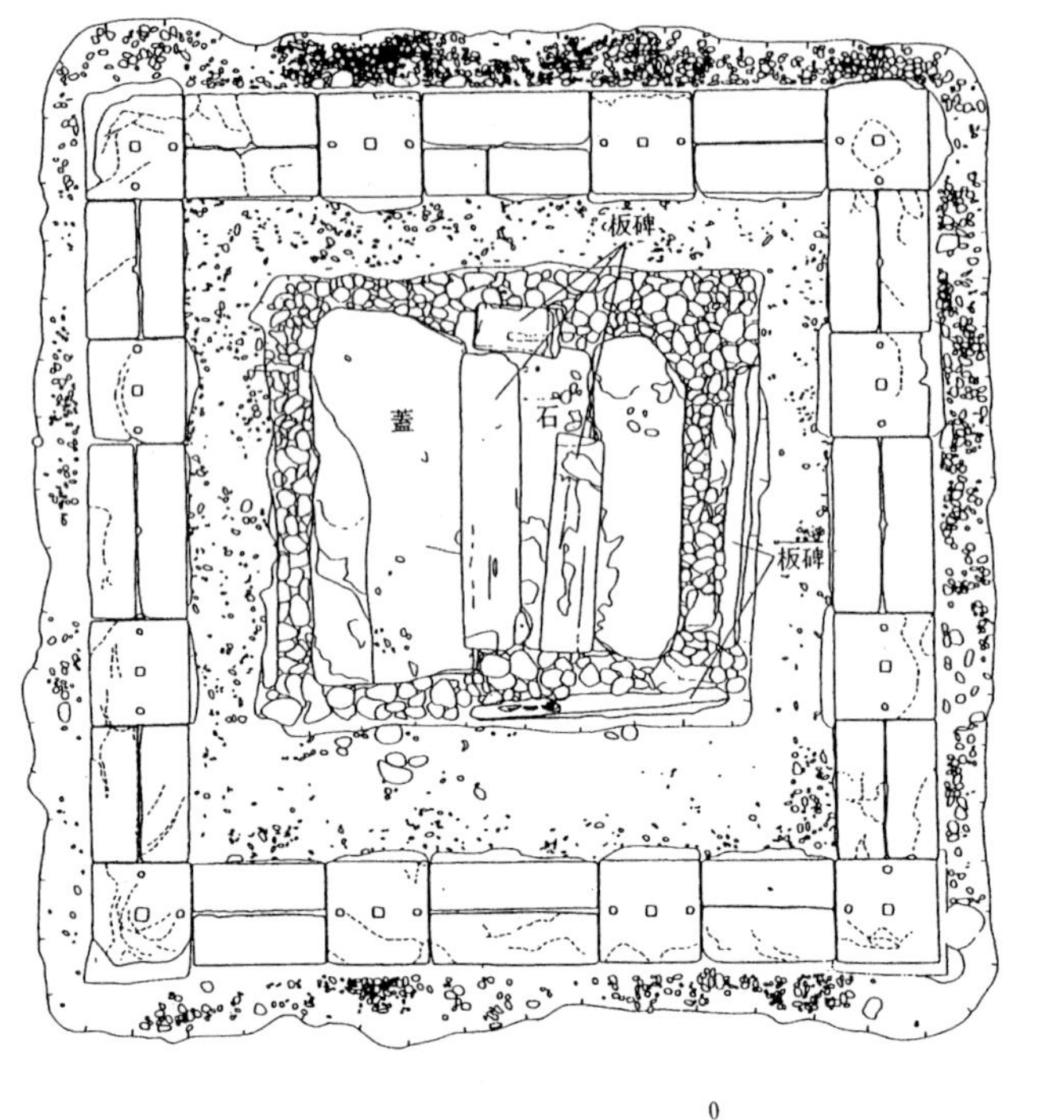

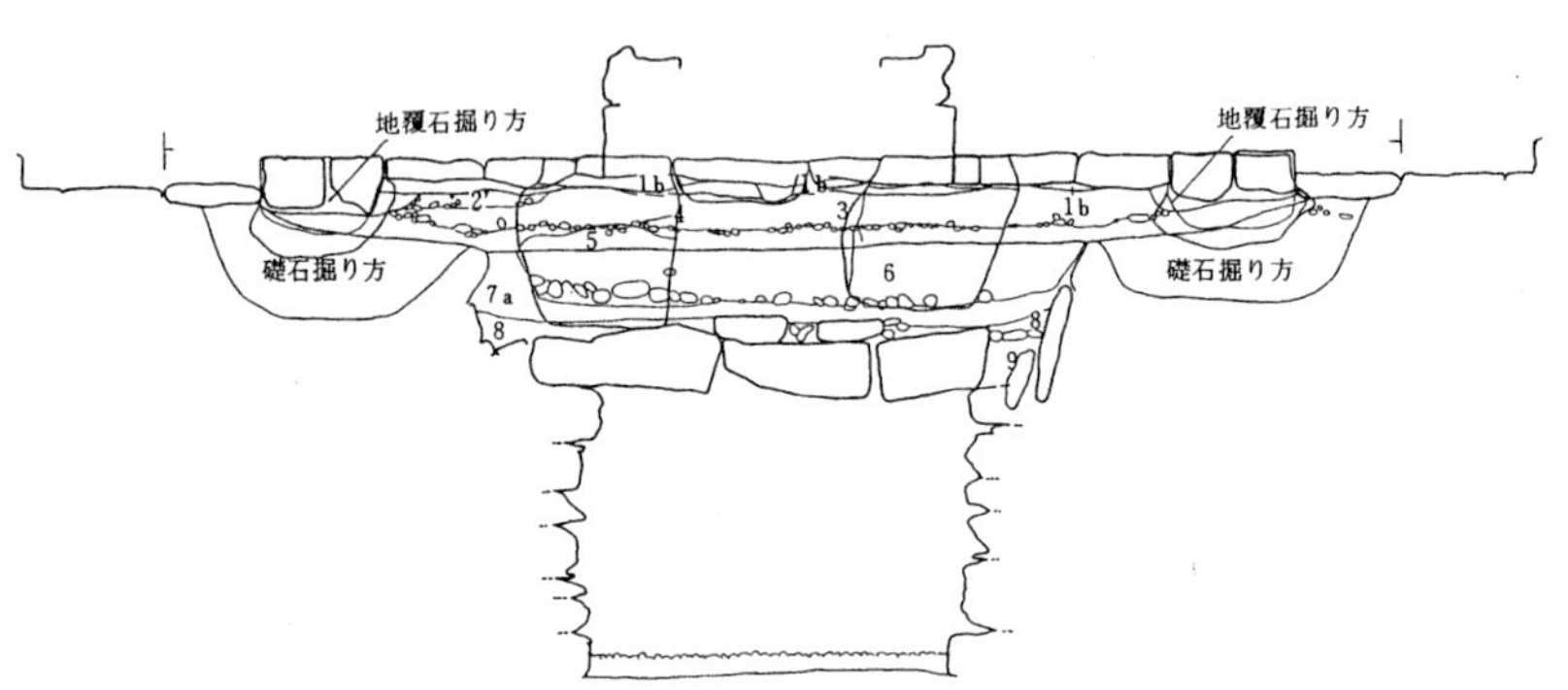

図９　石室蓋石検出状況・墓壙断面図

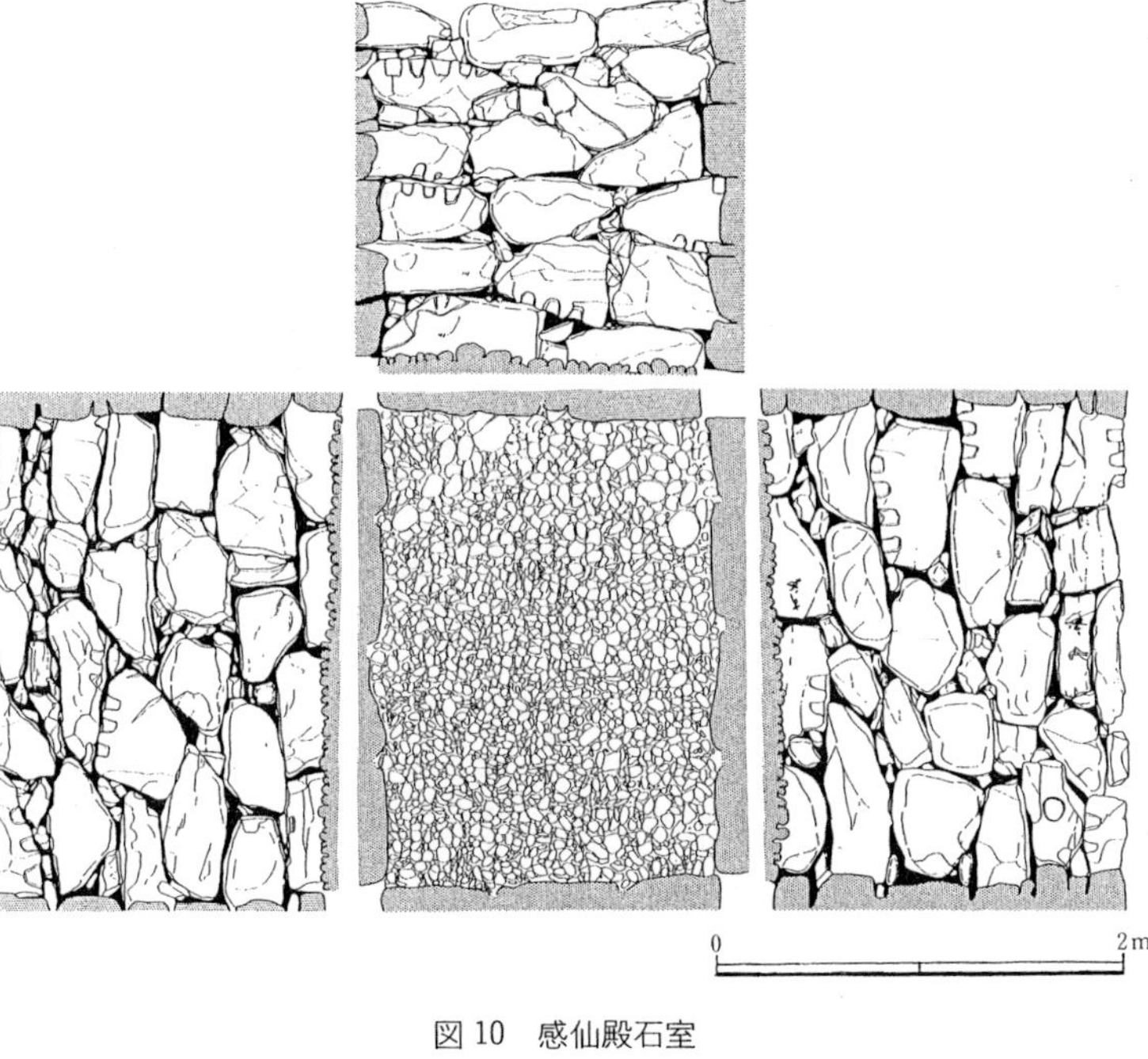

図 10　感仙殿石室

ある。墓壙は本殿のほぼ中央に掘り込まれ、内部に安山岩割石を積んで石室が構築されている。内法は二・二×一・六メートル、深さ一・七メートルで、底面には三〜二〇センチメートルの玉石が敷かれている。蓋石は同じく安山岩の板石三枚であるが、その隙間を埋めるために二基の板碑も用いている。板碑は墓壙側壁の崩落防止も含め計五基使われており、年号の明らかな二基はいずれも元享三年（一三二三）のものである。

遺体は石室の中央に、棺桶に坐位の状態でおさめられ駕籠にのせたまま安置されていた。記録にある通り棺内には石灰が詰められ水銀も検出された。棺内からは黒漆塗烏帽子（えぼし）が発見された。

棺北側に外箱に入った鎧櫃、漆塗り箱、糸巻太刀といった副葬品が置かれていた。また、棺の東側からは本来駕籠の中に入れられていたと考えられる打刀、脇差が出土した。

副葬品は次の通りである。

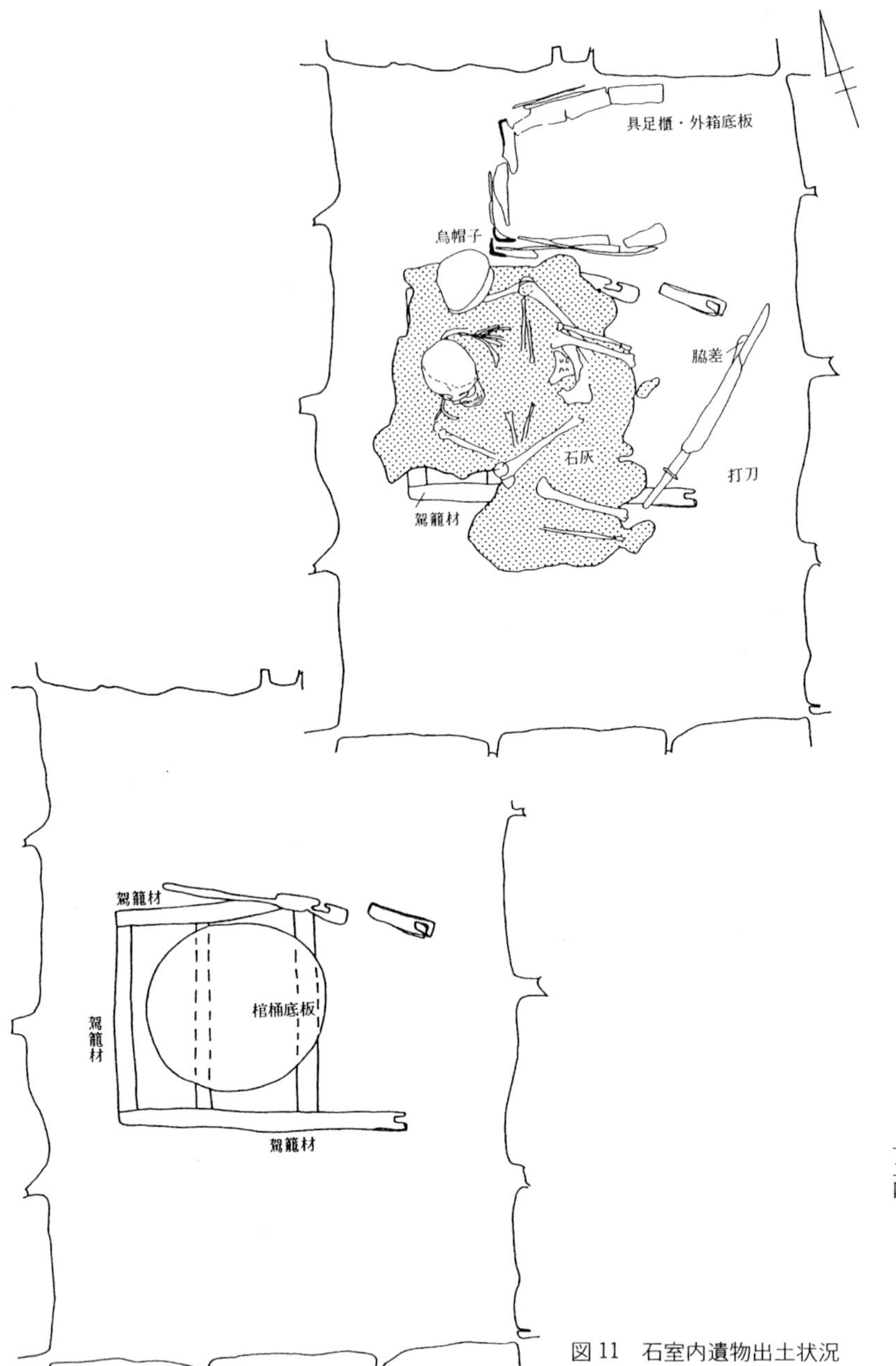

図 11　石室内遺物出土状況

［棺外―石室内］

鎧櫃（外箱あり）―具足一式

糸巻太刀

脇差

打刀

黒漆細長箱

［棺内］

扇

烏帽子

毛抜？

3 善応殿―三代綱宗墓（図12～15）

［万治三年（一六六〇）　逼塞（ひっそく）・隠居　二一歳　品川下屋敷］

正徳元年（一七一一）六月四日巳中刻（午前一〇時）　卒　七二歳　江戸品川屋敷

酉刻（午後六時）　納棺

六月一八日　品川邸発

六月二八日　仙台着　瑞鳳寺に安置

七月一日　埋葬　甕棺（外箱とも）

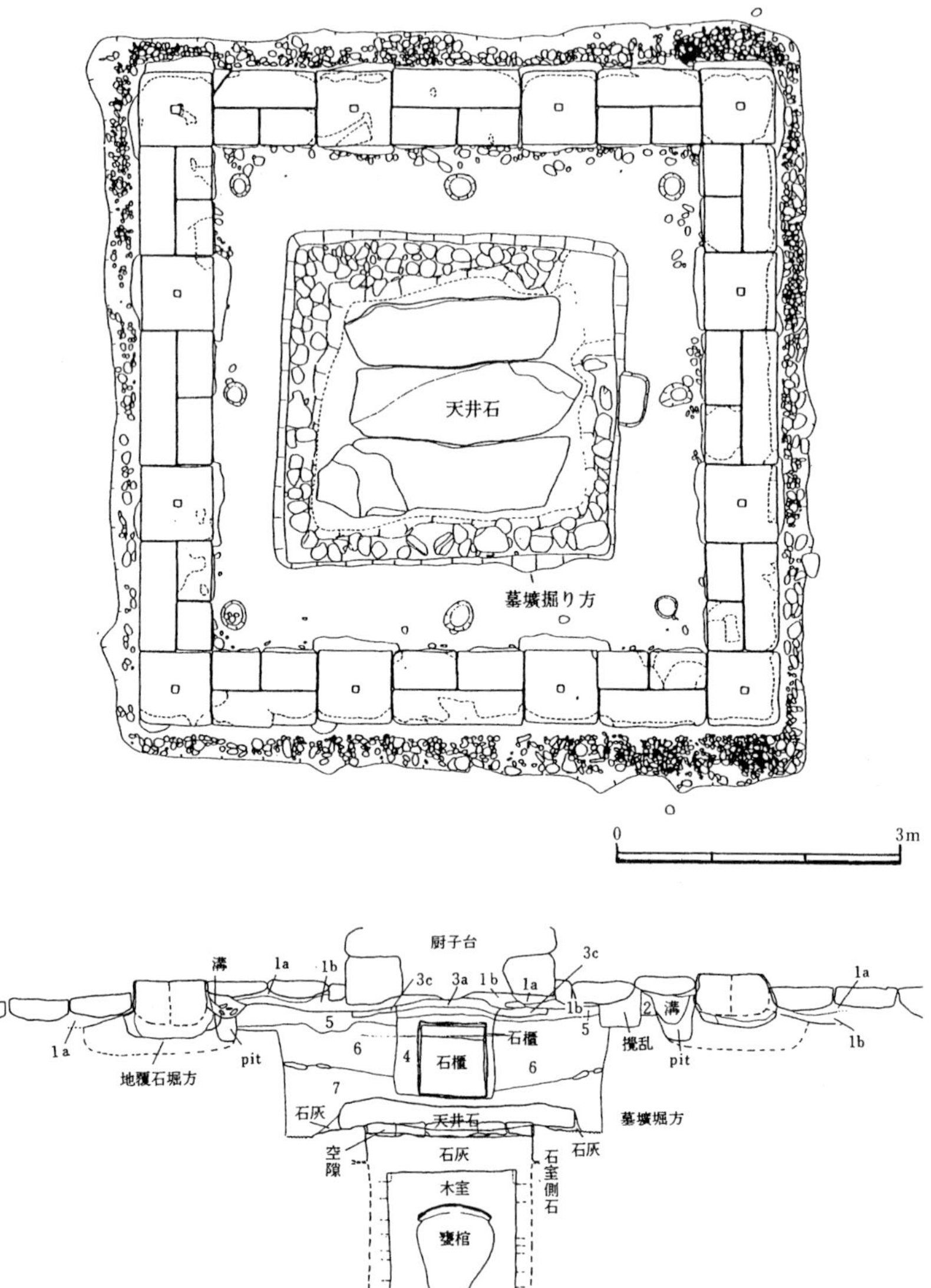

図 12　石室天井石検出状況・墓壙断面図

正徳三年（一七一三）七月八日　葬礼
正徳四年（一七一四）一二月　五代吉村、善応殿造営を命ずる
正徳六年（一七一六）六月三日　遺歯を追葬（左上顎智歯、三〇～四〇歳ごろ抜歯）
三月　善応殿落成

本殿内部分が深さ約二五センチメートル掘られた後、中央部に三・五×三・二メートルの墓壙が掘られ、その中に安山岩切石積の石室が構築されている。石室内法は一・七七×一・七七メートル、深さ約一・八メートルで、天井は三枚の粘板岩で蓋をされている。墓壙の上面から石室底面までの深さは約二・七メートルである。石室内には、内法一・二×一・二メートル、高さ一・二メートルと推定される上部から開ける形の木室が置かれ、その中に甕棺を納めた木箱が安置されていた。木室の外側─石室壁の間には石灰が詰められ、石灰は天井蓋石の隙間にも充塡されていた。甕棺外箱は、腐朽・崩壊していたためその形状について不明な点もあるが、三尺四方、高さ三尺五寸で釣金具のついた箱であった形として復元されている。

遺体を納めた甕棺は器高八〇・〇センチメートル、口径六三・四センチメートル、胴径八〇・〇センチメートルの常滑産の大甕である。甕棺の底に詰めた石灰の上に宝永小判を一〇枚円く

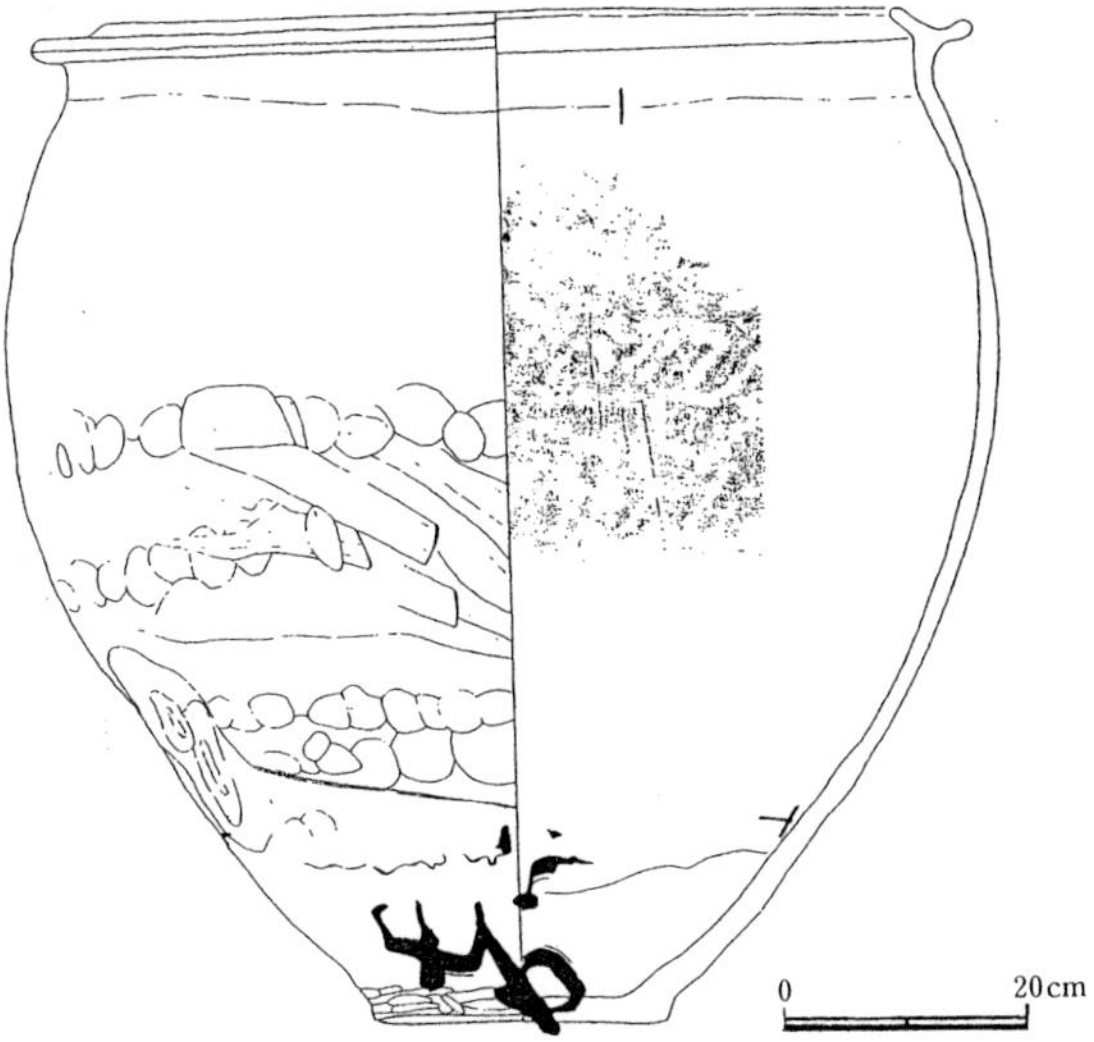

図 13　甕棺実測図

経ヶ峰伊達家三代墓所の調査（小井川）

並べ、その上に褥を置いて遺体が安置されていた。そして副葬品が納められたのち、石灰が詰められ、木製の蓋をして漆喰で固められていた。副葬品は甕棺外箱の中にも納められていた。

副葬品は次の通りである。

〔甕棺外―外箱内〕

打刀

煙管二

眼鏡および鞘

遺髪―綱宗以外のもの

〔甕棺内〕

柄鏡

鏡架

扇子

脇差

数珠

巾着―寛永通宝六

宝永小判一〇

紙入―懐中鏡・鋏（はさみ）・毛抜・刀子・鉄錐（きり）・折込ナイフ・懐中硯箱・鼈甲（べっこう）製定規・竹製規・牙製ヘラ・香木・合子・衛士籠・竹筒（耳かき・ようじ）ほか

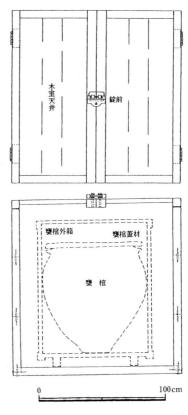

図 14　木室復元図

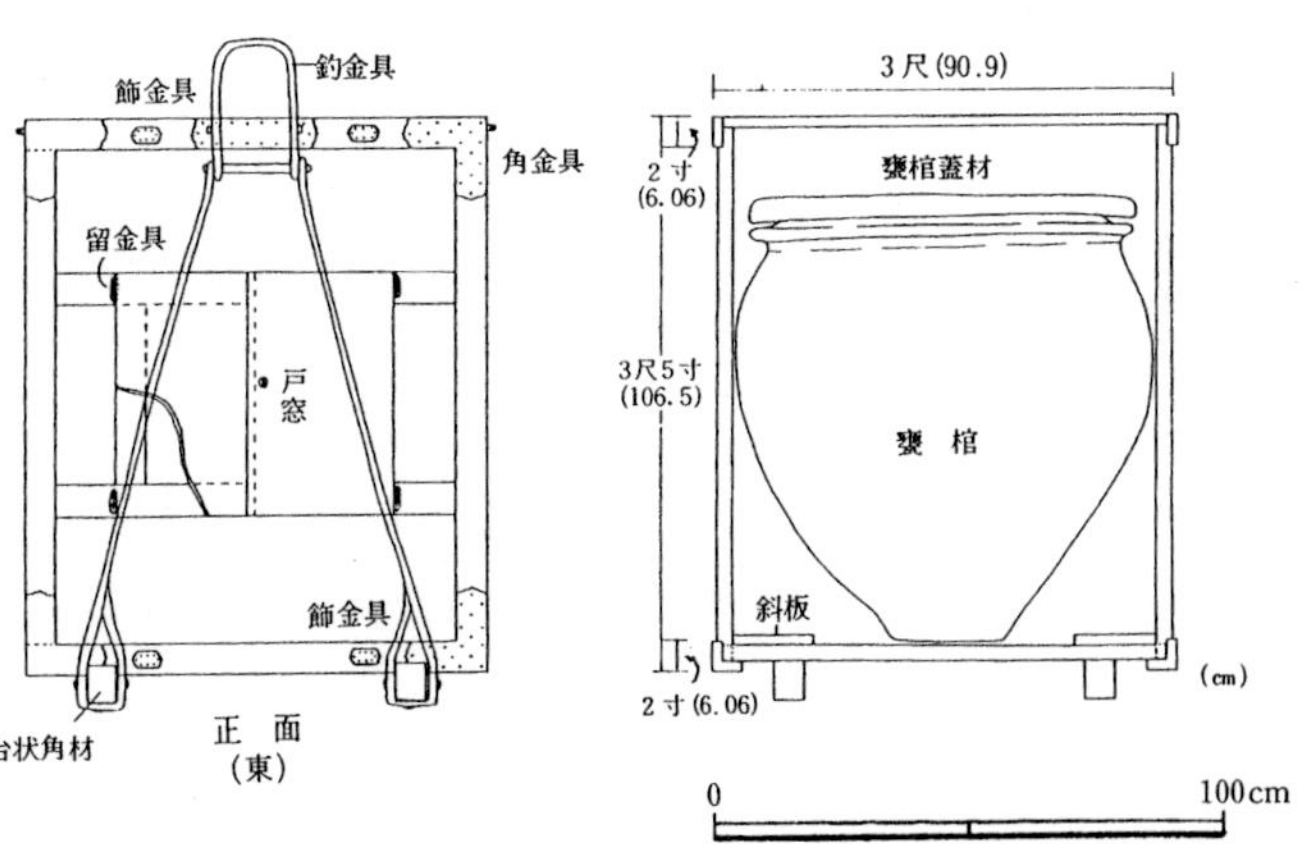

図 15　甕棺外箱復元図

藤棚蒔絵網代手箱―黒漆隅切手箱・蒔絵合子・蒔絵櫛三・牙製ヘラ二・鋏・紅皿二

なお、図12に見えるように、墓壙の埋土を掘り込んで石櫃が納められていた。石櫃内に口径三一センチメートル、器高三〇センチメートルの丹波焼とみられる中型の甕があり、その中の曲物から歯が出土した。これは、記録にあるように、遺体の埋葬から三年後に、三〇～四〇歳ごろ抜歯し瑞巌寺に保存されていた智歯を追葬したものであると考えられている。

以上のように、伊達家三代墓の埋葬施設はいずれも石室構造であった。その中に、政宗・忠宗の場合は坐棺を駕籠にのせたまま納める葬法であったが、綱宗の場合は甕棺を使用していた。当時の江戸における新しい葬法を取り入れたものと考えられる。

副葬品についてみれば、政宗・忠宗の場合は具足や糸巻太刀といった武具が主要位置を占めており、戦乱社会の余波が残る近世初期の武将の様相があらわれているとされる。政宗の副葬品には他に文房具やヨーロッパからの輸入品なども含まれるが、それは政宗の好みを示していると考えられている。ちなみに、印籠・煙管は使用年代が明らかな例としては最古のものとされ、鉛筆も元和二年（一六一六）に死去した徳川家康所用として日光東照宮につたえられているものに次ぐ例である。一方、綱宗の場合は武具は大小のみとなり化粧道具・工芸道具・香道具などが多くを占めている。綱宗は二一歳の時に逼塞を命じられ、以後五〇年間、品川屋敷で風流三昧の生活であったことのあらわれであると考えられるが、元禄時代という泰平の江戸文化を示すものとして注目される。

仙台藩において藩主墓を霊廟造りにすることは三代綱宗までである。四代綱村からは白御影石（しろみかげいし）を用いた墓碑となり、さらに五代吉村は遺言によって薄葬を命じている。ただし、四代以降の埋葬施設については調査例がなく明らかでない。

〔付　記〕

伊達家三代墓所の調査内容については

伊東信雄編　一九七九「瑞鳳殿…伊達政宗の墓とその遺品」瑞鳳殿再建期生会

伊東信雄編　一九八五「感仙殿…伊達忠宗・善応殿…伊達綱宗の墓とその遺品」財団法人瑞鳳殿

の大部の報告書が刊行されている。

本稿は同書に基づきその概要を記したもので、図版類も同書から転載した。詳細については同書を参照されたい。

本稿の作成にあたり、(財)瑞鳳殿、瑞鳳殿資料館には図版転載の許可をいただいた。また、伊達家一八代当主伊達泰宗氏には種々の協力をいただいた。記して感謝申し上げる。

出土六道銭からみた近世・堺の墓地と火葬場

……嶋谷和彦

一　はじめに

当初この発表の依頼を受けたとき、西日本の事例として近世墓の話をしてほしいということと、六道銭について何かしゃべってもらえないかというこの両面からの依頼を受けた。西日本と言われても、それを全てまとめるだけの力量も私にはないし、六道銭のことも言われていたので、今回は前半部分で私のフィールドである堺についての墓の話をして、後半部分で六道銭からどういうことがいえるのか、特に今回の大会のメインテーマである葬制という観点からして、六道銭を用いてどういうアプローチの方法があるのかということを、ケーススタディ的な形でお話しさせていただきたい。

二　堺の近世墓地と火葬場

まず前半部分、堺の話についてであるが、ご存知のように堺環濠都市遺跡は、中世の段階では町屋であるとか、環濠・堀であるとか、空間構造論の分野で、また遺物についても国内外の良好な陶磁器が出土しており、遺物論の方でも重要な遺跡である。

ところが近世の段階に入ると、出土資料の面からいっても、あるいは研究の面からいっても中世に比べると、まだまだこれからだという感は否めない。近世の堺の発掘資料の中で普通の町屋とか、そういった検出例はあまりいい資料はないが、墓については何地点かで発掘調査をしているので、今回はその調査成果をメインに、現存している絵図類、文献、そういった資料を若干取り入れながら進めていきたい。

近世の墓の話の前に、その前段階の中世の墓はというと、今のところ発掘事例で寺院跡だとか、墓跡だとか、そういったものは明確には一切検出されていない。あれだけ繁栄した堺の町で、そうした中世の墓、中世の寺が一体どこにあったのかという様なことについては、考古学の方からではまだ確証を得ていないというのが実状である。そういった状況にあって、一石五輪塔であるとか、そういった石塔類は遊離した状態ではあるけれども、発掘調査で検出されることがある。それから柿経、あるいは卒塔婆（そとば）といった仏教関係の木製遺物なども出土している。以前にこれらの出土地点を整理したことがあるが、大体この辺に多いという分布傾向は把握できても、中世の寺や墓が明確にここだということはまだまだ明らかにできないのが実状である。

中世から近世に移り、堺の町が江戸幕府の天領となり、都市景観、つまり、町割りプラン自体が再編成をされる。その中で寺院については、図1のように中世の段階で市中に散在していた各寺院が、あたかも城下町、あるいは京都のように環濠都市の東端部分に集居させられ、南北に細長い寺町というものを形成する。また、図2は今回実際に発掘調査で近世墓が検出された地点を示したものであるが、この図のＳＫＴ153地点では、（ＳＫＴは「Sakai Kangou

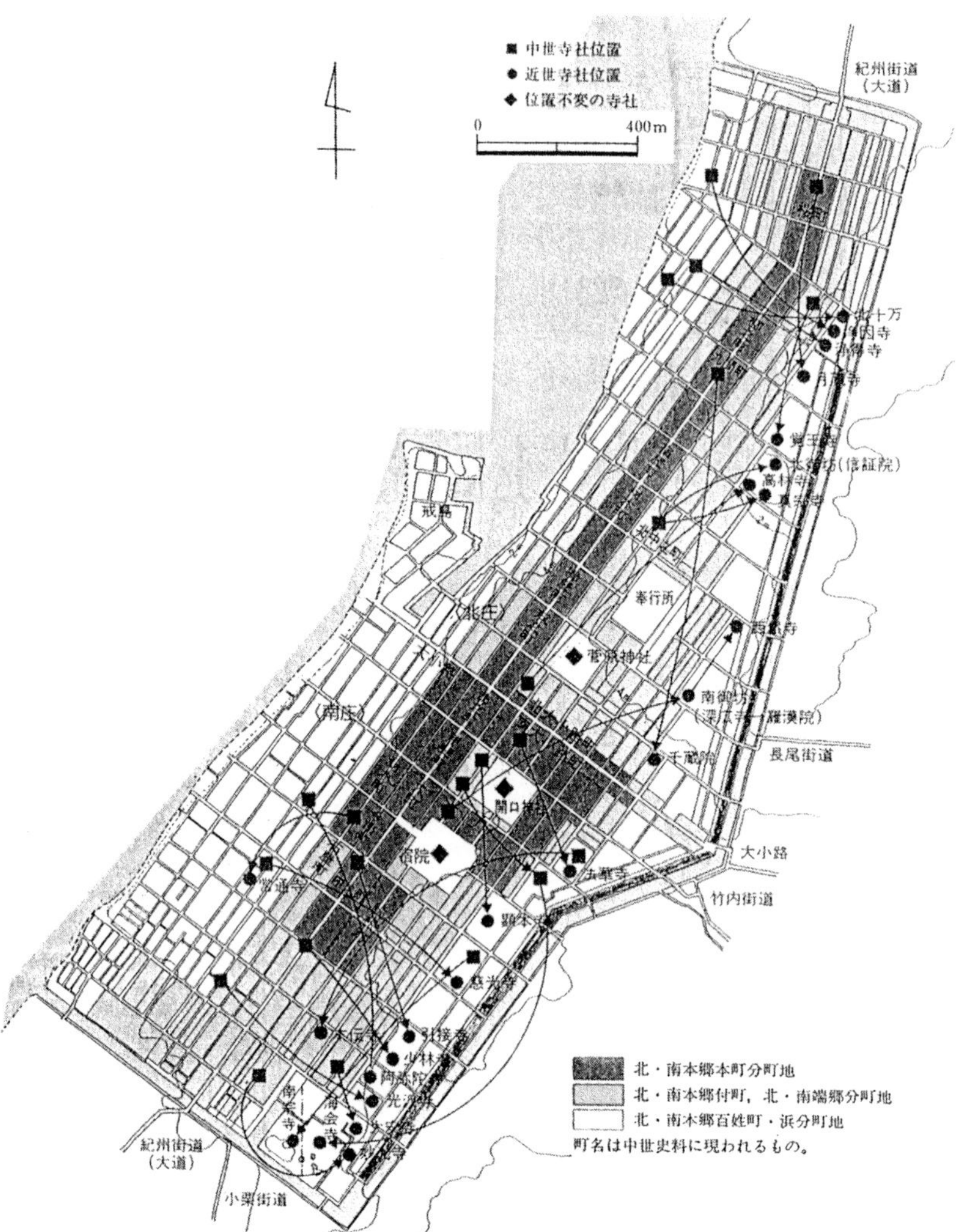

図1　堺における中世寺院の移動

（「都市史図集24　境内と門前の解体」『日本都市史入門』I，東京大学出版会，1989）

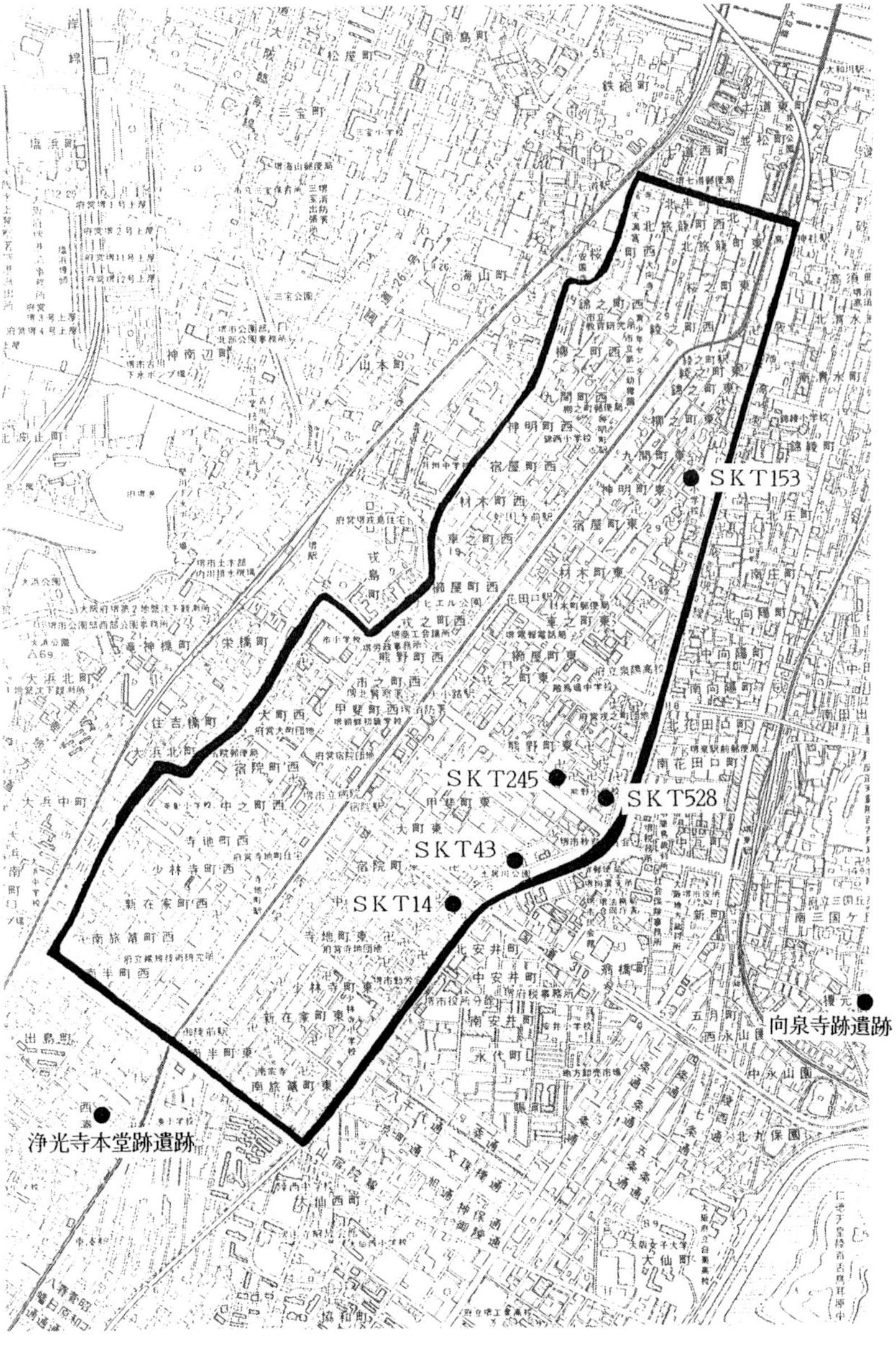

図2　近世・堺の「墓地」発掘調査地点

「Toshi」の頭文字の略称、数字は調査地点番号・次数を意味する）発掘調査の結果、わずかに一基のみ検出された。本地点は、寺院の片隅部分が若干含まれている程度で、あとは寺域外を発掘したためであり、今回の対象からは省くことにする。その南に位置するＳＫＴ245地点では、良好な資料が検出されている。その東側に位置するＳＫＴ528地点は、まだ調査中なので詳しく触れることはできないが、ここについては、過去に調査した堺の近世墓の大部分が、一般庶民（民衆）階層の人が葬られていたであろうと思われるのに対し、この地点に限って、石槨（せっかく）や石室内に甕棺（かめかん）が入っており、その石室の蓋（ふた）石に、文政五年（一八二二）「丹後国田辺城主牧野豊前守惟成娘桂秀院」と銘が刻まれている事例が確認されている。これについては今後の整理で、再検討しなくてはならないが、他の地点との比較の意味でも興味深い資料になると思われる。そのさらに南に位置するＳＫＴ43地点では、かなりの数の墓を検出し、六道銭も多量に検出されているが、まだ整理途中なので今回は割愛する。その南に位置するＳＫＴ14地点、これについては報告書も刊行され、墓も六道銭も多量に検出されている。これらが堺環濠都市の中で検出した墓地である。なお、濠外、環濠都市外には、南に浄光寺本堂跡遺跡、東に向泉寺跡遺跡が存在する。

さて、環濠都市については『元禄二己巳（きしのとし）歳堺大絵図』という絵図が現存しており、それに調査地点を表したのが図3で、●がその調査地点を示す。▲は本稿に関連する、あるいは後々資料の中に登場する寺院を示した。網掛けをしてある部分が冒頭で述べた寺町の範囲を示す。この寺町が東の端近くに集居させられる理由はいくつか説があるが、今回はその辺の踏み込んだ話は割愛したい。ただ、寺町の外側にワンブロックあるのは、いわゆる農人町といわれているところで、その農人町でも一部職人が住んでいるということがわかっている。この職人については一九九五年一二月の関西近世考古学研究会大会で発表しており、それとつき合わせていただくと、本稿の寺町と職人町の関係は摑んでいただけると思う。その職人町を一部含む農人町の東側が、環濠都市の東を画する堀になり、堀から東になると

図３『元禄二己巳歳堺大絵図』（1689 年）にみえる「寺町」と関連寺院

もう濠外になって近郊農村、田畑等が散在する景観がおそらくあったのであろうと推測される。話がそれたが、その網掛けをしているところの●の脇に、図2と同様に環濠都市の調査地点番号と、それがどういうお寺でどういう宗派に属するかを括弧の中に明記した。以上、環濠都市の中についてはそういったことが読み取れる。いずれにせよ、最も重要な点はここにあげているように、環濠都市の中で発掘調査をして、近世墓が検出された場所は全て寺町の中であり、いわゆる寺院境内墓地、寺墓に相当するということである。

図4は、嘉永四年（一八五一）の絵図で、絵図中に都市を三分割する東西方向の二本の直線が引かれている。二本の直線で南北に三分割された各エリアに貼紙があり、例えば南のブロックには、〝湊三昧場〟という貼紙がみられ、中央のブロックには〝向井領三昧場〟、北のブロックは〝王子ヶ飢三昧場〟と書かれた紙が貼られている。この貼紙と東西に分割する東西線が、嘉永四年以降のいつの段階で誰によって加筆されたかというのは明確ではないが、ただ嘉永四年の絵図自身が文久三年（一八六三）に改正をされ、『文久三年改正堺絵図』という絵図が存在することから、この線を引いた人間がその文久三年の改正絵図を用いないで、この嘉永四年の絵図を使っているということで、若干その辺の時代的なことを窺うことができる。少なくとも嘉永四年段階から文久三年段階までには、こういった三分割のこの絵図に示された区域が生きていたのではないかと考えられる。それはどういう行為かというと、おのおのの矢印で示した先端に貼紙と同様に〝王子ヶ飢三昧〟〝向井領三昧〟〝湊三昧〟と呼ばれる場所がある。近世堺には先述した寺院とは別に火葬場施設があり、これは都市の東の外側に死人が出たとき、火葬をする場合の火葬場であるが、都市内に居住する人間も、先ほどの分割線の北側のブロックで死人が出た場合は〝王子ヶ飢三昧〟で火葬しなさいというように、三昧を分割利用する規定を示した図である。その三昧はここでは三カ所明示してあるが、もともと堺には「四所三昧」とよばれる四カ所の三昧場があった。この図にある三カ所プラス〝七度三昧〟というのがあったが、こ

王子ケ飢三昧
向井領三昧
湊三昧

図4　『嘉永四年堺絵図』に追記された「三昧」の分割利用規定（1851 年以降）

の場所はちょうど環濠都市の北の堀と現在の大和川の間くらいにあり、紀州街道にほぼ接しているあたりに位置している。そういった紀州街道に面している関係もあり、いろいろ街道を往来する人々に、例えば火葬する時の煙などが問題になり、元禄八年（一六九五）の段階で〝七度三昧〟というものが廃止され、〝王子ヶ飢三昧〟と合体するというようなことが行われた。この絵図の段階では三カ所になっている。また、〝七度三昧〟が廃絶した元禄八年段階の文書があり、その時はこの絵図にあるような三カ所の分割ではなく、二カ所の分割をしかも堺奉行所が各寺々に申しつけるというような記録が残っている（嶋谷一九九六）。その絵図にある三カ所の三昧のうち発掘調査地点の中で「向泉寺跡遺跡」とした地点は、実はこの三昧の〝向井領三昧〟という場所に相当する。事実、環濠都市の中の各寺院境内墓地の調査の時とは様相を異にしており、この〝向井領三昧〟に該当する向泉寺跡遺跡の発掘調査では多量の骨灰層などの火葬に伴う資料が検出された。それ以外の他の三昧については今のところ調査例はない。

堺の周辺、環濠都市の東側と南側には、〝堺廻り四箇村〟という名で呼ばれている四つの村落がある。南側にはその三昧の名前にもなっている〝湊村〟がある（ここが、湊焼、あるいは焼塩壺で有名なその湊であり、決して堺港の港があった「港」ではなくて、湊村の〝湊〟である）。東側には北から〝北庄村〟〝中筋村〟〝舳松村〟と、三つの村が展開している。この中の中筋村の庄屋を務めていた、南家というお宅に当時の（一八～一九世紀段階）日記のようなものが現存している。それが『老圃歴史（ろうほ）』という文書で、日記調に書かれてあり、そのしたためた人物の身辺で起こった出来事とか、あるいは堺の中での一大事件みたいなものの記録を整理するとともに、一つの本にしている。その文書中に死人が出た場合（身内・家族とか、あるいは一部堺奉行も出てくる）、詳細な記事ではないが、どこで火葬したかとか、どこのお寺に埋めたかとか、そういったことだけが載っている。それを表形式にまとめたものが表1である。これからもちろん全てをいうことは危険であり、ここに記されている人物そのものも、堺奉行が何人かと当時の庄屋クラスの人間の家

表1 『老圃歴史』にみえる埋葬記事

	三昧で火葬		寺院境内墓地に土葬	
宝永 4年 (1707)	家府道屋君(祖父？)	湊三昧		
宝暦10年 (1760)	小笠原信用(堺奉行)	王子ヶ飢三昧		
13年 (1763)			吉田与三兵衛文周(甥)	長法寺
明和 8年 (1771)	ミチ	向井領三昧		
安永 6年 (1777)	石野範至(堺奉行)	王子ヶ飢三昧		
7年 (1778)			名前不詳(父？)	慈光寺
天明 2年 (1782)	永顕(慈光寺住職)	湊三昧	三和(娘？)	大安寺
4年 (1784)			和佐(妻)	慈光寺
寛政 5年 (1793)			みさ	慈光寺
7年 (1795)	贄正寿(堺奉行)	湊三昧		
8年 (1796)			名前不詳(母)	慈光寺
9年 (1797)			万代屋久兵衛克念斎	安養寺
10年 (1798)	清寿(伯母)	向井領三昧		
11年 (1799)	仙石政寅(堺奉行)	王子ヶ飢三昧		
文化 2年 (1805)			斎藤定次	光明寺
8年 (1811)	黒川盛臣(堺奉行)	王子ヶ飢三昧		
10年 (1813)	清鏡	向井領三昧	―「骨灰共埋」→	慈光寺
12年 (1815)	むつ	向井領三昧		

表2 『文化十年手鑑』の「堺奉行代々」にみえる該当奉行の葬送記事

奉行名	没年月日	葬送記事
小笠原伊豆守信用	宝暦10年 (1760) 7月15日	病死，禅通寺葬送
石野筑前守範至	安永 6年 (1777) 7月 8日	病死，少林寺葬送，王子ヶ飢火葬
贄安芸守正寿	寛政 7年 (1795) 11月19日	病死，南宗寺葬送
仙石淡路守政寅	寛政11年 (1799) 10月 5日	病死，妙国寺葬送
黒川伊賀守盛臣	文化 8年 (1811) 8月 5日	病死，妙国寺葬送

族・身内的な人なので、それ以外の階層の人はいっさい出てこないし、他の資料も今のところ目にすることができないので、これから何かをいうのは苦しいが、ただこの『老圃歴史』という文献に見えるものを整理するという意味では、一つ目に一八世紀中ごろから一九世紀初頭というのは土葬と火葬が併用されているということである。それからこれも文献上の文字面だけだが、一九世紀前半には土葬というのがこの文献には登場しない。次にどこに土葬したかということについては、先ほど述べた執筆者である南家の墓所があったところが慈光寺というお寺なので、その慈光寺の名前が頻繁にでてくるのは、そのゆえんであるが、それ以外にでてくるのは全て寺院の境内墓地に埋めているというようなこと、それから火葬については先ほど述べた三昧の名前が登場するが、三昧で火葬をした後どこへ葬ったかということについては一例だけしか知ることができない。それは文化一〇年（一八一三）の「清鏡」という人物が死んだときに向井領三昧で火葬をして、墓所である慈光寺に「骨灰共埋」という文言があるので、この事例だけが知られる。なお、ここに登場する堺奉行五人も火葬されており、その奉行五人については表2にあるように『文化十年手鏡』という文献で、葬送寺院名が記載されている。

以上、堺のことについて概要を述べた。後半は、堺の事例も含めつつ、六道銭からのアプローチをしたい。

三　出土六道銭からのアプローチ

六道銭について、今回は以下の四点を指摘したい。

一つは今回の各発表者の報告の中にもあったように、鈴木公雄先生や、櫻木晋一先生がされている六道銭の銭種の組み合わせによってその墓に含まれている最新銭がその墓の上限年代を示すということである。これについては今回の発表にもあるように、一定的というか、比較的利用されるところであるが、今回私が述べたいのは各墓の年代比定に有効ということはもちろん、それからそういう遺構レベルの「墓」だけではなく、遺跡レベルとしての「墓地」として論を進めるとき、その造営期間の検討に有効になるということである。例えば堺の場合では、表3から表7までは各地点の六道銭の集計表、表8はそれを墓地単位に見るために六枚完全セットだけを取りあげて、集計した表である。いずれにしても、そういったことで、この表8を参照して検討すると、同じ近世墓といっても墓地単位で見ると、ＳＫＴ245地点または、ＫＴ1ならびにＫＴＡ3の向泉寺跡遺跡（三昧場跡）については、非常に長い期間造営が認められる。渡来銭のみで構成される時期から一六九七年以降の新寛永を含む時期まで、割と継続して営まれている。その一方で浄光寺本堂跡遺跡のように古寛永、文銭の時期だけで造営が短期間に限定される資料というものがある。それ以外ではＳＫＴ14地点では、古寛

表３　堺環濠都市遺跡（SKT 14 地点）六道銭集計表

銭種構成＼総枚数	1枚	3枚	5枚	6枚	8枚	16枚	計
渡来銭 ＋古寛永				1			1
古寛永のみ	3			1	1		5
古寛永 ＋文銭			1				1
文銭のみ	1						1
古寛永 ＋新寛永				2		1	3
題目銭・絵銭のみ	2						2
不明（固着）		1					1
計	6	1	1	4	1	1	14

表４　堺環濠都市遺跡（SKT 245 地点）六道銭集計表

銭種構成＼総枚数	1 枚	4 枚	5 枚	6 枚	計
渡来銭のみ	1	1		7	9
渡来銭＋古寛永				1	1
古寛永のみ		1	1	4	6
古寛永＋文銭＋新寛永				1	1
古寛永＋新寛永				1	1
不明（固着）				1	1
計	1	2	1	15	19

表5　向泉寺跡遺跡（KT 1地点）六道銭集計表

銭種構成＼総枚数	1枚	2枚	3枚	4枚	5枚	6枚	7枚	8枚	計
渡来銭のみ	3		1	1		4			9
渡来銭＋慶長通宝						1			1
古寛永のみ	5	1		1		2	1		10
古寛永＋文銭		1		1		7			9
渡来銭＋古寛永＋新寛永						1			1
古寛永＋文銭＋新寛永				1	1	3	1	1	7
古寛永＋新寛永					1				1
文銭＋新寛永		1		1					2
新寛永のみ	1								1
計	9	3	1	5	2	18	2	1	41

永から新寛永の段階の墓地だということが判明した。こういった形で墓地間の比較をする事のできる一つの資料として六道銭は有効な資料になる。

二番目にあげたいのが、これは直接今回のテーマには関係しないが、近年、一六世紀中ごろ～後半の堺から銭鋳型が見つかり、各地の六道銭の中にもそういった模鋳銭が含まれているということである。例として、図5に千葉県我孫子市の鹿島前遺跡をあげた。我孫子市教育委員会の石田守一さんにご協力いただき、実物を実見し、拓本をとった。こういった形で六枚セットの六道銭の中にも模鋳銭が入っているということである。例えば図5の左側は政和通宝の模鋳銭で、右側は判読不明であるが、これも模鋳銭である。従来読めないので不明という形で報告されていたものも、実際に錆び付いて読めないのか、あるいは後でも触れるが、火を受けて読めないのか、あるいはそういった状態ではないが、模鋳銭であるがために読めないのか、それからまだ近世墓の六道銭中では確認していないが、はじめから文字の無い無文銭なのか。そういったことが今後の観察の上では必要になってくるのではないかと思われる。今回拓本をあげたのは、この図5の模鋳銭関係のみであるが、特に寛永銭とセットになって報告されている渡来銭、従

表6　向泉寺跡遺跡（KTA 3 地点）六道銭集計表

総枚数 / 銭種構成	1枚	2枚	3枚	4枚	5枚	6枚	7枚	9枚	10枚	12枚	13枚	14枚	113枚	計
渡来銭のみ					1	2								3
渡来銭＋古寛永					2	1	1							4
渡来銭＋古寛永＋加治木銭													1	1
古寛永＋題目銭		1												1
古寛永のみ	1	5	3	2	1	22		1						35
渡来銭＋古寛永＋文銭							1			1				2
渡来銭＋古寛永＋文銭＋絵銭									1					1
古寛永＋文銭						16						1		17
古寛永＋文銭＋絵銭											1			1
文銭のみ	3	1												4
古寛永＋文銭＋新寛永					1	8	4		1		1			15
古寛永＋新寛永						7								7
文銭＋新寛永						1								1
文銭＋新寛永＋雁首銭					1									1
新寛永のみ	1			1			1							3
念仏銭のみ	1													1
不明	1					2								3
計	7	7	3	3	6	59	7	1	2	1	2	1	1	100

表7　浄光寺本堂跡遺跡出土六道銭集計表

総枚数 / 銭種構成	3枚	5枚	6枚	計
古寛永のみ		3	9	12
古寛永＋所在不明			6	6
古寛永＋加治木銭＋所在不明			1	1
古寛永＋文銭			1	1
古寛永＋文銭＋所在不明		2	1	3
文銭＋所在不明	1			1
計	1	5	18	24

表８　堺市内六道銭（6枚完全セット）集計表

銭種構成＼調査地点	SKT245	SKT14	KT１	KTA3	浄光寺	計
渡来銭のみ	7		4	2		13
渡来銭＋慶長通宝			1			1
渡来銭＋古寛永	1	1		1		3
古寛永のみ	4	1	2	22	9	38
古寛永＋文銭			7	16	1	24
渡来銭＋古寛永＋新寛永			1			1
古寛永＋文銭＋新寛永	1		3	8		12
古寛永＋新寛永	1	2		7		10
文銭＋新寛永				1		1
不明(固着または所在不明)	1			2	8	11
計	15	4	18	59	18	114

来、渡来銭と思われている資料だが、これについてはここにあげた模鋳銭等もそうだが、それ以外にも例えば港区の増上寺子院群ＢＭ64号墓、ここで古寛永五枚プラス洪武通宝一枚が出土している。その洪武通宝の背面に「治」という漢字がみられる。これは〝加治木銭〟である。同じくＢＭ252号墓、これも同じような組み合わせで、元祐通宝とされていたが、裏には「上」という字があり、いわゆる〝叶手元祐〟という資料である。従来の北宋とか明とかそういった渡来銭ではなくて、おそらく九州あたりで私鋳されていた私鋳銭とか、本来は領国内だけで通用する領国通貨のようなものが流布して、墓の中にセットで組み込まれてきている例もあるのである。従って、これらは北宋銭や明銭の本来の初鋳年代をもって考える必要はなくて、例えば一六世紀末とか、一七世紀初頭ごろに九州あたりで造られている銭が寛永銭と組み合わさって出土しているという事例である。

三番目に特に葬制を話していく中で当然注目しなければならないのが題目銭と念仏銭（図6）である。これについては、今回は我孫子市・鹿島前遺跡出土の題目銭を含む六道銭の組み合わせ（図7）を例に挙げたが、すでに鈴木公雄先生がこれもこういった銭がどん

第３次・79号墓

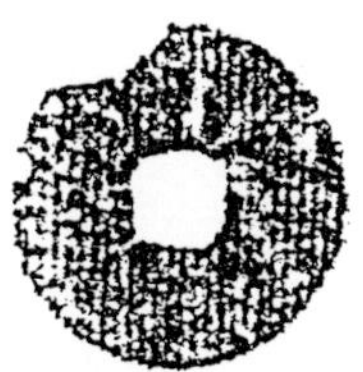
第３次・99号墓

図５　我孫子市・鹿島前遺跡出土「六道銭」中にみえる模鋳銭

向泉寺跡遺跡(KT１)
「慶長通宝」

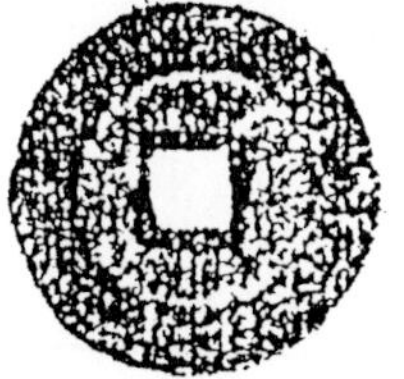
堺環濠都市遺跡(SKT14)
「題目銭」

向泉寺跡遺跡(KT１)
「念仏銭」

堺環濠都市遺跡(SKT14)
「絵銭(大黒天)」

図６　堺における「近世墓」
出土の特殊な銭貨

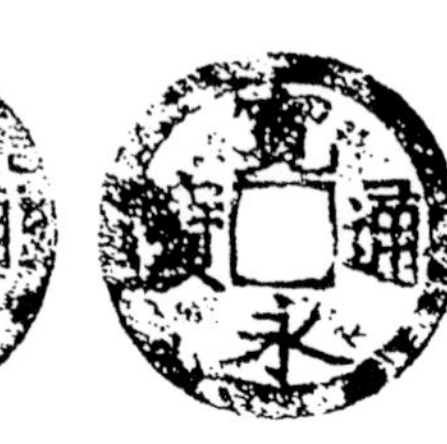

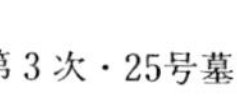

図7　我孫子市・鹿島前遺跡の題目銭を含む「六道銭」の組み合わせ

な寛永通宝と共伴するか、すなわち、いつごろに造られたものかということをすでに発表されている。どうも私も各地のものを実見したが、特殊なものはあるが、各地で出土している資料の大半は書体とか文字の配列とかは全て一様である。おそらくどこかはわからないが、こういった葬送時の副葬専用銭として、一元的に生産・供給をされたのではなかろうかと、あくまでも感触だが、考えられると思う。もう一つこの題目銭・念仏銭で取りあげたいのは、題目銭は当然「南無妙法蓮華経」、念仏銭は「南無阿弥陀仏」という題目・念仏を鋳造段階に鋳出しているわけだが、もともと本来の題目は日蓮法華系であるし、念仏は浄土系である。従って、こういった銭が入っている墓というものは全くその人の信仰宗派と無関係のものを果たして入れたかどうかということである。例えばその銭が入っている墓の被葬者、あるいはその遺族の宗派が伺える資料ではないかというふうにも考える。堺の場合を見ると先ほどのSKT14地点、ここで題目銭（図6参照）が出土しているが、それは『元禄二己巳歳堺大絵図』（図3）を見てわかるように、このSKT14地点というのは調御寺という本妙法華宗の寺墓である。これについては全く信仰的というか、宗派的には問題がなく、一致しているという資料である。かたや三昧場である向泉寺跡遺跡、ここでは念仏（図6参照）・題目両方の銭が出土している。今回の論点でいくと、そんな宗派の違ったお金が一つの遺跡から出土しておかしいじゃないかということになるが、先ほど述べたようにここは寺墓ではなく火葬場施設であり、火葬場に付属するいわゆる共同墓地であるので、先ほどの中筋村あるいは環濠都市の三ブロックにわけた中の中央ブロックの人がそこへ葬られており、いわゆる惣墓（そうばか）的性格を具備している訳である。従って一つの墓地といえども、寺墓は寺壇制のもとに宗派的に結合している墓地であるが、ところが共同墓地・三昧については一宗一派にこだわらず、どちらかというと地縁的結合関係で構成されているのではないかということがいえる。そういった墓地の性格を見ていく上で、念仏銭・題目銭というものは有効的だということである。

最後に、これは葬送過程の話になるが、六道銭が葬送過程の中でいつ納められたかという問題である。いつ、どの時点で使用されたかという話である。この問題に答を出す考古学的方法というのは、火葬墓の場合は存在する。これはすでに大阪府教育委員会の小林義孝さんなどが、古代の火葬墓について検討しているが、当然近世墓についても今後同様の検証をしていかなければならないと思われる。火葬の葬送過程、これを模式化してみると、一般的に人が死ぬ、死んだ生の遺体を納棺する、それを茶毘に付して火葬する、その後焼けた焼骨を蔵骨器に納骨する（骨拾いをする）、墓地へ持っていって穴を掘って埋葬する。そういった手順に簡単には整理されると思われるが、出てくるお金が火を受けているかどうか、これによって六道銭がいつの時点で納入されたかということがわかる。火葬（茶毘（だび））以前に納入していると銭は焼けているし、火葬された以後に副葬されていれば銭は焼けていない。すなわち火葬蔵骨器から出てくる六道銭に今後注目していただきたいということである。火を受けていれば遺体納棺時に六道銭をもたせてやって、そのまま茶毘に付した後焼骨と一緒に六道銭を蔵骨器の中に納入しているという姿が浮かんでくる。一方火を受けていなければ、遺体の火葬後、拾骨の段階でこの時点で用意をした新しい六道銭を納入したということである。ただその一方で近世墓地の場合、土葬墓に比して火葬墓から六道銭が出てくる出土率が低いのではないかと思わ

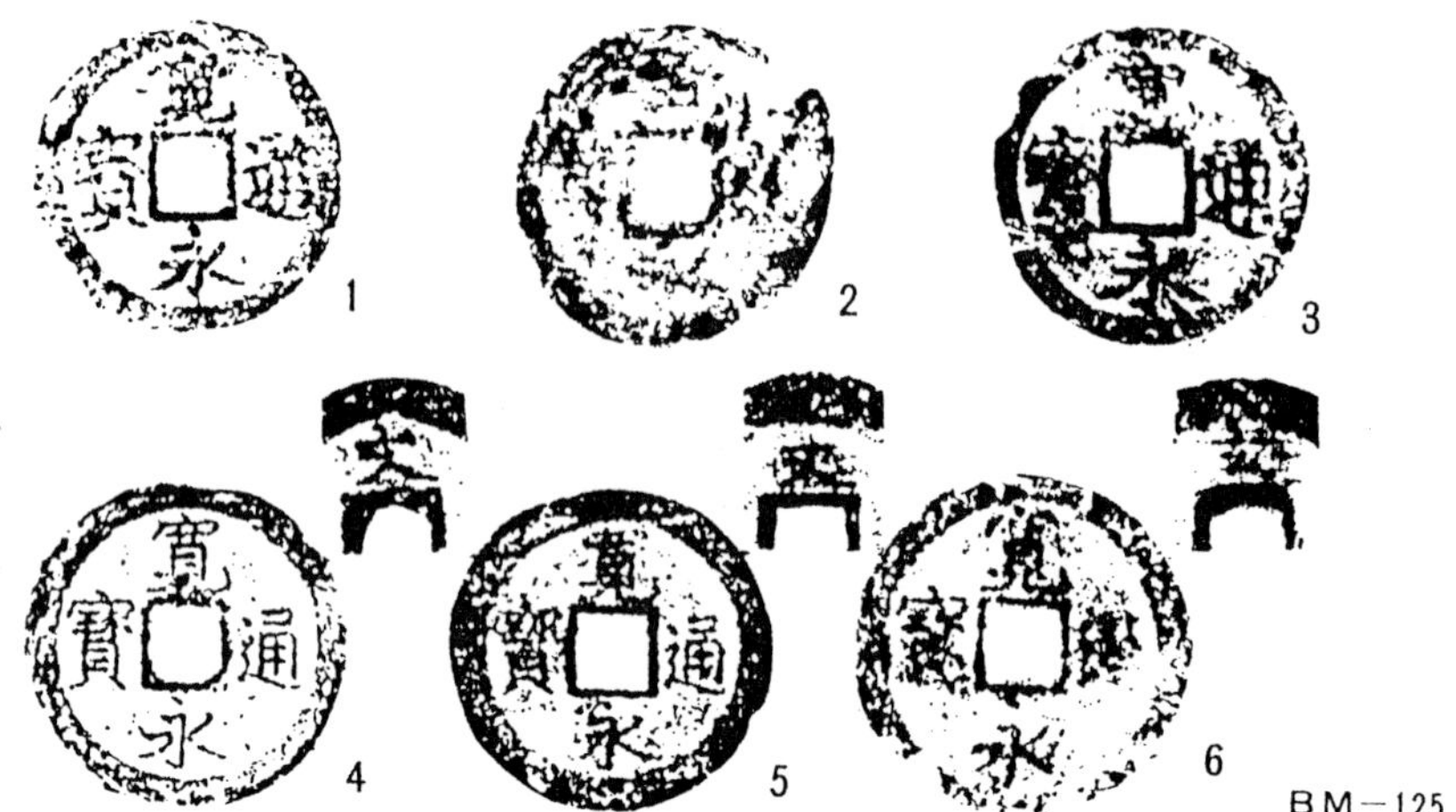

図８　港区・増上寺子院群の火葬蔵骨器内出土「六道銭」

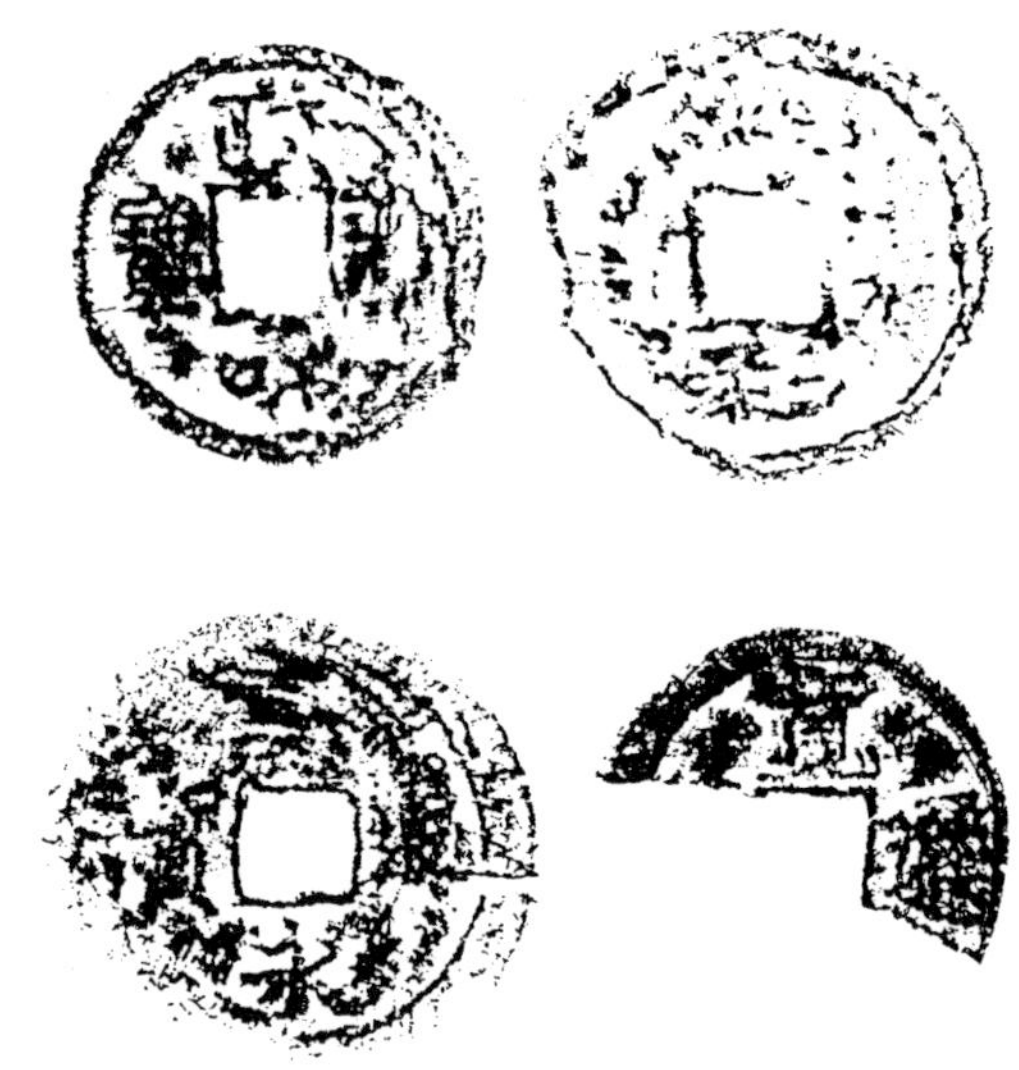

図９　堺市・向泉寺跡遺跡出土の
火熱を受けた銭の一例

れる。これもデータを全て検討していないのであくまでも推定であるが、例えば港区の増上寺子院群では、火葬蔵骨器が四六例出土しているが、この中に六道銭が入っていたのはたったの一基である。BM125号墓という墓である（図8）。そのお金も実見すると、六枚とも火を受けていた。先ほどの論法からいくと、この墓の六道銭の納入時点は火葬以前というふうなことが窺える。傍証資料ではあるが、堺の場合では、先ほど述べた火葬場でもある向泉寺跡遺跡、ここは墓地以外に地形の低い側に、火葬した時点で発生した炭や灰、それから不用な焼骨、これをあたかも須恵器窯の灰原のごとく捨ててあった。その中から火を受けたお金が多量に出土している（図9）。それは焼骨を必要な部分だけ拾骨した段階でいらない骨と一緒に焼けた銭を捨てているということが窺える。若干時代は上がるが、中世後期の段階で火葬土壙といわれる、火葬施設そのものの発掘例が何例かある。例えば北海道上ノ国町の夷王山、それから大阪府和泉市の万町遺跡、そういったところでは火葬土壙そのものから焼けた銭が出てくるというようなことがある。すなわち、火葬された銭がそのまま置き去りにされ、拾われていないということである。この問題はさらに六道銭の機能論に今後発展する可能性を秘めているのではないかと考えられる。例えば当時の人間にとって遺体を荼毘に付すその瞬間こそが死者との別れであり、焼骨になった後が「死後の世界」であったのであろうと思われる。また、六道銭というものが果たした役割は、火葬の場合は生身の人間の遺体そのものにあって、荼毘の瞬間までに六道銭が必要であって、焼けた後捨てている事例が多いということは、ひょっとしてそれはその段階で六道銭は機能を失っているというふうな見方ができると思うので、今後各地の調査でもその辺を念頭に入れていく必要があると考える。

〔参考文献〕

井阪康二　一九九五「六文銭考」『出土銭貨』四　出土銭貨研究会

木下光生　二〇〇三「近世堺の四ヶ所墓所と三昧聖」『ヒストリア』一八七　大阪歴史学会
小林義孝　一九九四「火葬における銭貨」『出土銭貨』二　出土銭貨研究会
小林義孝　一九九五「古代火葬墓における銭貨の出土状況」『摂河泉文化資料』四四　摂河泉文庫
小林義孝・嶋谷和彦　一九九四「大阪府下の中世墓出土銭貨」『出土銭貨』二　出土銭貨研究会
櫻木晋一　一九九〇「九州の六道銭研究の現状と課題――考古学観点から――」『九州帝京短期大学紀要』二　九州帝京短期大学
櫻木晋一　一九九七「九州の近世墓と六道銭」『近世の出土銭Ⅰ・論考篇』兵庫埋蔵銭調査会
櫻木晋一　一九九八「九州における近世墓調査と六道銭」『関西近世考古学研究』Ⅵ　関西近世考古学研究会
嶋谷和彦　一九九六「出土六道銭からみた近世・堺の墓地と三昧」『江戸時代の墓と葬制〔発表要旨〕』江戸遺跡研究会
嶋谷和彦　一九九七「近世の墓と銭――銭の経済外的機能をめぐって――」『銭と日本人』（第二四回歴博フォーラム資料集）国立歴史民俗博物館
嶋谷和彦　一九九七「堺の近世墓地と六道銭」『近世の出土銭Ⅰ・論考篇』兵庫埋蔵銭調査会
嶋谷和彦　一九九七「堺市・浄光寺境内墓地出土の六道銭」『藤井克己氏追悼論文集』同論文集刊行会
嶋谷和彦　一九九八「近世の墓と銭――六道銭と葬送墓制――」『お金の不思議――貨幣の歴史学――』山川出版社
鈴木公雄　一九八八「出土六道銭の組み合わせからみた江戸時代前期の銅銭流通」『社会経済史学』六三―六　社会経済史学会
鈴木公雄　一九九三「渡来銭から古寛永通宝へ――出土六道銭からみた近世前期銭貨流通史の復元――」『論苑　考古学――坪井清足先生古希記念論文集――』天山舎
鈴木公雄　一九九四「念仏銭・題目銭と六道銭」『史学』六三―三　三田史学会
鈴木公雄　一九九九『出土銭貨の研究』東京大学出版会
鈴木公雄　二〇〇二『銭の考古学』（歴史文化ライブラリー一四〇）吉川弘文館
高田陽介　一九九五「中世都市堺の墓地――石塔の再評価――」『史学雑誌』一〇四―四　史学会
谷川章雄　一九九七「江戸の近世墓と六道銭」『近世の出土銭Ⅰ・論考篇』兵庫埋蔵銭調査会
藤沢典彦　一九九四「六道銭の成立」『出土銭貨』二　出土銭貨研究会

森　杉夫　一九七五〜八二「老圃歴史（一）〜（五）」『堺研究』九〜一三　堺市立中央図書館

近世の鍋被り人骨について

……桜井準也

一 はじめに

近年、江戸や大坂といった都市部だけでなく農村部の近世の発掘調査が盛んに行われるようになり、墓壙(ぼこう)から鍋被り人骨が出土する事例が増加している。その結果、従来は主に民俗学において議論されてきた鍋被り葬について、発掘資料をもとにして検討することが可能となってきた。今回の江戸遺跡研究会の発表では関東地方で検出された近世の鍋被り人骨について概要をまとめ、特殊な葬法である鍋被り葬の性格について考察し、残された多くの課題を指摘した（桜井一九九六）。しかし、この発表からすでに八年が経過しており、その後事例も大幅に増加し、この特殊な葬法の実態が徐々に明らかになり、近世考古学における墓制研究の中で鍋被り葬が議論の対象となるようになってきた（桜井一九九二・二〇〇一・二〇〇二、杉田二〇〇一、桜井・杉田二〇〇一、長佐古二〇〇一a・b、西木二〇〇一、田中二〇〇二、関根二〇〇三）。本稿では基本的に発表時の内容に沿うが、その後の研究成果も取り入れながら現時点で判明している鍋被り葬の実態と性格について考察してみたい。

1 鍋被り葬の概要

遺体の頭に鉄鍋や擂鉢などを被せて墓壙に埋葬する鍋被り葬という特殊な葬法は、地域的には北海道南部から関東・中部地方にかけて、時期的には主に中世後期（一五世紀）から近世中期（一八世紀）にかけて検出されている。(1) 現時点で筆者が把握している限り、事例は全国で九〇例にのぼり、その中で発掘調査等により検出された事例は五四遺跡五〇例が確認されている。これを都道府県別に検討すると青森県、岩手県、福島県、千葉県、東京都、神奈川県で八例以上検出され特に多く、東日本の太平洋側を中心に分布していることがわかるが、これは鍋被り葬に関する伝承が残されている地域とほぼ重なる（図1）。

鍋被り人骨の発見・報告例は明治時代から存在する。一八八七年（明治二〇）には、上田英吉が千葉県で発見された鉄鍋を被った埋葬人骨の事例を紹介し、房総地方にはかつてハンセン病(2)や結核で死んだ者には鍋などを被せて葬る風習があったと指摘している（上田一八八七）。その後、一九二三年（大正一二）に小山真夫が長野県で発見された鍋被り葬の事例を報告し、長野県小縣郡の民俗事例として葬送の際に棺を安置していた場所に焙烙（ほうろく）を置く風習について紹介している（小山一九二三）。また、一九三六年（昭和一一）から一九三八年（昭和一三）にかけて雑誌『民間伝承』の会員通信において鍋被り葬が話題になっている。この中で鍋被り葬研究において最も重要な業績としてあげられるのは桐原健の論考である（桐原一九七四）。桐原は長野県、神奈川県、岩手県、青森県の事例を報告するとともに、長野県茅野市、福島県、岩手県二戸地方などの鍋を被せる風習に関する伝承を紹介し、ハンセン病で死んだ人や盆中に死んだ人に鍋を被せて葬ったとしている。しかし、桐原が鍋被り葬の集成を行った一九七〇年代前半にはまだ発掘調査に伴う発見例がなく、道路工事等によって偶然発見されたものであったため、出土状況、鍋以外の副葬品、埋葬年代、出土人骨に関する人類学的所見など不明な点が多かった。これに対し、一九八〇年代になると全国的な発掘調査例の増加によって鍋被り人骨の検出例が徐々に増加し、中世から近世にかけて存在した特殊な葬法である鍋被り葬に関して発掘資料を用いて検討することが可能になってきた。

2　鍋被り人骨との出会い

慶応義塾湘南藤沢キャンパス内遺跡（以降慶応ＳＦＣ遺跡と呼称する）は、筆者が鍋被り人骨を研究対象とする契機となった遺跡である。遺跡は神奈川県藤沢市北西部の遠藤地区に所在するがこの地域は都市近郊農村部にあたり、地形的には入り組んだ谷戸（やと）が発達した高座丘陵に立地している。約一三万平方メートルにわたる発掘調査の結果、後期旧石器時代から近代に至る遺構や遺物が検出されている。このうち、中世以降の遺構として多数の溝や塚、炭焼き遺構、防空壕などが検出されたが、鍋被り人骨が検出された第2号墓壙は遺跡西側の丘陵上に単独で検出された

伝承地

報』5号，2001，図1・5を改変）

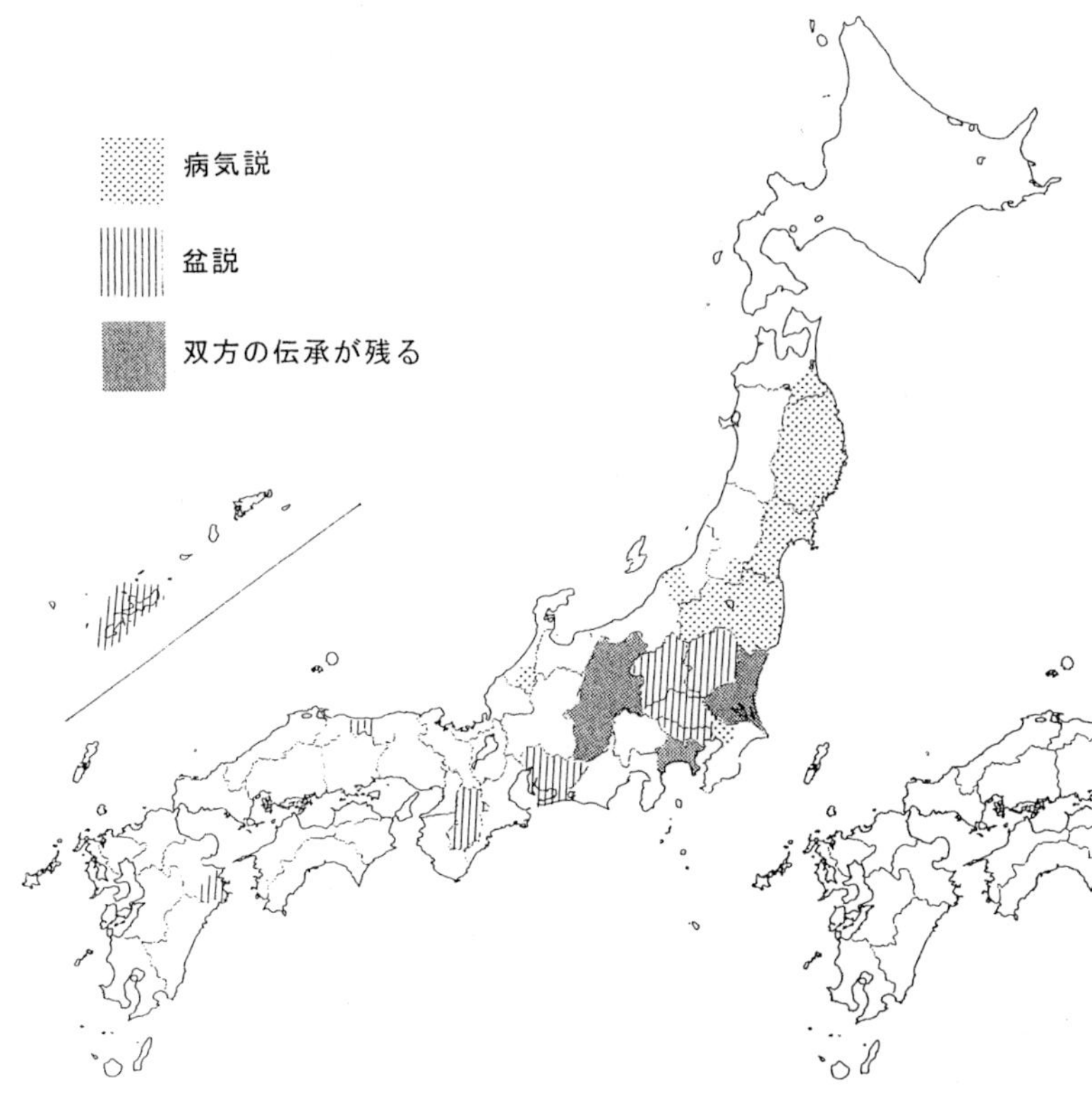

図１　鍋被り人骨の出土地と
（桜井・杉田「鍋被り葬研究の現状と課題」『墓標研究会会

（図２）。発見の経緯としては、まず墓壙を調査していた発掘作業員が覆土から顔を出した鉄鍋を「爆弾」と勘違いしたことから始まる。作業員の代わりに恐る恐る掘ってみると実は「爆弾」ではなくて鍋であることが判明した。そして、当時は鍋被り葬の存在を知らなかったため、どうして鍋がこんなところに埋まっているのかと不思議に思いながら鍋を取り上げてみたら中から頭蓋骨が出てきて驚いたことを今でも鮮明に記憶している。これが鍋被り人骨との初めての出会いであった。検出された墓壙は円形（早桶形）を呈し、径は一・〇九メートル、深さは一・二メートルを測る。覆土は締りがない黒色土であり、一七〇七年の富士山噴火による宝永スコリアを包含していた。埋

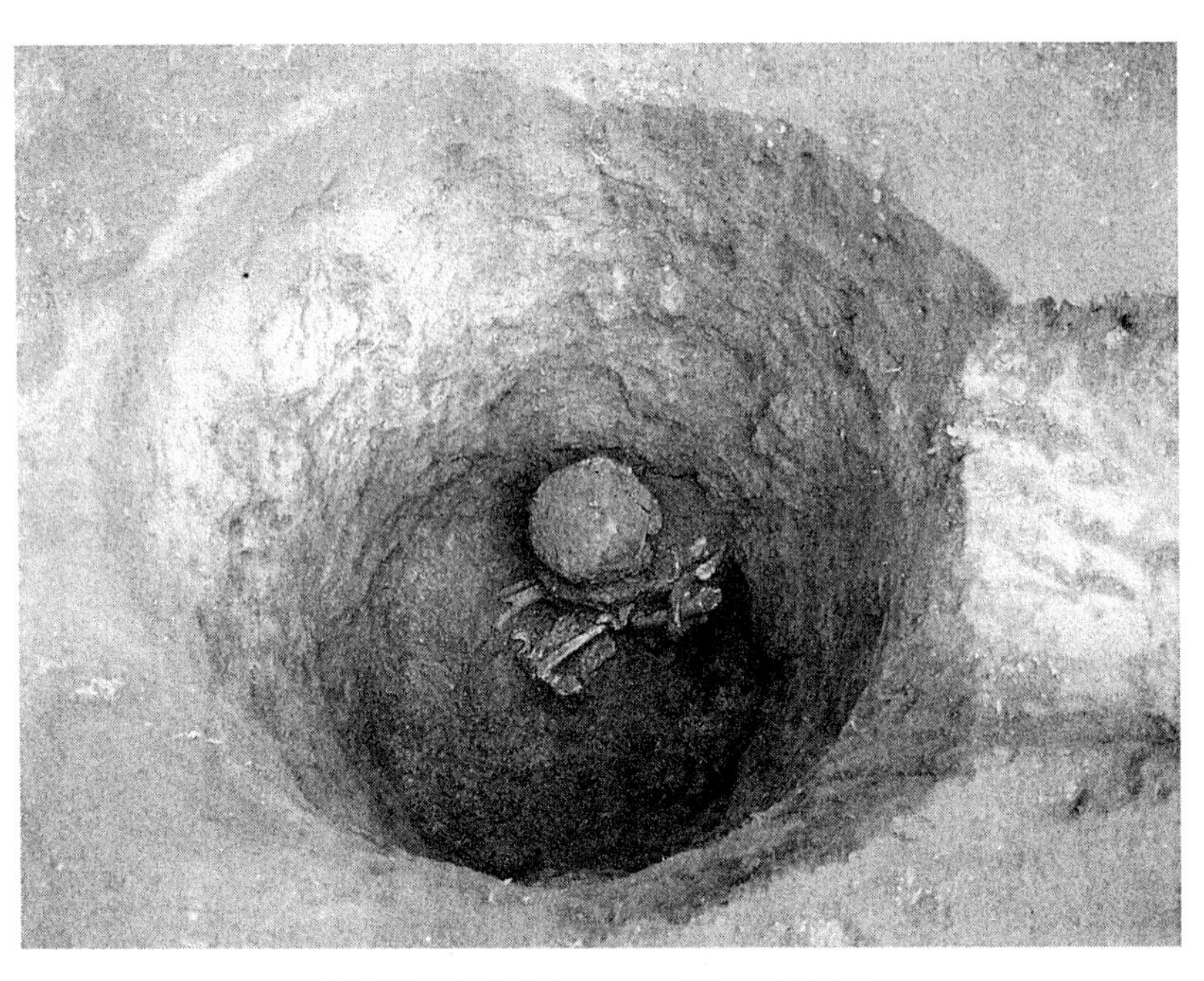

図2　藤沢市慶応SFC遺跡の鍋被り人骨

葬形態は坐葬であるが、北東側に倒れ込んだ形で検出されている。出土した人骨は鉄鍋が被っていた頭蓋骨および四肢骨の保存状況は比較的良好であったがその他の部位については保存状況は良くなかった。人骨の鑑定の結果、被葬者は壮年の女性であり、骨には病変はみられなかった。また、鉄鍋には白い布の断片が付着していたため、鍋には布が付けられていたと考えられる。副葬品としては、片口鉄鍋の他に六道銭六枚と漆椀（皮膜部のみ）が出土している。埋葬年代は、覆土に宝永スコリアを含むことや鉄鍋の形態、六道銭の組合せ（新寛永の文銭二枚、新寛永四枚）などから一八世紀前半あるいは前葉〜中葉ごろと推定される。また、本墓壙は墓域ではなく、われわれが「大谷」と呼んでいた谷戸の奥の丘陵平坦面の道の脇で検出されたが、この地点が旧遠藤村と旧打戻村の村境付近にあたることに気付いたことが鍋被り人骨の埋葬地の位置や立地に興味を抱く契機となった。

このように、鍋被り人骨、特に墓域ではなく単独で山野から発見されるものについては、伝承を伴うこともなく偶然発見されるものであり、発掘調査担当者の想像を越えていきなり出現する特異な遺物なのである。

二　関東地方の鍋被り人骨

1　分　布

現時点で筆者が把握している関東地方における鍋被り人骨の事例は、茨城県三例、栃木県二例、群馬県五例、千葉県一五例、東京都九例、神奈川県一一例の合計四五例である。このうち、発掘調査に伴って検出された事例は、茨城県二遺跡二例、栃木県二遺跡二例、群馬県四遺跡四例、千葉県一〇遺跡一四例、東京都九遺跡九例、神奈川県六遺跡六例の合計三三遺跡三七例である。(3) なお、関東地方の事例は東北地方などと比べ、発掘調査による発見例が全体の約八〇パーセントと高い比率を占めている。鍋被り葬は埋葬地が墓域である場合と墓域以外で集落から離れた山林や耕地等から単独で発見される場合があるが、関東地方では発掘調査に伴って検出された事例の中で墓域への埋葬例が一六遺跡二〇例、単独で埋葬されているものが一七遺跡一七例とほぼ同数である。ただし、北関東や千葉県では墓域における検出事例が多く、逆に東京都や神奈川県では単独での検出事例が多いという傾向がみられる。また、これらはほとんどが農村部の事例であり、寺院に伴う墓域の発掘調査が盛んに実施されている江戸市中の報告例が今のところ一例も存在しない点は注目される。

2　埋葬年代

鍋被り人骨の埋葬年代は、遺体の頭部に被せられた鍋から埋葬年代を推定できることが好ましいが、鍋の年代は内耳土鍋が一四世紀後半～一六世紀ごろ、内耳鉄鍋が一五世紀～一七世紀ごろ、片口鉄鍋が一七～一八世紀ごろ、吊耳鉄鍋が一八世紀ごろとされているものの、これはあくまで大まかな年代観であり、他の副葬品や墓壙の覆土に含まれている火山灰等も参考に埋葬年代を推定する必要がある。このうち、副葬品では陶磁器や煙管（きせる）の製作年代、六道銭の組み合わせ(4)によって埋葬年代を推定することができる。また、群馬県富岡市横瀬古墳群4号墳2号墓のように、人骨が梅毒に罹患していたことから埋葬年代が一七世紀以降と推定された事例も存在する。

以上のような方法によって推定された関東地方の鍋被り葬の埋葬年代は、一五世紀後半から一八世紀にかけてである。内訳は、一五世紀後半～一六世紀（中世）が八例、一六世紀～一七世紀が二例、一七世紀が三例、一七世紀～一八世紀が一例、一八世紀が一二例、一七世紀以降（近世）が一〇例となっており、近世に属する事例が主体を占める。ただし、他の都県で中世と近世の事例が混在しているのに対し、神奈川県の事例はすべて一八世紀に属するという地域的偏差が認められる。また、年々事例が増加しているにも関わらず一九世紀の事例がまったく存在しない点について、かつては近世後期の墓域が現在の墓域と重なっているため調査される機会が少ないためという指摘があったが、山野や耕地から偶然発見される単独埋葬例についても一九世紀の事例は存在しないため、現時点では鍋被り葬が一九世紀には途絶えた可能性が高いと言える。

3　墓壙と埋葬形態

鍋被り人骨が埋葬されている墓壙の平面形態は、通常の墓壙と同様に長方形、隅丸長方形、方形、隅丸方形、楕円形、円形（早桶形）などさまざまな形態を呈している（図3）。全体的には隅丸（長）方形と円形（早桶形）の割合が高く、長方形や楕円形がこれに続くという傾向がみられる。一般的に中近世の土壙墓の形態は、長方形→方形（タテ棺）→円形（桶棺）→方形（箱棺）と変化し、埋葬形態は側臥屈葬や仰臥屈葬から座葬へと変化するとされているが、墓壙の形態のみから墓壙の年代決定を行うことは困難である。墓壙の規模は長方形、隅丸長方形、楕円形では、長さ約七七〜一七五センチメートル（九〇〜一三五センチメートルが主体）、幅約四八〜一一〇センチメートル（七〇〜九五センチメートルが主体）、方形や隅丸方形では長さ約七〇〜一二〇センチメートル、幅約六〇〜九五センチメートル、円形（早桶形）では径六四〜一四〇センチメートル（一〇〇〜一三〇センチメートルが主体）とかなり幅をもっている。深さについては、長方形、隅丸（長）方形、楕円形は浅く、円形（早桶形）に掘り込まれたものは通常一〇〇センチメートル以上の深さがある。ただし、これらの数値は埋葬形態の違いだけなく調査時の遺構確認面の高さが関連してくる。

次に、頭位方向は、長方形、隅丸（長）方形、楕円形の墓壙のうち人骨が検出されている一二例の中で、北方向が二例、北北東方向が二例、北東方向が二例、北西方向が一例、東方向が二例、西方向が二例、西南西方向が一例である。また、円形（早桶形）の墓壙のように埋葬形態が座葬である場合、埋葬時に顔や体の向いていた方向が問題となるが、人骨が検出されている五例について検討すると、北方向が二例、北東方向が一例、西方向が二例である。このように、全体として北方向を向いている事例が多いことがわかるが、今後は鍋被り葬ではない通常の埋葬例と比較したり、埋葬地の地形や墓壙群の配列などについても検討してゆく必要がある。

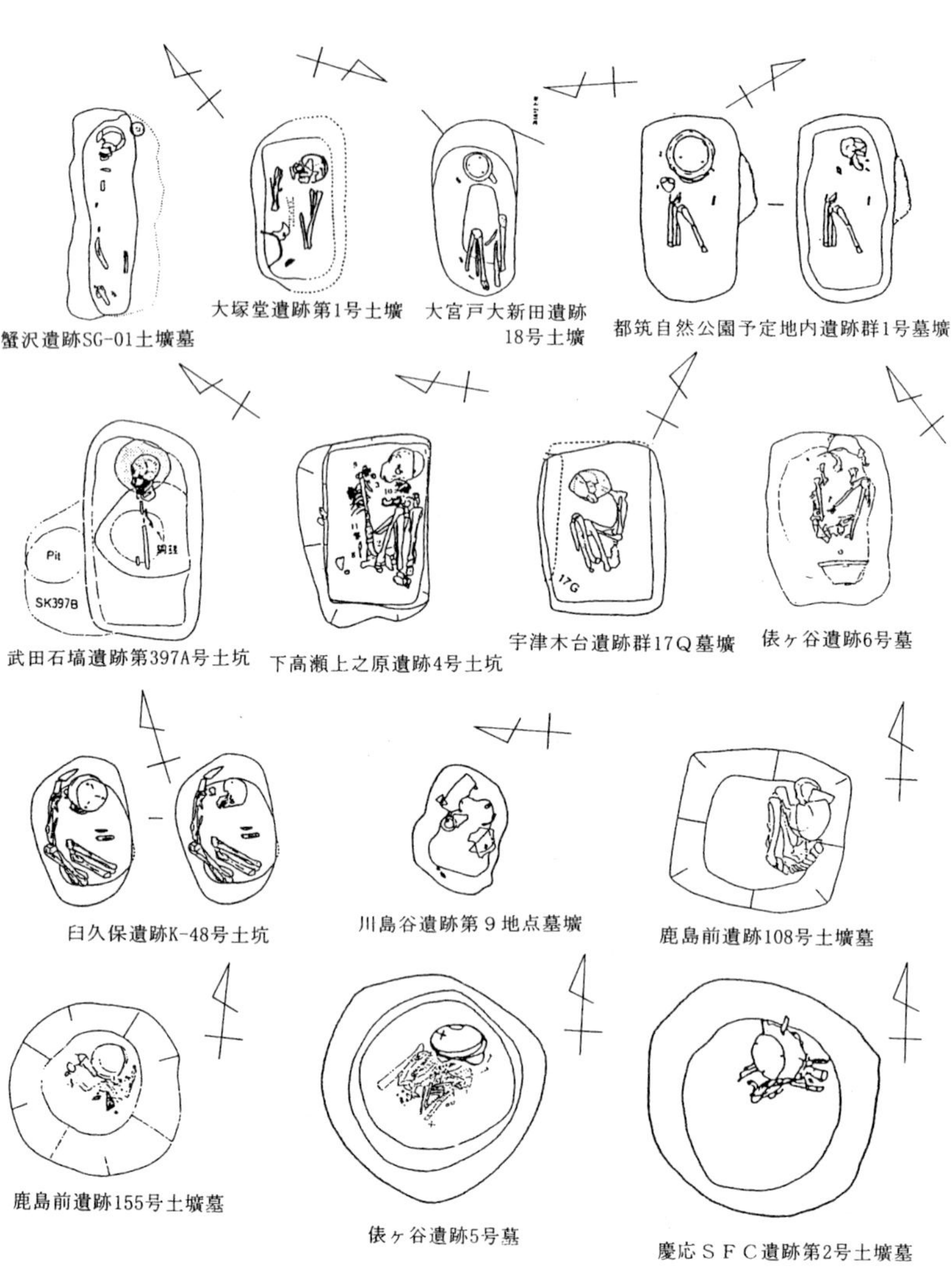

図３　関東地方の鍋被り人骨

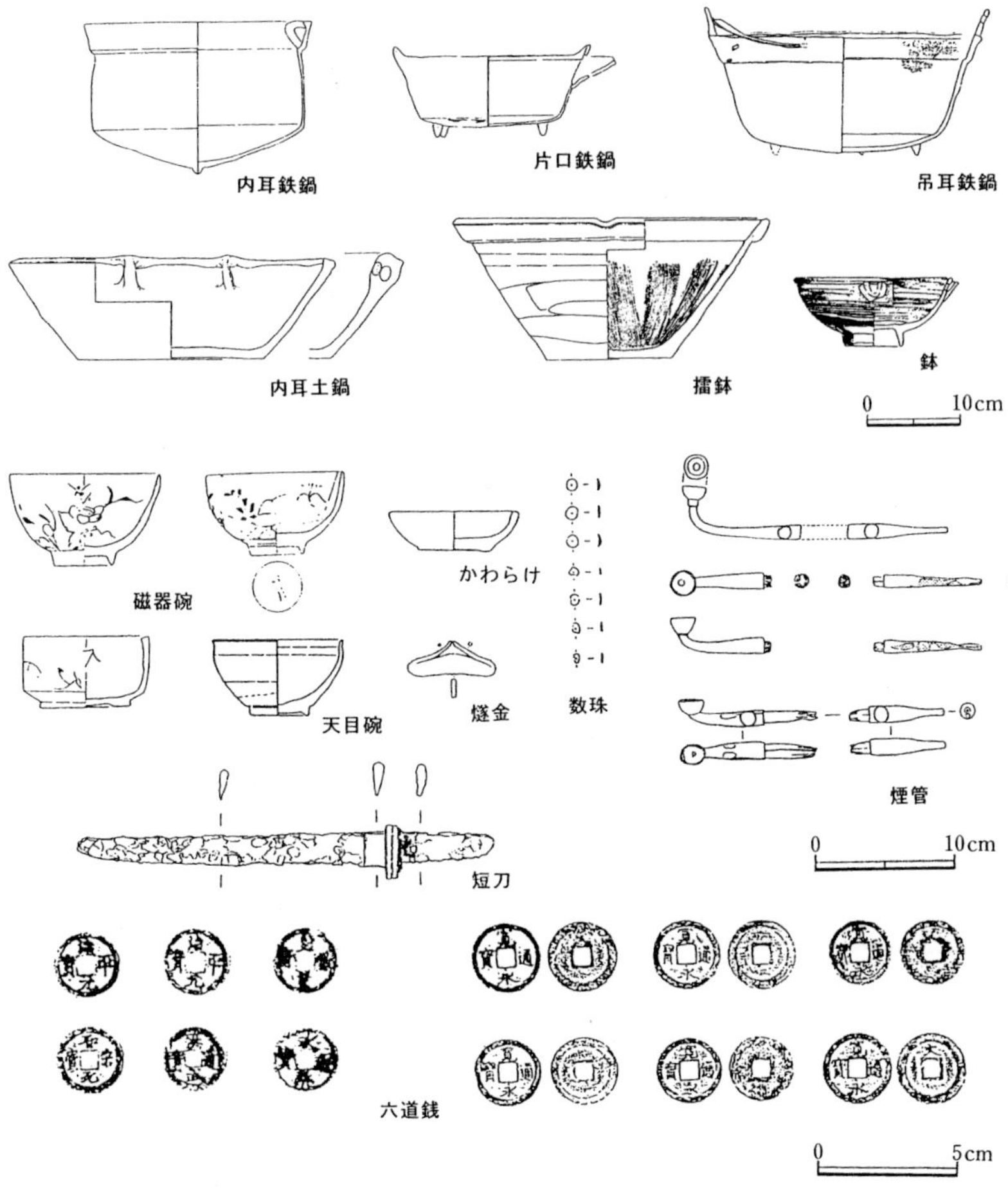

図4　鍋被り人骨の副葬品

4　副葬品

鍋被り人骨に副葬された副葬品には、さまざまなものがある（図4）。まず、頭部に被せる鍋として鉄鍋、銅鍋、内耳土鍋、擂鉢（すりばち）、焙烙があるが、その主体を占める鉄鍋は、内耳鉄鍋、片口鉄鍋、吊耳鉄鍋に区分される。このうち、一五世紀後半から一七世紀前葉に属すると推定される内耳土鍋や内耳鉄鍋は茨城県、群馬県、千葉県、東京都で出土している。また、東京都府中市第九八六次調査ＳＺ10遺構では銅鍋、群馬県富岡市下高瀬上之原遺跡4号土坑では片口鉢が使用されている。また、鉄鍋に布片が付着している事例が四例検出されている。次に、六道銭が副葬された墓壙は一九例ある。その組み合わせは、渡来銭のみが鹿島前59号（永楽通宝のみ）、108号土壙（北宋銭と永楽通宝・洪武通宝）、渡来銭（北宋銭）と寛永通宝（古寛永）が川島谷遺跡第9地点墓壙、その他は寛永通宝（古寛永・新寛永・文銭）の組み合わせである。下高瀬上之原遺跡4号土坑では寛永通宝一一枚（新寛永と文銭）が布袋に入った状態で出土している。その他の副葬品としては、陶磁器碗（わん）、漆椀（うるしわん）、青銅碗、かわらけ、刀、煙管、燧金（ひうちがね）、砥石（といし）、数珠（じゅず）、ガラス玉などが副葬されているが、内容は一般の墓壙の副葬品との差異は認められない。このうち、副葬品が比較的豊富な事例をあげると、千葉県八千代市権現後遺跡Ｐ015号遺構では磁器碗、青銅碗、煙管、不明鉄製品、銅銭が副葬されており、東京都町田市川島谷遺跡第9地点墓壙では、かわらけ、煙管、燧金、燧石、銅銭が副葬されている。また、鍋以外の副葬品が存在しない事例は全体の二割程度を占める。

三　鍋被り葬の意味

1 被葬者について

鍋被り葬の持つ意味について考えるためには、まずどのような被葬者が葬られたのかを知る必要がある。関東地方で出土した鍋被り人骨の中で保存状態が良好で鑑定が行われた事例として以下の一一例がある。

栃木県佐野市小峯山遺跡16号土坑出土人骨は四〇歳代の男性で病変が認められる。群馬県前橋市二之宮谷地遺跡61号墓壙出土人骨は性別不明であるが年齢はおよそ一〇歳で病変は認められない。富岡市横瀬古墳群4号墳2号墓出土人骨は性別・年齢は不明であるが慢性骨膜炎(梅毒?)の病変が認められる。同じ富岡市下高瀬上之原遺跡4号土坑出土人骨は青年期後半～壮年期前半の男性で病変は認められない。千葉県木更津市俵ヶ谷遺跡5号墓出土人骨は壮年前期の男性で大腿骨に梅毒の痕跡がみられ、6号墓出土人骨は二〇歳台後半の男性で顔面にハンセン病の可能性のある病変がみられる。東京都多摩ニュータウンNo.245遺跡12号土坑出土人骨は壮年期後半の女性で梅毒の痕跡がみられる。神奈川県横浜市都筑自然公園予定地内遺跡群No.7地点遺跡1号墓壙出土人骨は成年(二〇歳代～三〇歳代前半)の女性で病変は認められない。藤沢市慶応SFC遺跡2号土壙墓出土人骨は壮年の女性で、歯に発育不良が認められるが病変は認められない。茅ヶ崎市臼久保遺跡K—48土壙出土人骨は壮年前半～半ばの男性で、顔面や四肢骨にハンセン病の痕跡が確認されている。綾瀬市大塚堂遺跡1号土壙出土人骨は壮年期初期の女性であり、病変は認められない。

これらの鑑定結果を検討すると、被葬者の年齢は壮年期が主体で性別は男性五例、女性四例、不明二例と男女差は認められない。また、骨組織に病変が認められる事例が五例あり、梅毒が三例、ハンセン病が二例、病変の存在のみ記載された事例が一例存在しており、半数以上の人骨に病変が認められることになる。これらは病変が骨組織までその痕跡を残しているものに限定されることを考慮すると、この割合はかなり高いものであり鍋被り葬はハンセン病や梅毒を患っていた者に対する特殊な葬法であった可能性が高い。[5]この傾向は、東北地方を中心に「らい病などで死亡した人の場合は、遺体の上になべをかぶせた（山形県二井宿）」（文化庁一九八〇）、「ドス（ハンセン病）で死んだ者の棺には鍋を被せて埋めた（新潟県新発田市小戸）」（小林ほか一九七九）という伝承と整合性をもっている。これに対し、関東地方から西日本にかけては「お盆にはあの世から仏さまが帰ってくる。よりによってお盆に死んであの世にいく。だからみんなにいじめられ頭をなぐられるので、かわいそうなので痛くないように鍋などを被してやる（東京都調布市飛田給）」（野口一九九二）というように盆にあの世から帰ってくる仏様に頭を叩かれるため盆の期間に死んだ人に鍋を被せて葬るという伝承が残されている（図1）。また、茨城県では「民衆の間で悪病として最も嫌われた癩病とか、結核などで死亡した者、その他盆の期間に亡くなった者、あるいは新しい村に住んだ者が亡くなった場合など、土鍋や鉄鍋・擂鉢・焙烙を被せて埋葬する」（池田ほか一九七九）と複数の理由づけがなされている地域もある。

いずれにしろ、鍋を被せて埋葬される理由として、主に①ハンセン病等の特殊な病気を患った者を埋葬する病気説、②盆の期間に亡くなった者が盆で戻ってくる先祖とすれ違う際に頭を叩かれるため鍋を被せて埋葬する盆説の二つの伝承が残されている。すでに検討したように、出土した人骨の過半数に病変がみられ、集落から離れた村境近くに埋葬される事例が存在することから、鍋被り葬が特定の病気に対する忌避観念と関連する可能性が高い。つまり、発掘調査事例を検討する限り、鍋被り葬は特定の病気を患った者が死亡した場合に頭部に鍋を被せて埋葬するという特殊な葬法であったと思われる。これに対し、盆説については発掘調査事例から検証することは困難である。[6]

また、被葬者に関しては被葬者がどの集団に帰属していたか、つまりその村の構成員であったか、いわゆる無宿者や行路病人の行き倒れであったのかという点も重要な問題である。鍋被り葬のうち、墓域へ埋葬された事例については、被葬者が村の構成員であったことは間違いないが、山野に単独で埋葬された被葬者が村の構成員であったか、無宿者や行路病人の行き倒れであったのかという点については発掘資料から確認することはできない。一般には行き倒れについては共同墓地や寺に無縁仏として埋葬された事例が多いようである。

2　単独埋葬地と村境

すでに述べたように、鍋被り葬の埋葬地は墓域から検出されている場合と山野で単独で検出される場合がある。関東地方では現在のところ前者の例が一六遺跡二〇例であり、後者の例が一七遺跡一七例とほぼ同数である。このうち、近世の単独検出の鍋被り葬の場合の埋葬地は集落から離れた当時の村境付近であることがわかっている（桜井一九九二・一九九六・二〇〇一）。これは「墓地は一般の墓地内に埋葬することも許されず、山野に埋めた」という茨城県の伝承（池田ほか一九七九）に該当すると思われるが、重要なのは埋葬地がまったくの山野ではなく隣村との村境付近であり、しかも村人が日常的に使用する道の脇である点である。つまり、遺体は山野に隠蔽されるのではなく埋葬後もその存在を意識させる場所に埋葬されたことになる。

実際に関東地方の近世の単独検出例を検討してみると、検討した九例すべてが当時の村境付近が埋葬地となっている[(7)]。ただし、それは当時の村境そのものではなく、当時の村境から数十メートル離れた付近で検出されることが多い。また、それは山林や耕地の真ん中ではなく他村へ通じる道の村境付近や村境付近を通っている道の脇であり、そのような地点が埋葬地として選択されている。つまり、単独で検出される鍋被り葬の埋葬地点は集落とは離れた「ノラ」や「ヤマ」（福田一九八〇）にあたる地点であるが、同時に村境付近の道の脇に埋葬されていることがわかる。このような単独埋葬地の位置は、特殊な葬法である鍋被り葬の性格を考える上で重要な手がかりとなるだけでなく、民俗学では直接的に探ることの難しい当時の村境の状況や、村境の象徴的意味について考える契機となる。

そこで、具体的な事例として最初に紹介した神奈川県藤沢市慶応ＳＦＣ遺跡の事例について検討してみたい（図5）。ここでは上庭・仲町・芹込・矢崎の各集落が小出川に沿った微高地に分布し、その背後に墓地そして耕地が展開するという、水田↓集落↓墓地・耕地↓山林という順で標高が高くなる典型的な近世の村落景観を呈している。そして、鍋被り人骨は旧打戻村との村境から八〇メートルほど離れた旧遠藤村側の道の脇から検出されている。埋葬地は南東方向へ伸びる丘陵上の耕地の端にあたり、その西側の6の小社（富士浅間神社）の周囲や村境付近は山林となっており、この場所はいわば「ノラ」と「ヤマ」の境界付近にあたり、他村との村境のうち「ヤマ」側の村境付近にあたることがわかる。これに対し、上庭の1の石塔（庚申塔）や芹込の3の石塔（道祖神塔…以前は集落側にあった）は正月の「サイト焼き」の場であり、対岸からの悪疫等の侵入を防ぐ重要な役割を果しているが、鍋被り人骨の埋葬地はこれらとは対称的な位置に存在していることがわかる。

このように、鍋被り人骨の埋葬地は他村との「ヤマ」側の境界に位置していることがわかる。そして、単独検出の鍋被り人骨は単純に遺体を山野に埋め、村から排除あるいは山中へ隠蔽するのではなく、意図的に「ヤマ」側の村境付近に埋葬し、供養されたものであることがわかる。このことは、近年の発掘調査で鍋被り葬に墓上装置が存在した可能性があることが判明してきたことからも窺える。一般的な発掘調査では遺構検出面が当時の生活面よりもかなり下がった状態で土壙が検出されるため、埋葬の際の土盛や墓上装置の存在についてはまったく不明であった。ところが、福島県田村郡小野町本飯豊遺跡および神奈川県鎌倉市寺分藤塚遺跡で、墓壙に墓上装置が存在したことが想定されるピット（杭穴）が検出されている。このうち、本飯豊遺跡ＳＫ03土壙は単独検出例で副葬品から埋葬年代は中世とされ、成人女性の人骨が検出されている。平面形態は隅丸方形で長軸一三八センチメートル、短軸一〇六センチメートル、深さ六三センチメートルを測り、頭位方向は北北東である。土壙の周囲に径三〇センチメートル程度のピッ

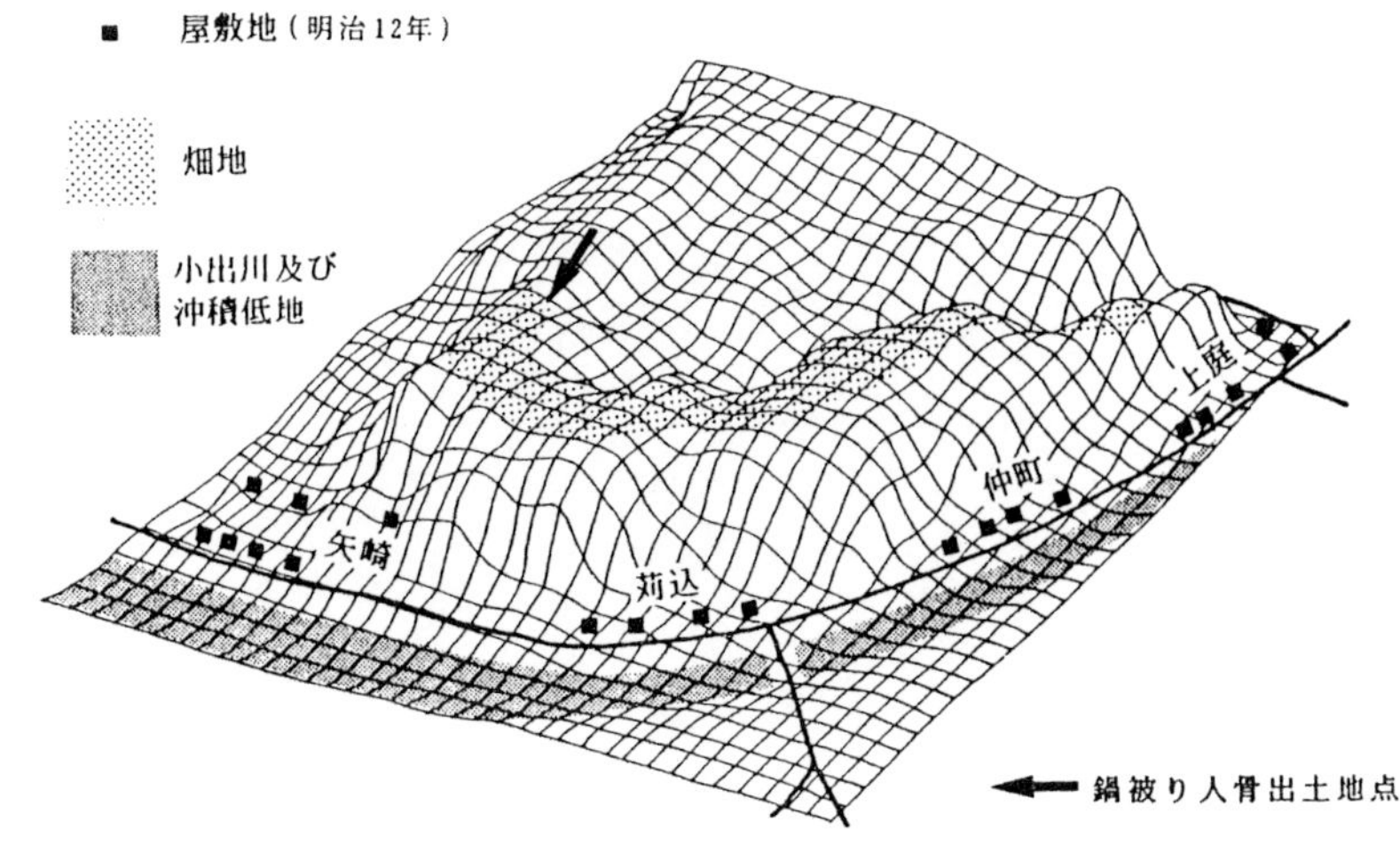

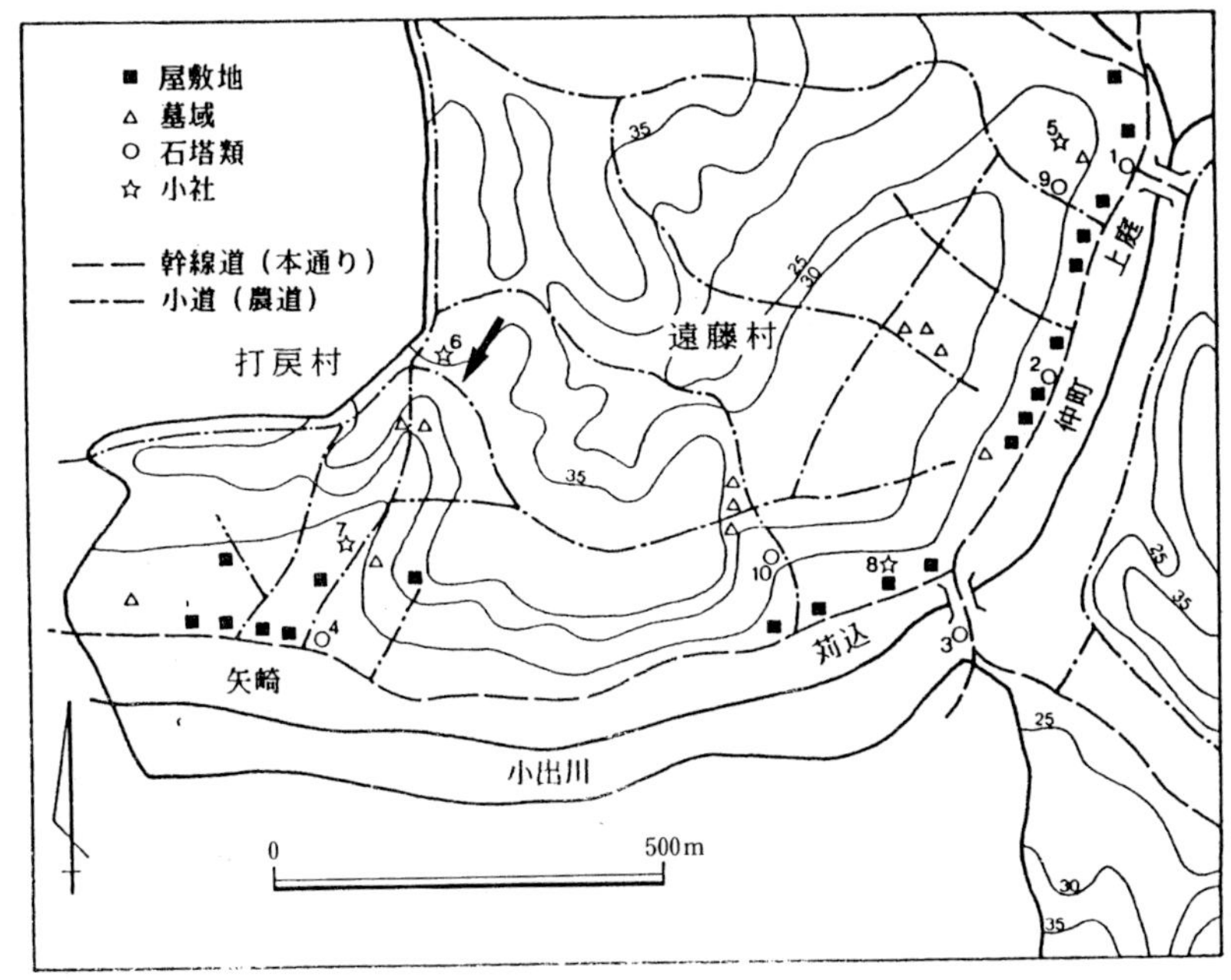

図5　慶応SFC遺跡の鍋被り人骨の出土地点
(山口徹「村の組織と空間構成」『民族考古』創刊号，1992，図7・8を一部改変)

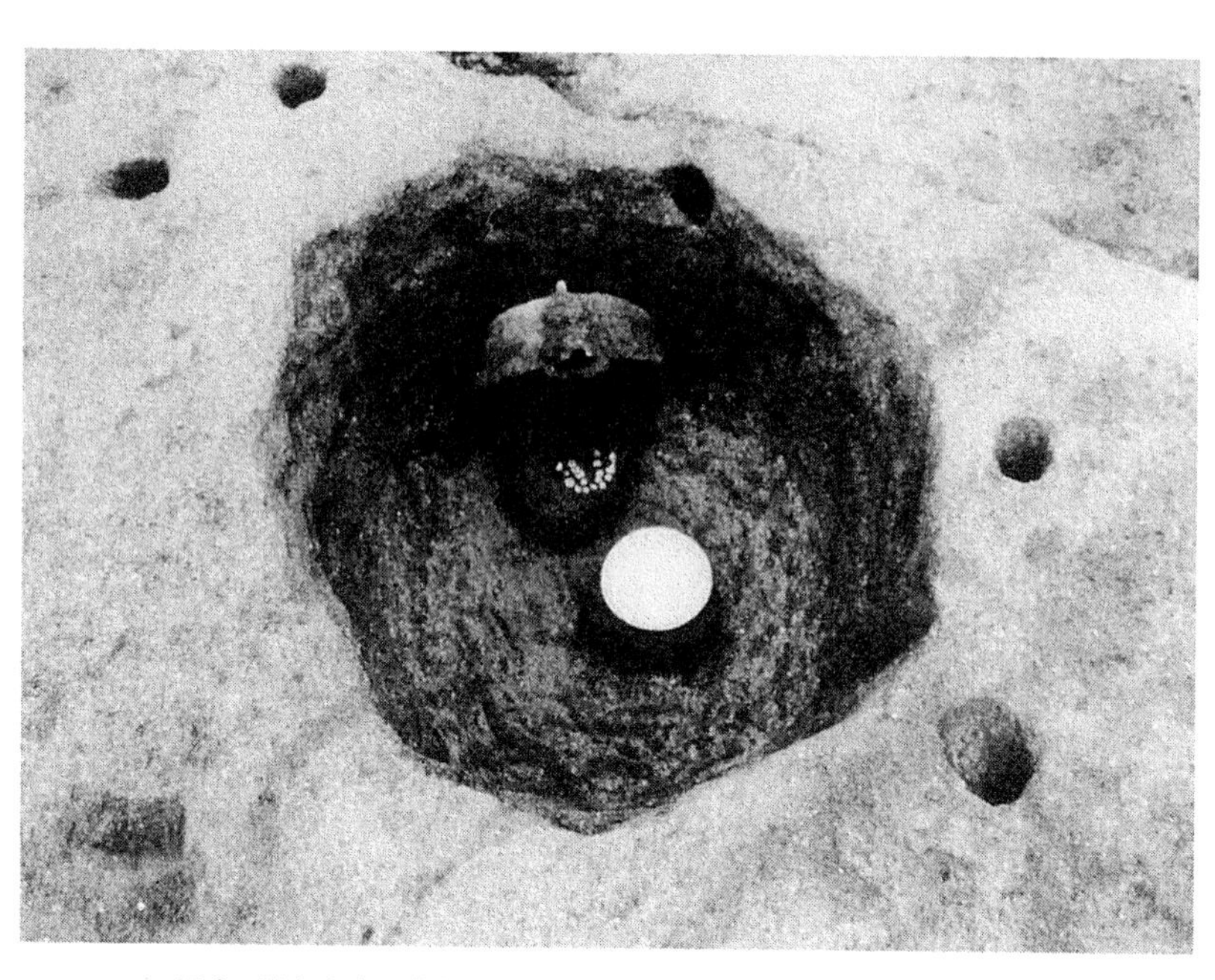

図6　鎌倉市寺分藤塚遺跡の鍋被り人骨（東国歴史考古学研究所提供）

トが三基検出されている。これに対し、寺分藤塚遺跡1号土壙（図6）は同じく単独検出例で副葬品の灰釉碗から埋葬年代は一八世紀と推定され、片口鉄鍋の下から成人の歯が検出されている。墓壙の平面形態は隅丸長方形で長軸九〇センチメートル、短軸七三センチメートル、深さ四〇センチメートルを測り、頭位方向は北西である。土壙の周囲に径六～一〇センチメートル、深さ一〇センチメートル程度のピットが約三〇～七五センチメートル間隔で七基岩盤に掘り込まれている。これらのピットはすべて内側に向かって傾斜して掘削されていることから、円錐形に竹などを立てて先端を束ねたモンドリ型殯（もがり）（五来一九九二）に類似した墓上装置が想定できる。このように、僅か二例ではあるが墓上装置の存在が想定される事例が存在することや、山野ではなく道の脇に埋葬されることから鍋被り葬は遺体埋葬後、一定期間供養されていたことが窺える。

これらの調査成果は、鍋被り葬が当時の村境の象徴的意味や他界観を探る手がかりとなることを示している。鍋被り葬がハンセン病等の特殊な病気を患っていた被葬者を埋葬したものであると仮定すると、その根底には穢れたものや不浄なものを村の外に出すという意図があったと考えられる。しかし、実際に埋葬された場所が山野ではなく、村境の道の脇に埋葬され一定期間供養されていたと推定されることや、鍋以外の副葬品が一般のものと変わらない点などから、鍋被り葬は被葬者を一方的に村から排除するだけでなく、「ヤマ」側の村境に祀ることによって他村からの進入する悪疫等を防ぐという意図も窺える。八木康幸（八木一九八四・一九八五）の指摘するように、「境の場所」は不浄なものや害をなすものを捨てる場所でありながら神を祀る神聖な場所であり、神霊の霊力を得る場所でありながら魔性のものに襲われる場所となるなど「境の場所」が両義性を帯び、多義性を獲得する空間のアノマリー性[8]や象徴性をもっていると考えられる。村境に埋葬される鍋被り人骨は、これが具現化した一種の境神として捉えることはできないであろうか。

四　おわりに

以上述べてきたように、発掘調査によって検出された鍋被り人骨についてさまざまな観点から検討を加えた。その結果、鍋被り葬は主に中世後期（一五世紀）から近世中期（一八世紀）にかけて、関東地方をはじめ東日本の太平洋側を中心に、被葬者に鍋を被せて葬った特殊な葬法であることがわかる。そして、出土人骨の鑑定結果や民俗伝承を検討することにより、被葬者がハンセン病や梅毒等に罹患していた可能性が高いことから、鍋被り葬研究は中世後期～近世の村落社会における特定の病気に対する差別の実態を明らかにする役割を果たすことが期待される。また、単独葬の鍋被り人骨の埋葬地が集落から離れた当時の村境付近にあたることから、鍋被り葬研究は当時の村境の象徴的意味や他界観について考える契機を与えてくれる。

しかしながら、鍋被り葬研究では多くの課題が残されたままである。例えば、鍋被り人骨には墓域に埋葬される事例と単独で山野に埋葬される事例が存在するという基本的問題も未解決のままである。これに関しては、近年興味深い史料が西木浩一によって紹介されている（西木二〇〇一）。それによると、幕府からのハンセン病発症者の葬式に関する諮問に対する禅宗「関三ヶ寺」の回答（『祠曹雑職』巻三）の中に、「貧家の場合は密やかに山野原の空き地へ埋める」という記述があるという。西木は鍋被り葬が旦那寺によるハンセン病者に対する「秘密の作法」の執行を享受できない階層があみだした一種の「呪術的埋葬儀礼」であるとしているが、このことは階層や貧富の差が墓域への埋葬と山野への単独葬の差を生じさせた可能性があることを示唆している。

次に、鍋被り葬が行われる理由として、①ハンセン病等の特殊な病気を患っていた者を埋葬する（病気説）、②盆の期間に亡くなった者が盆に戻ってくる先祖とすれ違う際に頭を叩かれるため鍋を被せて埋葬する（盆説）という二つの説が存在する。これについては、出土人骨の鑑定結果から①の病気説が有力であるが、②の盆説については今のところ具体的に検討する方策がない。また、鍋被り葬が西日本や日本海側に存在しない理由も今後解明すべき課題であるが、その理由の一つとして、この地域では土葬ではなく火葬が盛んであり、被葬者が火葬にされたため鍋被り葬が存在しない可能性がある。これは伝承が現在まで継承されているにも関わらず一九世紀の事例が存在しない点とも関連する。つまり、一九世紀以降のコレラ等の伝染病の流行により、流行病による死者が火葬されることが普及したが、その際に特殊な病気に罹患していた被葬者も火葬にされたと考えることができる。(9) また、同様に地域的な偏差という意味で、近世の発掘調査が盛んに行われている江戸市中の事例がまったく存在しない理由についても今後検討してゆく必要がある。(10)

近年増加している発掘調査による検出例を用いた鍋被り葬の研究によって、民俗学や文献史学では直接探ることができない中世から近世にかけてのこの特殊な葬法の実態を解明することが可能となってきた。しかし、現実には筆者が鍋被り葬に興味を持ち始めて一〇年以上が経過して、ようやくおぼろげながら全体像がみえてきたというのが現状である。今後は発掘調査例の増加を待つだけでなく、民俗学、文献史学、医療人類学などの関連分野の成果を積極的に取り入れながら研究を進めていく必要がある。

注

(1) 埋葬年代が判明している鍋被り人骨の最古の事例として山梨県白根町百々遺跡(一二世紀)があげられ、最新の事例として福島県郡山市下羽広遺跡(一九世紀後半)があげられるが、その他の資料はすべて一五世紀から一八世紀にかけてである。また、東北地方では一五世紀〜一七世紀の割合が高く、関東地方では一八世紀に事例が増加するという傾向がみられる。

(2) ハンセン病はらい菌による感染症である。感染力は非常に弱く通常感染することはないが、発症して重症になると神経障害や合併症で手足や顔の変形などの後遺症が残るため、古代から差別の対象となった。ハンセン病は古代より仏教の布教活動の一環である救済事業の対象となっており、奈良時代の施薬院・悲田院、鎌倉時代における叡尊や忍性の救済事業、中世末から近世初頭のキリシタンの救済活動などが著名である。『一遍上人絵詞伝』に描かれているように、中世のハンセン病発症者や重病者は「非人」とみなされ村を追われ各地を流浪し、物乞いをするなど悲惨な生活を強いられた(黒田一九八二)。これが近世になるとハンセン病を出した家筋・血筋に対するの差別観念が生じ(西木二〇〇一)、近代には国家によるハンセン病患者に対する強制隔離や断種という差別政策が実施された。

ハンセン病の病因については、平安時代の『医心方』にみられるように、古代においては邪風に侵されて起こる風病と認識されていたが、平安時代末期から中世にかけて「業病」あるいは「天刑病」という観念が成立したといわれている(山本一九九三、藤野編一九九六)。このような業病観は『法華経観発品』の記載に由来するとされ、平安時代の『日本霊異記』、平安時代末期の『今昔物語』、鎌倉時代の『頓医鈔』にハンセン病の病因が前世の罪であるとの記載がみられる。

このように、ハンセン病患者は古代末から中世にかけて社会的差別を受けるようになり、その後この差別意識が次第に一般民衆へ浸透していったと考えられる。

(3) 具体的には、茨城県ひたちなか市武田石塙遺跡第397A号土坑、水戸市十万原遺跡第13号地下式壙、栃木県佐野市小峯山遺跡16号土壙、宇都宮市柿の内遺跡第11号墓壙、群馬県前橋市二之宮谷地遺跡61号墓壙、富岡市横瀬古墳群4号墳2号墓、富岡市下高瀬上之原遺跡4号土坑、富岡市宮崎裏町遺跡2号墓壙、千葉県銚子市大宮戸大新田遺跡第1地点18号土壙、成田市加定地遺跡第6号土壙、佐倉市高岡大山遺跡254号土壙、木更津市俵ヶ谷遺跡5・6号墓、光町夏台遺跡43号土壙墓、八千代市権現後遺跡P015号遺構、我孫子市鹿島前遺跡59・108・153・155号土壙墓、印西市鳴神山遺跡234土壙、流山市三輪野山道六神遺跡B地点墓壙、千葉市山王遺跡12号地下式土坑、東京都調布市蟹沢遺跡第1地点SG-01土壙墓、府中市第九八六次調査SZ10遺構、町田市川島谷遺跡第9地点墓壙、町田市三矢田遺跡H27号土坑、八王子市宇津木台遺跡群D地点墓地B17Q墓壙、多摩ニュータウンNo.213遺跡6号墓、No.245遺跡12号土坑、No.402遺跡墓壙、No.433遺跡1号墓、神奈川県横浜市都筑自然公園予定地内遺跡群No.7地点1号墓壙、鎌倉市寺分藤塚遺跡1号土壙、藤沢市慶応SFC遺跡第2号土壙墓、茅ヶ崎市臼久保遺跡K-48号土坑、綾瀬市大塚堂遺跡第1号土壙、綾瀬市吉岡遺跡群A区1号墓壙である。

(4) 鈴木公雄(鈴木一九八八・一九九九)は墓壙から出土した六道銭の組合せをもとに埋葬年代をV期に区分している。I期は渡来銭のみの時期で一六三六年以前、II期は古寛永を主体とし、ごくわずかに渡来銭が伴う時期で一六三六〜一六六八年、III期は古寛永が漸減し、かわって文銭が増加してゆく時期で一六六八〜一六九七年、IV期は古寛永、文銭を伴いつつも、次第に新寛永が他を圧してゆく時期で一六九七〜一七三九年、V期は鉄銭が伴う時期で一七三九年以降となっている。また、真鍮ないし鉄製の寛永通宝である波銭は一七六八年初鋳であるが、六道銭としての検出例は稀である。

(5) このうち、梅毒については都市部に比べ罹患者が少なかった当時の農村部において、梅毒をハンセン病と誤認していた可能性もある。また、死因については、民俗伝承の中に「ハンセン病で亡くなった人を埋葬する」といった表現が頻繁に現れるが、実際にはハンセン病は罹患して発症してもそれが直接的な死因となることはない。

(6) 盆説については、鍋被り葬が本来特定の病気に罹患していた被葬者に対する埋葬法であったものが、一九世紀以降鍋被り葬が行われなくなり、それに代わって新たな理由づけ、つまり盆の期間に亡くなった者が先祖に頭を叩かれるためという説(盆説)が関東地方から西日本にかけて伝播した可能性を指摘しておきたい。

また、この葬法が途絶えても伝承が継承された理由として、土葬の際の墓穴掘りや墓地の改葬等で鍋被り人骨が発見されることが契機となり、伝承が現在まで継承されたことが想定される。

(7) 具体的に列挙すると、千葉県八千代市権現後遺跡P015号遺構は旧萱田村にあたり、北隣の旧麦丸村との村境付近に位置している。東京都調布市蟹沢遺跡第1地点SG-01土壙墓は旧入間村にあたり、旧下祖師谷村や旧喜多見村との村境付近に位置している。町田市川島谷遺跡第9地点墓壙は、旧野津田村にあたり旧金井村との村境付近に位置している。神奈川県横浜市都筑自然公園予定地内遺跡群No.7地点1号墓壙は旧川井村にあたり、旧久保村との村境付近に位置している。鎌倉市寺分藤塚遺跡1号土壙は旧寺分村にあたり、旧上町屋村との村境付近に位置している。藤沢市慶応SFC遺跡2号土壙墓は旧遠藤村にあたり西隣の旧打戻村との村境付近に位置している。茅ヶ崎市臼久保遺跡K-48号土坑は旧芹沢村にあたり、南側の旧行谷村との村境付近に位置している。綾瀬市大塚堂遺跡第1号土壙は旧深谷村にあたり、南西隣の旧葛原村との村境付近に位置している。最後に、綾瀬市吉岡遺跡1号土壙は旧吉岡村にあたり、南側に隣接する旧用田村との村境付近に位置している。

(8) 八木は、文化的に定義された分類構造に、反転、逆転、矛盾、破棄が生じたもの、あるいは一般的に言って、与えられた構造原理に調和しないものを構造的倒置と名付け、その象徴的表現をアノマリー(anomaly)とする大貫恵美子の定義を提示している(八木一九八四)。

(9) 例えば、埋葬年代が一九世紀後半とされている福島県郡山市下羽広遺跡4号土坑と同じ地点から火葬址が検出されており、病人などを火葬した場所で鍋被り人骨が検出されていることは興味深い。

(10) 江戸や大坂にハンセン病者が少ないことは『塵塚談』や『守貞漫稿』に記述されているが、京都の清水坂や奈良の奈良坂にハンセン病者が集まっていたことも記述されており、必ずしも都市部に少ないということにはならない。ただし、ハンセン病の発症率という観点では、生活環境の悪い農村部において発症率が高いとされている。また、発症率の高さは都市下層民にもあてはまると思われるがこの点について西木浩一は、都市下層民は家産・家業・家名の三位一体としてのイエを成立させていなかったため、呪術的葬法である鍋被り葬が展開しなかったとしている(西木二〇〇一)。

〔参考文献〕

池田秀夫・日向野徳久・平野伸生ほか　一九七九　『関東の葬送・墓制』明幻書房
上田英吉　一八八七　「内耳鍋の事に付きて」『東京人類学会報告』三巻二二号
かみつけの里博物館　二〇〇〇　『鍋について考える』
神田孝平　一八八七　「内耳鍋の話」『東京人類学会報告』二巻一四号
桐原　健　一九七四　「鍋を被せる葬風」『信濃』二四巻九号
黒田日出男　一九八二　「史料としての絵巻物と中世身分制」『歴史評論』三八二号
小泉　凡　一九八五　「境界の神――日本人の病理観から――」『日本民俗学』一五九号
越田賢一郎　一九八四　「北海道の鉄鍋について」『物質文化』第四二号
越田賢一郎　一九九六　「北日本における鉄鍋」『季刊考古学』第五七号
後藤義隆・伊藤宏ほか　一九七九　『南中部の葬送・墓制』明幻書房
小林一男・今村充夫・伊藤曙覧・森谷周野　一九七九　『北中部の葬送・墓制』明幻書房
小山真夫　一九二三　「丸山町発見の一葬風」『考古学雑誌』一七巻七号
五来　重　一九九二　『葬と供養』東方出版
坂田友宏・白石昭臣ほか　一九七九　『中国の葬送・墓制』明幻書房
桜井準也　一九九二　「近世の鍋被り人骨の出土例とその民俗学的意義」『民族考古――大学院論集――』創刊号
桜井準也　一九九六　「近世の鍋被り人骨について――関東地方の発掘事例を中心に――」『江戸遺跡研究会第九回大会　江戸時代の墓と葬制　発表要旨』江戸遺跡研究会
桜井準也　二〇〇一　「近世の鍋被り葬と村境」『民族考古』五号
桜井準也　二〇〇二　「鍋被り葬研究の意義」『日本考古学協会第六八回総会研究発表要旨』日本考古学協会
桜井準也・杉田陽子　二〇〇一　「鍋被り葬研究の現状と課題」『墓標研究会会報』五号
新谷尚紀　一九八六　「ハカの設え――墓上装置の形態と機能をめぐって――」『生と死の民俗史』木耳社

新村　拓　一九八五　『日本医療社会史の研究』法政大学出版局
杉田陽子　二〇〇一　『中近世における鍋被り葬について――発掘資料と伝承との関わり――』（二〇〇〇年度東海大学文学部考古学専攻提出卒業論文）
鈴木公雄　一九八八　「出土六道銭の組合せからみた江戸時代前期の銅銭流通」『社会経済史学』六三巻六号
鈴木公雄　一九九九　『出土銭貨の研究』東京大学出版会
関根達人　二〇〇三　「鍋被り葬考――その系譜と葬法上の意味合い――」『人文社会論叢』第九号、弘前大学人文学部
田中藤司　二〇〇二　「江戸近郊農村の墓標建立」『江戸遺跡研究会第一五回大会　発表要旨』
長佐古真也　二〇〇一ａ　「江戸近郊村落墓制の多面性」『考古学ジャーナル』四七七号
長佐古真也　二〇〇一ｂ　「『鍋被り葬研究の現状と課題』発表によせて」『墓標研究会会報』第五号
名嘉真宜勝・恵原義盛　一九七九『沖縄・奄美の葬送・墓制』明幻書房
波平恵美子　一九八八　「異常死者の葬法と習俗」『仏教民俗学大系四　祖先祭祀と葬墓』名著出版
西木浩一　二〇〇一　「都市民衆史研究と江戸墓制」『考古学ジャーナル』四七七号
野口平一　一九九一　「鍋を被った先祖たち」『調布の文化財』第九号　調布市郷土博物館
福田アジオ　一九八〇　「村落領域論」『武蔵大学人文学会雑誌』一二巻二号
藤野豊編　一九九六　『歴史のなかの「癩者」』ゆみる出版
文化庁　一九八〇　『日本民俗地図Ⅶ（葬制・墓制）』国土地理協会
堀哲・橋本鉄男ほか　一九七九　『近畿の葬送・墓制』明幻書房
三浦貞栄治・小林文夫・三崎一夫ほか　一九七八　『東北の葬送・墓制』明幻書房
八木康幸　一九八四　「村境の象徴論的意味」『人文論究』三四巻三号　関西学院大学
八木康幸　一九八五　「村境のシンボリズム――『境の場所』をめぐって」『人文地理』三七巻五号
山口　徹　一九九二　「ムラの組織と空間構成――神奈川県藤沢市遠藤地区の場合――」『民族考古』創刊号
山本俊一　一九九三　『日本らい史』東京大学出版会

横井　清　一九七五「中世民衆史における『癩者』と『不具』の問題」『中世民衆の生活文化』東京大学出版会

※発掘調査報告書については割愛させて頂いた。

都市下層民衆の墓制をめぐって

……西木浩一

はじめに

葬送墓制に関する研究は、民俗学を中心としてかなりの蓄積を有している。それらは、主に村社会をフィールドとしており、また永続したイエの記憶を基調としているという一定の偏りの下での成果ということができるであろう。しかし、葬送墓制研究はそうした条件下での成果ということに無自覚なまま、「日本人の葬送墓制」として論じられる傾向が強かったのではないか。このような葬送墓制史研究の展開そのものの検討が民俗学史として重要な課題ではないかと考えるが、ここでは当面の課題として、従前の研究史が空白のままとしてきた近世都市の墓制の解明、そして都市社会の構造と関わったその多様性の把握という論点を提示しておきたい。

正直に言えば、右に述べたような課題認識は私自身の研究から内在的に導かれたものではない。たまたま文献史料からのまとめをお手伝いさせていただくことになった、江戸の墓地の発掘状況が示した衝撃的な様相——墓標なき墓地の光景——がすべての出発点だったのである。その意味で本報告は近世考古学が有する隣接研究分野へのインパクトの大きさと、学際的研究の意義を示すことになると考える。

以下、本稿では第一に、江戸の都市下層民衆の墓制について要約的に示し、第二に、当該分野について今後さらに考古学と文献史学をはじめとした隣接諸学問の協業が要請されると思われる二、三の論点を取り上げることにしたい。

一　江戸における下層民衆の死と埋葬

1　投込と取捨―「日用」層の埋葬

一九九一年五月から約一カ月をかけて、新宿区若葉町三丁目・新宿区立若葉高齢者在宅サービスセンター建設工事に先立つ発掘調査が実施された。(1) 調査地点は黄檗(おうばく)宗大覚山円応(えんおう)寺の寺地に当たっていた。この円応寺墓地の特徴は、明確に性格の異なる二つの墓域から構成されていたという点にある。調査当時の区分に従いこれをA区・B区として、それぞれの空間配置と特質を整理したのが図1と表1である。(2)

この内、墓域B区こそ、私が墓標なき墓地の光景と呼んだ、今日的な墓地イメージでは解釈不能な墓域に他ならなかった。

文献史料に基づいた検討の開始。導きの糸は遠藤廣昭氏による黄檗宗寺院の過去帳分析であった。(3) 深川地域の二つの黄檗宗寺院を取り上げたその研究は、対照的な寺院像を浮かび上がらせたのであるが、その内の一つ、万祥寺の過去帳分析の結果、この寺が江戸に流入した下層民衆や、下層の武家奉公人等、本来の檀家ではない人々をも埋葬する機能を有していたことが明らかにされた。そのため、同寺の過去帳には「頼入・口入・世話」等といった注記のある

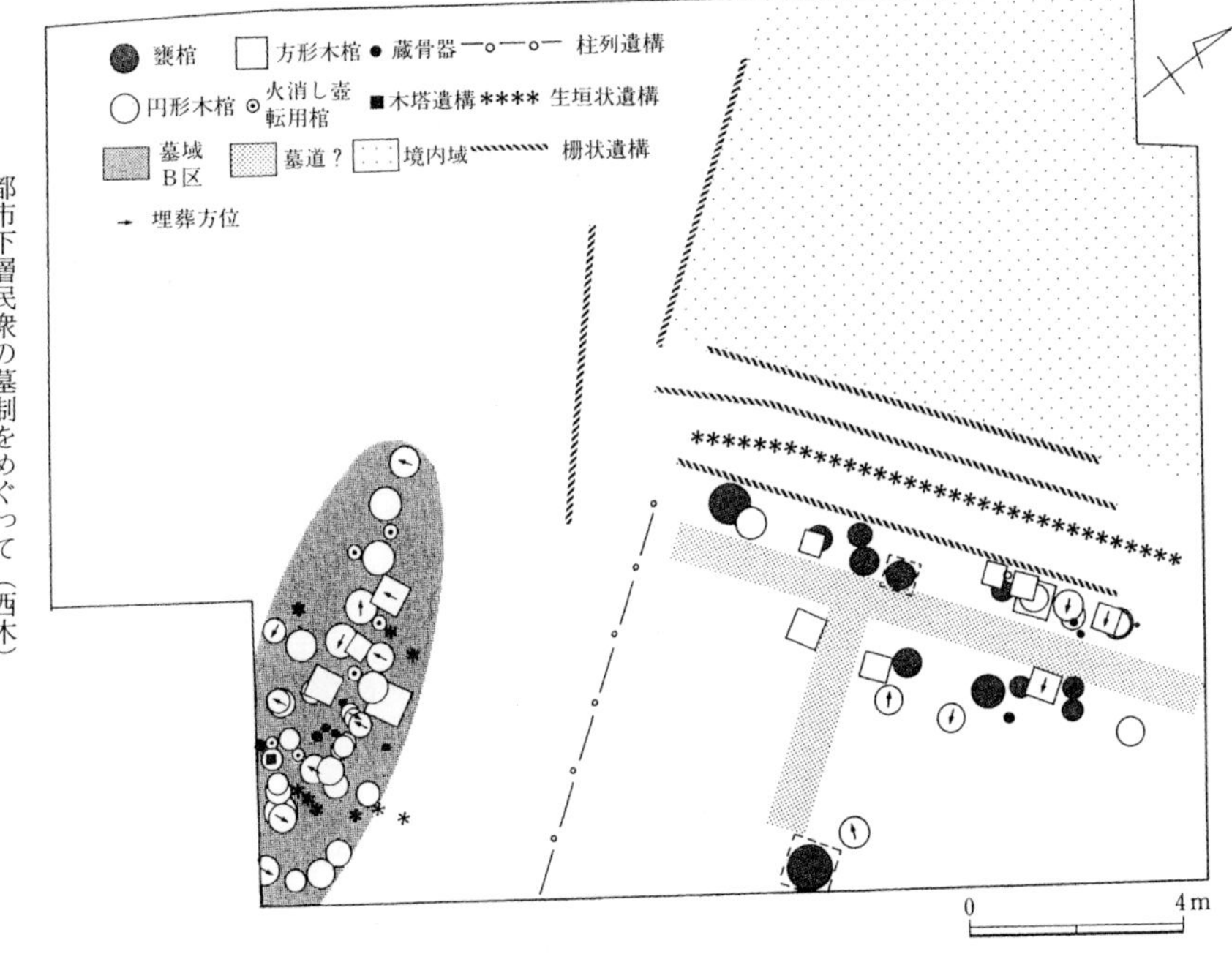

図1　円応寺遺構配置概念図

表1　円応寺墓地の特徴

A　区	B　区
柵・生垣を挟んで境内に隣接．通常の墓地の位置．	A区の奥，本堂脇または本堂裏の傾斜地に位置．
埋葬遺構の密集度は低い．整然とした墓域．	極端な埋葬遺構の高密集度．相互に重複する埋葬施設．
内部施設――甕棺14，円形木棺9，方形木棺8，蔵骨器6，直葬ほか3．	内部施設――円形木棺29，方形木棺4，蔵骨器5，火消し壺転用6，直葬ほか5．（円形木棺に酒樽含む）
約6割から副葬品．銀貨のほか，人形・羽子板・陶磁器・煙管・小型の三味線など豊富．	副葬品検出は1割以下．銭貨のほかクルミ・ウメ・モモなどの種子．
男女比――2.7：1	男女比――7.8：1

埋葬者が多数書き留められていたのである。

この貴重な先行研究のおかげで、墓標なき墓地の光景という想像を超えた未知の空間は、巨大都市江戸に構造的に組み込まれていた、多数の単身の労働力販売層＝「日用」層を主たる埋葬者にしていたという仮説が成立した。以下、その検証のプロセスを略述していこう。

天保改革さなかの天保一二年（一八四一）、町奉行遠山景元は江戸の人別に関する上申書を老中・水野忠邦に差し出した[4]。その中で遠山は江戸において「荒働いたし候もの」として武家方陸尺・中間から木戸番人、車力、町飛脚渡世之者などを列挙した上で、これらの者たちはいずれも諸国より出稼ぎの者に限られるような有様で、御当地＝江戸出生の者はいたって稀な存在であると述べている。さらに注目されるのは、この上申書に朱書きで書き加えられた注記であり、そこには次のように記されていた。

> 番組人宿寄子請負惣人数高取り調べ候処、去子年中人数三万五千百四拾三人これ有り候旨、人宿共申し立て候、
> 但、寄子之内重立ち候者之内ニは店持ち居り候もこれ有るべく候得共、其余り多分市中人別外ニ御座候

ここに見える「人宿」とは、幕府諸役所をはじめ武家方・町方・寺社方に対して、地方から流入する労働力を周旋する口入れ、リクルート業者であり、かれらの組合＝共同組織が番組人宿と呼ばれていた。人宿自身は多くが店借であったが、そこに労働力をプールしている。これが「寄子」であり、また「出居衆」とも呼ばれる存在であった。

さて、このような人宿が請け負った総人数はというと、天保一一年に三万五一四三人であった。しかもその内、重立った者の中には自分で店を借りて居住する者もあったが、大部分は「市中人別外」であったというのである。

こうして江戸に流入し「荒働き」をする単純労働力販売層は、その多くが旦那寺を持たない存在だったことが判明したことになる。

ではこのような人々が江戸で死去した場合の処理はどのようなものであったか。天保一四年（一八四三）、人別取調掛名主から町奉行に提出された伺いの中の一条に注目しよう。[5]

一出稼のものは国元宗旨仮人別え相認め置き、御当地ニて死失之節は、定宿・定請之もの寺え仮取り置き致させ候心得ニ御座候

出稼ぎ者の死に際しては、請人に立った者の旦那寺に「仮取り置」することが示されている。といっても後日、出生地の本来の旦那寺に改葬される事例はほとんどなかったであろうから、実際には人宿らの旦那寺に多くの檀家以外の者が埋葬される事態が起こったはずだ。

寛政八年（一七九六）、福島城主板倉内膳正正勝の江戸屋敷において、厩中間の男が討ち捨てとなった。[6] この時の板倉家の処置はというと、まずはこの男を斡旋した宿屋清右衛門を呼び寄せ、その死骸を引き取らせ、次いで事後報告として町奉行小田切土佐守への届け出がなされている。自然死ではなく討ち捨てという場合においても、人宿等の請人に遺体を引き渡して埋葬をゆだねるという慣行は貫かれているのである。

このような慣行を前提とすれば、遠藤廣昭氏の分析した過去帳に「頼入・口入・世話」等と記されていた事情も鮮明になるだろう。

次の問題は、請人によって処理される場合の埋葬の実態そのものということになる。こうした事例は史料的に明らかにすることが困難であるが、幸い、勘定奉行・町奉行を歴任した旗本、根岸肥前守鎮衛の随筆『耳嚢』の中に貴重な証言を見出すことができた。[7]

文化二年（一八〇五）秋のこと、田安家家老山本伊予守茂孫屋敷内の大部屋中間で部屋頭を勤める男が重い病気を患った。中間など下層の武家奉公人はいくつかの「部屋」に分けられ、統括者としての部屋頭の統制に従った。しか

しこの部屋頭も藩の側の武士ではなく、元来は単身の労働力販売層として藩邸内に口入された存在であった。そんな中の一人であるこの男、正式な婚姻であるかどうかは不明だが、一応女房をもっていた。しかしかれの放蕩のつけで本所あたりの四六見世に売られ「隠売女」として勤めていた。

病気づいた男は最初の内は藩邸内の部屋で傍輩の面倒になり、その後請人のもとに引き取られたが、この間かの女房は薬を与えに訪れ、ついには裏借家を借りて自分の元に引き取って看病に努めたという。しかしそれもかなわず男は死んでしまう。

その際の処理について女は、「あの男の死骸は請人方にて取り置くということになるが、その埋葬の仕方はというと、投げ込みとかいう、取り捨て同様のものだ」と聞かされた。そこで女は自分の客でもある回向院の塔頭の坊主を頼んで回向してもらい、葬ったという。

根岸鎮衛はこの悲惨な境遇に貶められてなお男の供養を遂げた女の「貞烈」に感銘を受けて、この一話を書きとめたのであるが、本稿の課題に照らして看過できないのは、「日用」層の死骸が請人のもとで処理される際、「取り捨て同様」の「投げ込み」が行われているという証言である。

ここで根岸がいう取り捨て同様とは何か。実は取り捨ては牢内または溜内で死亡した者が埋葬される際の二つの方式の一つで、もう一つは「片付け」であった。片付けとされる死骸は、回向院小塚原別院に遣わし、死骸受取帳に記入の上、同所に深く埋葬され、回向院で名前札を立てたという。これに対して「取り捨て」の場合、小塚原の非人小屋頭に遣わされ、深く埋葬もせず「土掛け置き候迄」という処理をされたのである。[8]

町奉行経験者である根岸が「取り捨て同様」という時、その脳裏にイメージされていたのはこのような埋葬の具体像ではなかったか。

円応寺墓域Ｂ区の「墓標なき墓地の光景」の埋葬者の多くは、地方から流入し、家族などの縁から切れた状態で江戸という巨大都市の膨大な労働力需要を支えた「日用」層の人々であった。そしてかれらが死を遂げると、請人のもとに引き渡され、請人の旦那寺などに投げ込みと称される方法で埋葬されたのである。特定の大寺院を除くと、都市江戸の寺院の多くにはこのような投げ込み用の墓域が用意されていたらしい。

投げ入れと違い投げ込みむごいなり
花の会投げ込みといい叱られる

いずれも生け花の「投げ入れ」と「投げ込み」との混同を題材とした川柳だ。江戸の住人たちにとって「日用」層の死後の処理方式はよく知られたものだったことになる。

2 無縁化と「発き捨て」

百旦那曲がりくねって墓参り
百旦那荒砥ほどなをあつらえる

ここで揶揄されている百旦那とは百文程度しか施しができない貧しい檀家のこと。都市江戸に分厚く存在した裏店借の民衆がイメージされるだろう。

墓地の端っこの方にあるため曲がりくねって墓参りをしたり、荒砥のような粗末な墓標をしつらえたりと川柳に読みこまれた貧しい人々。だが、先に「日用」層の投げ込みという埋葬実態を知った今、貧しいながらも家族を持ち、家族や裏店での共同性の中で墓を設けている裏店層の姿は、都市民衆世界における二つの構成要素間の差異を感じさせるものとなる。

しかし、災害や流行病などによりいともたやすくその生活基盤が揺らぐ「其日稼ぎ」の人々にとって、墓を安定的に維持していくことはたやすいことではなかったようだ。

小浜藩酒井家文庫の中に、『諸事留(しょじどめ)』と題された史料がある。おそらく藩主酒井忠義が寺社奉行を勤めた天保一三年から翌年の間に作成された、藩内ブレインによる建言・調査報告の記録と思われる。この中に、「江戸表寺院手狭ニて無縁之墳墓掘り捨て候事」という興味深い記述が残されていた。(9)

御当地寺院墓地手狭之由ニて、附届これ無き無縁之墳墓は発(あば)き捨て、右跡え新葬致し、甚しきは三年附届これ無く候えば、無断墓所取り払い候由之書付墓所入口え掛け置き候もこれ有り候

江戸においては墓地が手狭であるため、布施が途絶えて無縁化した墓は発き捨て、その跡へ新たな埋葬を行っているという。そしてはっきりした寺院では「三年間附届けがなくなったら、通告なしに墓を取り払う」ことをあらかじめ墓地入り口に掲示していたと述べている。

こうした証言は寺社役を勤めていた人物の記録とされる『祠曹雑識(しそうざっしき)』にも見出すことができる。(10)

諸寺院ノ内二百年ノ石塔少キハ、石垣ニ用ヒ、或ハ踏石トナスカ故ナリ、サレハ三百年外ノ青石梵字碑ヲ見ルコトハ府内近郊ヲカケテ幾許(いくばかり)モナシ、往々土中ヨリ堀出スハ墓地ノ碍(さまたげ)トテイツシカ埋メケルカ、又ハ寺地変遷ノ時カク埋メ隠シケルカ、余壮歳アル寺ノ墓門ニ、久々御附届コレ無キハ石塔ヲ引キ候ト記セシヲ見ル、又アル寺ニテハ無縁ノ石塔ヲ工人ニ与ヘ磨キ直シテ売ラシメタリト聞ク、イカニ末法ノ沙門ナレハトテカヽル所業コソ浅猿(あさまし)ケレ

ここでは江戸市中の墓地に古い墓石が少ないことが述べられているが、石塔散逸の原因としては石垣や踏み石としての再利用が指摘されている。このような再利用の前提になるのは、附届けのなくなった墓石は処理するという寺院

という。

の方針であろう。また寺院での再利用の他に、石工に与えて磨き直し、墓石としてリサイクル利用することもあったという。

今一つ事例を挙げよう。天保・弘化期に江戸で独自の神道（烏伝神道）を唱えて庶民に神道講釈を行った賀茂規清は、隅田川をはじめとする川々を浚い、その莫大な量の土砂を利用して深川河口に「忠孝山」という巨大な建造物を建て、祖先神や忠孝者の霊を祭祀しようとするユニークな献策を行った。それは次のような問題意識から生まれたものであった(11)。

①慶長以来は別して忠孝之者数多これ有り、夫々御吟味之上御褒美下し置かれ候御仁恵之程は、道有る御世の御例しにして、四海是を仰ぎ奉らざる者御座なく候、右之通り忠孝を尽くし候者、全うに終りをとげ子孫繁昌致し候者もこれ有り、或は不幸にして子孫なき者も多き中にはこれ有るべき様相量られ候、然ば御褒美を賜り、殊に勧善の為とて諸々自身番等へ其筋御張り出しこれ有り、世の鏡とも相成り候程の者、相果て候後、年忌弔ひ致し候者もこれ無く無縁ニ相成候段は、仮令下々たりともいたわしき次第に存じ奉り候

②世間寺々も多くは地狭故、拠んどころなく無縁の石碑を取り捨て、其跡へ新仏を葬り候、其の新仏も無縁に相成り候はば、同じく取り捨て、其跡へ新仏を葬り候、斯くの如く仕来り候故無縁の石塔数々相溜り候に付、或は寺の石垣、或は寺の柱根石、或は寺の石橋等に仕り、扨々哀れなる次第に御座候

江戸幕府は百姓・町人をはじめとする庶民層の中から忠孝者・奇特者を選び褒賞する政策を展開していたが、江戸におけるその対象者を見るとほぼ裏店借の下層民衆が中心であった。それだけに子孫なき者もあり、当人の死後に年忌を弔う者もなく無縁となるケースも出てくるだろう。世の鏡ともなった者の辿る無縁化を「下々たりともいたわしき」事とするのが①に示される認識に他ならない。ここでは都市下層民衆の家存続の不安定さが無縁化の第一の原因

とみなされていることに注目したい。

これに対して②の部分は墓地面積の狭小による改葬という寺院側の事情が記されている。

以上のいくつかの証言から明らかとなったように、都市下層民衆の家の不安定さと、江戸諸寺における墓地用地の不足が、無縁の墓の発き返しに結果していたのであった。

3 小　括

「日用」層の人々、そして裏店住まいの人々。巨大都市江戸に分厚く構造的に定着した都市下層民衆の墓制を明らかにしてきた。ここにいたってあらためて江戸の寺院墓地に見出された特徴ある墓制の成立事情を検討することができる。

まず、円応寺B区のような事例は、主として単身の労働力販売層である「日用」層の処理によって生み出されていたものと推定できる。元来家族等の縁から切れた状態にある「日用」層の人々にあっては、江戸において旦那寺をもっていないケースも多く、その死に際しては人宿や請人の元に引き取られ、そこから彼らの旦那寺に「頼入・口入・世話」といった契機で埋葬された。その実態はというと「投げ込みとかいえる取り捨て」同様の方法であった。江戸の寺院にはこうした処理を行うための投げ込みスペースとでもいうべき墓域が設けられていたらしい。ここに「墓標なき墓地の光景」を生み出す第一の道筋を見出すことができた。

これに対して「其日稼之もの」として括られるような裏店層を中心とした都市下層民衆の多くは、家族持ちの小商人・小職人であった。かれらは家族の他、職業や居住を通じたさまざまな縁の世界に位置づいていた。また原則として特定の旦那寺を有する存在であった。したがってその死に際してはさまざまな縁にとりもたれての弔いと埋葬が行われ、質素なものとはいえ墓石も立てられたであろう。

しかしながらまさに「其日稼」という生活の不安定さに規定され、その墓が永続的な供養の対象とはならないケース、つまり無縁化がきわめて頻繁に発生した。そうした場合、無縁となった遺骸は墓石が撤去され、新たな埋葬スペースを生み出すために改葬されたりしたのである。「墓標なき墓地」を生み出す第二の道筋をここに見出すことができよう。

「墓標なき墓地の光景」成立の要因を追求した結果、これが江戸における都市下層民衆の墓域であったことがわかった。同時にまたその墓制の解明を通じて、下層民衆の膨大な存在、その存在形態の二重化[12]（裏店層と日用層）、寺院墓地における深刻なスペース不足といった、江戸の都市構造・都市空間の特質が浮き彫りになってきたのである。

二 近世墓制史研究をめぐる諸問題

1 都市墓制の比較検討

江戸の墓制研究が埋蔵文化財発掘調査を契機としていたように、大坂・堺・京都をはじめとする都市についても近世考古学による成果が蓄積されつつある。それらの比較史的検討は今後の重要な課題となるだろう。ここでは三都の比較の前提として若干の問題に触れておきたい。

先に無縁の墓を発くことを証言した『諸事留』所収の史料はその後半部で、江戸の墓地不足解消のため具体的提案を行っていた。その骨子は、「京都七墓」の例にならい、江戸近郊に大規模な墓地を一〇カ所以上造成するというものだ。同史料に収められている別の部分ではより具体的に鳥辺・黒谷という地名まであげている。いずれも、京都にはこうした広大な「墓地」「葬地」があり、そのおかげで墓地面積の深刻な不足に直面せずにいるが、江戸ではそのような墓域がなく、もっぱら寺院墓地での処理がなされているために、墓地の不足を招来し、無縁の墳墓を発くという事態が起こっているというのである。

京都洛外には、「七墓」あるいは「五三昧（ごさんまい）」ともいわれる墓地・火葬場が展開していた。勝田至氏は史料によってさまざまな地名と組み合わせで称される「七墓」「五三昧」を次のように整理している。(13)

①鳥辺野　（鳥辺山・鳥部山・鳥部野・鶴林・阿弥陀峰・華頂山・延年寺）
②蓮台野　（千本・蓮台寺・船岡山・船岡）
③中山　（黒谷）
④最勝河原　（西院）
⑤四塚　（狐塚・金光寺）

これらの葬地は、平安京という大都市の近郊で、耕作地や集落の少ない地域に営まれたが、権力による設定を契機としたものではなく、平安京の成熟とともに自然発生的に誕生したものという。内部に特定氏族のための墓地区画もあったが、全体としては被葬者の範囲や階層を限定せず、また葬法も遺棄葬・土葬・火葬・墳墓葬等さまざまであったらしい。山田邦和氏はこうした性格をもつ葬地をその代表格の名をとって「鳥部野型葬地」と呼び、「流動的な大量の人口をかかえる京都ならではの墓地空間」と評価している。(14)

王朝国家の首都に淵源をもつ広大な墓域が都市周縁部に展開し、そのスペース自体は近世にまで引き継がれていたわけであるが、墓域の内実は歴史的な変容を被っていた。画期となったのは戦国期であり、京都における葬送の中心が寺院の開設・提供する檀徒専用墓地の利用という形態に移行した。その際、寺院の墓地は伝統的な郊外の葬地を囲い込む形でも設営されたため、近世に入ると個別寺院の壇徒用墓域以外には、わずかに火葬場と無縁処理埋葬場が残存するようになったというのである。(15) ともあれ、『諸事留』で献策した人物は、江戸・京都それぞれの実態を把握した上で意見を述べていたことがわかるだろう。

大坂にも七墓と称される葬地が存在した。

例年七月十五日の夜、七墓廻りとて七所の墓所に詣でて、夜もすがら鉦打ならし回向をなす。是全く浮世の為にあらず、死て葬式の日風雨の難なしといひ伝へり。(16)

盆の行事として「七墓廻り」をして鉦を打ちつつ回向して廻ると、自分の葬式の際に風雨の災いから逃れられるという習俗が存在しており、大坂の住民にとって「七墓」といえば共通に認識可能な場としてあったことが窺えるのである。

近世大坂の周縁部に展開した七墓は次の通りであった。(17)

道頓堀（千日）・鳶田・小橋・葭原・梅田・浜・野田（蒲生・加茂・野江とも）

京都における郊外の葬地が中世以来の埋葬地としての機能を低下させていたのに対し、大坂の場合、これらの墓地が占める埋葬地としての位置づけは高かったようである。しかし一般の寺院境内墓地への埋葬も行われており、その比率については明確になっていない。

このように都市全体の中での葬送の地としての位置づけには相違があったものの、京都・大坂には七墓・五三昧等と呼ばれる、都市周縁部の葬地が存在していた。これに対して江戸ではそうした場が成立することはなく、また幕府による設営もなされることなく明治維新を迎えたのである。

先にも引用した『祠曹雑識』は次のように証言している（巻七）。

享保ノ末迄ハカヽル寄進ノ地アリテ増坪ノ墓所モ多カリケルカ、百年ノ久シキヲ歴テ、戸口益増加シ、土境益迫狭ニナリ行クニソ、小地ノ寺院ハ為ス方ナク寺檀共ニ難義ニ及フコト、嘆息スヘキ事ナリ

百姓や町人からの寄進地を墓地に転用していくという方式は享保末年までは見られたが、その後戸口の増加や土地の不足が顕著となり、もはや文政・天保期ごろには新たな墓地の拡張は望めなくなっていた。とくに「小地の寺院」では事態は深刻であり、「寺檀共ニ難儀」に及んだというのである。

近世都市の形成・展開のあり様、先行する都市域のあり方、人口動態、こうした要因がもたらす都市の墓域の特質をふまえた発掘成果の比較検討を、新たな学際的研究の課題として挙げておきたい。

2　江戸の「おんぼう」

先に大坂の七墓を列挙したが、その内、野田墓所を除く六つの墓に「墓所聖」の存在が確認できる。(18) 都市大坂において火葬・土葬の担当者として固有の身分的位置を占めていた「墓所聖」らは、同一身分内での養子・縁付関係によって身分・種姓の再生産を図り、また集団として権域を守っていた。そのことが、都市大坂全体の火葬・土葬担当者としての職分を守り、道頓堀をはじめとする葬地を「大坂之墓」として存立させることに結果したのであろう。

このように考えると、葬送や埋葬に関わる存在のあり方もまた葬送墓制の比較史にとって重要な論点となってこよう。

近年、畿内を中心とした三昧聖＝墓所聖＝「隠亡」についての研究は急速な進展を見せているが、江戸についてはほとんどまとまった成果のない現状であった。(19) ここでは、江戸の「おんぼう」についていくつかの特徴を挙げておき

たい。

①江戸の「おんぼう」は、火葬の担当者としてあった。火葬・土葬を含めて広く埋葬のことに当たった身分存在ではなく、もっぱら火葬場における火葬担当者として彼らは存在した。

②主要な火葬場は、上大崎村増上寺下屋敷火葬地・目黒桐ケ谷村霊巌寺荼毘所・代々木村狼谷火屋・上落合村法界寺荼毘所・小塚原火葬地（一九カ寺）・砂村新田阿弥陀堂極楽寺荼毘所等で、いずれも江戸の境界をなす朱引の外縁部に分布している。こうした分布は市街地の拡張に伴い外へ外へと押し出される形で移動した結果であり、ほぼ一七世紀後半には確定したものと思われる。このことは清浄を保つべき将軍スペース＝江戸城や霊廟からの距離の拡大でもあった。

③個々の焼場がどの範囲の宗派や寺院からの火葬処理を受け入れるのかについてはなお検討を要するが、『祠曹雑識』によれば、焼き場から寺院に対して、値段をまけて、なおかつ「随分入念焼き揚げ候」という引き札を配布して、営業活動をしていたらしい。「家業ナレハ商賈モ同シク直段ヲセリテ拵クコトナリ」というわけだ。しかし、小塚原所在の天台宗安楽院が自らを天台宗一派に限定された火葬寺であると述べているように[20]、火葬処理受け入れ対象が限定されている例も確認される。

④焼場までは遺族や関係者が運び、僧侶が付き添うこともあった。焼場には燃料の松真木がうず高く積まれ、広く天井の高い焼場は、処理方法に応じたそれぞれのスペースに分かれており、値段書が厚板に記されて掲示してあったという。代々木狼谷についての証言によれば、その種別は、輿焼き＝駕籠焼き（一五両）・釣焼き（七両二分）・瓶焼き（三両）・別火屋焼き（一両二分）・惣火屋焼き（二分または三分）と、値段に大きな差があった。

⑤近世社会において公的な身分を確定する契機として人別把握＝人別帳への登載があるが、おそらく江戸の「おんぼ

う」は僧侶として把握されていたものと思われる。たとえば小塚原に所在した天台宗・安楽院は、浅草寺寺中遍照院の末寺であった。[21] またある僧侶の女犯一件に連座した「おんぼう」一鳳の場合、公的な吟味書に「千住小塚原新寺町・一向宗・教受坊隠居・了宣事一鳳」と肩書きされており、[22]「隠亡・煙亡」などと記されることはなかった。身分としての「おんぼう」は江戸には成立していなかったらしい。

⑥しかし、各教団内部での火葬従事者への扱いには、一般の僧侶との違いや差別観念が存在していた。文化一四年（一八一七）に幕府の問合せに対して各宗派の触頭や輪番等が寄せた回答が記録されている。たとえば日蓮宗身延派触頭によれば、火葬に従事するのは「檀林相勤め出世望みの僧」ではなく、「外の寺院は勿論、所化等迄付き合い致さず」とされている。実際には本寺より申し付けて「発心者類の者に住職・留守居等」を勤めさせたようで、「多分火葬取り扱い手馴れ候俗人留守居兼」ねる状況もあったようだ。それゆえ、触頭格の寺院には「庫裏入口板縁限り」までしかあがることが許されていなかった。[23]

詳細な検討は別の機会に果たしたいが、江戸の「おんぼう」は身分集団の独自の形成が窺えず、公的な身分把握は僧侶としてあり、しかし教団内部では一定の卑賎視や差別的取り扱いを受けていた。今後、畿内近国に展開した三昧聖や墓所聖との比較検討により、たとえば火葬と土葬の選び分けなどといった基本的な問題にも解明の糸口が見えてくるのではあるまいか。ここでは、ラフなスケッチを試みて、課題を共通のものとしておきたい。

3 「癩者」の葬送墓制

大会当日の桜井準也氏の報告から、「癩者」の葬法という問題の所在に気づかされた。文献史学の分野でも、中世非人論の中核として「癩者」が位置付けられ、ハンセン病者が被った隔離と差別を通して日本の近代を問う研究が注目を浴びるなど、ようやく光が当てられてきたが、その中でやや立ち遅れていたのが近世の「癩者」であった[24]。

近世の「癩者」像を解明する一つの切り口として葬送墓制の問題を取り上げる際、重要と思われる史料を翻刻し紹介しておきたい（条目数とルビは筆者による）。

正確な時代は確定できないが、幕府より「癩者」の葬送墓制について各宗派に問い合わせがあり、これに対する曹洞宗関三カ寺からの回答が残されていた[25]。関三カ寺は関三刹ともいわれ、近世関東における曹洞宗の三大寺刹、下総（しもうさ）国府台総寧寺・下野（しもつけ）富田大中寺・武蔵越生竜穏寺のことである。

覚

（第1条）

癩病葬式仕候ニ者宗門伝来秘密切紙之法ヲ以葬式修行仕候、切紙作法之通執行候へハ跡へ血筋ヲ引不申候、且癩病ニ而死候者又再人間ニ生ヲ得候

（第2条）

一又癩病人常並之人同様ニ葬式仕候而者、田舎抔（など）ニテハ菩提寺不浄之様ニ相心得申候、葬式之儀ハ其死家相応ニ為執行申候、尤（もっとも）施主家江モ兼而（かねて）葬式之次第為申聞、重クモ軽クモ其時之宜（よろしき）ニ随ヒ菩提寺執行申候

（第3条）

一葬式之節引導師并用僧之袈裟新敷調申候、葬式相済候後清浄之地ニ而右用候袈裟焼捨ニ仕候

（第4条）

一葬式ニ用候白幕之類新敷調申候、葬式相済候後ハ非人ニ遣シ申候、寺江残シ置不申候

（第5条）

一田舎抔ニ而癩病人死候節、葬礼之沙汰非人類及聞候ヘハ其家江罷越、右癩病人之家幷衣類諸道具受取由申候ニ付、衣類諸道具ハ其病人之所持候計ヲ非人ニ遣シ、家宅ハ其儘差置候様ニ取計候趣及承候ヘトモ、左様之儀実正見届不申候得者、急度(きっと)カ様トハ難申上候

（第6条）

一中島家抔ニ而癩病人死候節ハ、菩提寺ヨリ施主家ヘ兼而為申聞候而、新規ニ袈裟難調趣ニ候得ハ、導師幷用僧共所持之旧キ七条又ハ五条衣ニ而モ有合ヲ相用、葬式後者焼捨申候、右旧袈裟料弐朱又ハ百銅二百銅ニテモ其袈裟相応ニ、追而施主家ヨリ為差出申候、

（第7条）

一白幕モ其寺有来ヲ相用申候、壱張又弐張ニ而モ施主家ヨリ非人ニ為取申候、追而其欠候分之幕施主家ヨリ調、寺江遣候様申談候事ニ候

（第8条）

一貧家抔ニ而癩病人死候節ハ、夜分密ニ山野原之空地江埋申候後、菩提所江回向相頼候モ有之候、其節菩提寺ニ而法名ヲ付回向仕、過去帳ニ記置申候、右空地江埋候時、夜中菩提寺ヨリ僧二人為立合候モ有之候ヘトモ、葬式カマシキ取行ハ菩提寺ヨリ不仕候

右御尋ニ付申上候、以上

巳四月　　関三ケ寺

まず第1条から、「癩者」の葬式に特別な作法があり、「癩病」を血筋・家筋につながる病気とみなした上で、それを断ち切るために執行されることが明らかになる。また後半部分は、こうした作法に則ることにより人間として再生

できると述べており、死後にまで及ぶ「人外」観の存在が前提とされている。

次に第2条が明確に示しているように、「不浄」観が民衆世界にも、寺院=僧侶にも広く共有されていたらしい。このため、袈裟や幕を新調し、「癩者」の葬式執行後それらを焼き捨てたり、非人身分の人々に遣わしたりする慣行が存在していた（第3・4・6・7条）。また寺院を介在させず、「癩者」の家に非人が出向き、なくなった人の衣類や道具を貰い受けることも伝聞記録として書きつけている（第5条）。今後の検証と位置づけが必要であろう。

第三に注目したいのは第8条である。ここには、「貧家」において、夜分密かに山野原の空き地へ埋葬することがあったと証言されている。おそらく第1条に示された「秘密切紙之法」を享受できない階層の人々が、独自の方法をもって、血筋・家筋につながることを回避するための方策をとったのであろう。

このことは、鍋被り葬をめぐる桜井準也氏の検討とも符合するのではないか。桜井氏によれば、鍋被り葬は村の墓地から検出される場合と、単独墓として、村境を通過する道、あるいは村境付近を通っている道の脇で検出されている場合とがあるという[26]。こうした発掘事例に加えて、武蔵国比企郡で「癩病」を煩った老婆が、「先祖の墓所へ葬り候えば癩病子孫へ伝わり、終には百姓株断絶致し候間、馬捨場内へ葬り候様」遺言し、実際そこに埋葬された事例を想起してみよう[27]。ここから、「癩病」が血筋・家筋につながることを回避するため、寺院による特別の作法によらずに対処する民衆世界の慣行を読み取ることができよう。家墓以外への埋葬、とりわけ村の境界領域への埋葬、一種の呪術的墓制としての鍋被り葬、そして夜分の埋葬執行等である。

むすびにかえて

以上、第一節において大会報告の要旨をまとめ、第二節においては葬送墓制史の学際的研究において注目される論点の提示を試みた。

近世考古学が文献史料にもとづいた従来の近世史研究に与えた刺激は多面的なものであるが、その中でも生活史像の具体的解明という点で大きな意味を有していたと思う。発掘調査に関わる遺物や遺構を解釈するため文献史料からのアプローチが要請されるが、文献史学の側ではほとんど先行業績の蓄積がない。このような体験は調査報告書の作成に携わった者に共通のものといえるだろう。ここで取り上げた墓もその一例に他ならない。

筆者は、従来ともすれば日常の瑣末な事柄とされがちであった生活の諸相の中にこそ、特定の時代、特定の社会の構造的特質が刻み込まれているのであり、それらをひとつひとつ具体的に明らかにしていくことが、豊かな歴史像の構築につながると考えている。そして、そのような目的意識をもって行われる生活史研究を「方法としての生活史」として提起してきた。[28] 考古学的な成果を理解する手段としての文献史学の援用という関係にとどまることなく、相互の学問的枠組を相対化するような学び合いの場が、「方法としての歴史学」の深化にとっても不可欠だということを、本報告を通して実感した次第である。

注

（1） 新宿区厚生部遺跡調査会　一九九三『円応寺跡　新宿区立若葉高齢者在宅サービスセンター建設に伴う緊急発掘調査報告書』

（2） 円応寺については以下の拙稿を参照されたい。A一九九五「墓は語る　都市江戸の一断面」『岩波講座　日本通史月報一六』、

B一九九七「墓標なき墓地の光景――都市下層民衆の死と埋葬をめぐって」『近世都市江戸の構造』三省堂、C東京都公文書館一九九九『都史紀要三七　江戸の葬送墓制』

(3) 遠藤廣昭　一九九〇「黄檗派江戸八ヶ庵の古跡並御免とその機能」『江東区文化財研究紀要』一号

(4) 旧幕引継書「天保撰要類集」第一二ノ上　国立国会図書館所蔵

(5) 同「天保撰要類集」第一一〇ノ下　国立国会図書館所蔵

(6) 「諸例集」第二〇冊　国立公文書館内閣文庫所蔵

(7) 『耳嚢』巻之七（一九九一　岩波文庫）

(8) 旧幕引継書「南撰要類集」一六ノ三　国立国会図書館所蔵

(9) 「諸事留」〈酒井家文庫〉小浜市立図書館所蔵

(10) 「祠曹雑識」巻二七　国立公文書館内閣文庫所蔵

(11) 「蟻の念」『日本経済叢書』巻二九（一九一六　日本経済叢書刊行会）。末永恵子　一九九八「幕末期における祭祀構想」『日本歴史』六〇三号

(12) 吉田伸之　一九九八『近世都市社会の身分構造』東京大学出版会

(13) 勝田至　一九九六「『京師五三昧』考」『日本史研究』四〇九号参照。

(14) 山田邦和　一九九六「京都の都市空間と墓地」『日本史研究』四〇九号

(15) 高田陽介　一九九六「戦国期京都に見る葬送墓制の変容」『日本史研究』四〇九号

(16) 「摂陽落穂集」巻五『新燕石十種』第五（一九二六　国書刊行会）

(17) 木下光生　一九九八「近世大坂における墓所聖と葬送・諸死体処理」『日本史研究』四三五号

(18) 木下光生前掲注(16)論文

(19) 畿内近国については、細川涼一編『三昧聖の研究』（二〇〇一　碩文社）、江戸については、前掲拙稿『江戸の葬送墓制』、野尻かおる「近世都市江戸における火葬場の成立と変容」（『江戸・東京近郊の史的空間』二〇〇三　雄山閣）を参照。

(20) 『浅草寺日記』第一三巻

（21）『御府内備考』続篇　東京都公文書館所蔵
（22）旧幕引継書「公事吟味留」　国立国会図書館所蔵
（23）「祠曹雑識」巻七　国立公文書館内閣文庫所蔵
（24）「癩者」・ハンセン病者に関わる研究史は、藤野豊『歴史のなかの「癩者」』（一九九六　ゆるみ出版）巻末の文献リスト参照。またその後、藤野豊『「いのち」の近代史――「民族浄化」の名のもとに迫害されたハンセン病患者』（二〇〇一　かもがわ出版）が刊行されている。
（25）「祠曹雑識」巻三　国立公文書館内閣文庫所蔵
（26）桜井準也　二〇〇一「近世の鍋被り葬と村境―村落空間論との関わりから」『民族考古』五号
（27）『東松山市史』資料編第三巻　近世篇（一九八三　東松山市）。西木浩一　二〇〇一「都市民衆史研究と江戸の墓制」『月刊考古学ジャーナル』四七七号
（28）西木浩一　一九九四「近世武州における『長吏』と民間宗教者」『地方史研究』四四巻五号

〔付　記〕

「癩」という語はそれ自体に差別的な意味内容を込めて用いられてきた経緯があるが、ここではそのことをも含めた歴史的解明のための論述として、「癩者」「癩病」等の史料用語で表記した。

また「おんぼう」については、畿内近国等に存在した身分としての「隠亡」（「煙亡」とも表記）との相違に配慮し、江戸では表記が一定せず、「御坊」との記載が少なくないことから、あえて「隠亡」を用いず「おんぼう」で統一している。

江戸時代人の身長と棺の大きさ

……平本嘉助

はじめに

遺跡の発掘においてヒトの骨が出てきた場合の取り扱いは、骨を取り上げて形質人類学の研究者に送るのが一般的である。骨を受け取った形質人類学者は、その形態的所見を得てそれを担当者へ送り返す。発掘担当者はその原稿を報告書の一部として公にしてきている。このように、形質人類学者が骨を取り上げもせず、発掘現場も見ず、発掘担当者から送られてきた人骨を復元してその形態的所見だけを調査したとして報告すればそれでよいことにはならないように思われる。形質人類学者が骨を取り上げることをしていないその時点でより細かな遺跡から得られる情報を失うことにもなりかねない。そして、ヒトの骨の形質と遺構や遺物などとの相互関連性などを知り得る可能性を見逃すことにもなるであろう。

個々のヒトの骨の形質について詳細に記述されている報告は、近年少なくなりつつある。伊達家とか、江戸将軍家の人々とか、牧野家など、かつての時代に名をなした人々に関する骨の形質については、報告書に詳細な記述が示されている。しかし、一般庶民の骨となると、大体が平均値だけを掲載する報告書が多い。これでは、身体の形質と棺や桶の大きさとの関連性などという興味ある問題も見過ごされるであろう。

かつて筆者は、北海道での発掘に参加した時、墓壙(ぼこう)を掘る経験をした。その墓壙からの人骨はほとんどなく、成人の歯とおぼしき歯冠の一部が出たくらいであった。墓壙は非常に小さなものであったが、なぜこんな小さな土壙に体を埋めたのか、またどのくらいの身体の大きさであるなら中に入れるか、筆者自身が身体を極度に曲げて墓壙に入る試みをしたことがある。大きさは五〇センチメートルくらいしかない中に、一六六センチメートルの身体を極度に曲げて押し込めたが、どうしても入れる状態でなかった。人骨そのものが出なかったわけで、その人の体格がどのくらいだったのかは知るよしもないが、おそらく、成人の身体であったとしても、身長は低く関節などを極度に曲げ、紐などで縛るとかしてその土壙の中に入れたのであろうと想像した。また、一橋高校遺跡を発掘したとき、非常に小さい桶の中に身体を入れている状態をまじかに観察した。発掘当時に桶がいわゆる早桶(はやおけ)であるかどうかを知らなかったのであるが、後日それが早桶であるとの認識を得た上で、なぜ極めて小さい桶の中に身体を押し込め埋葬したのかという疑問もあり、土壙とか棺とかの大きさと身体の大きさとの関係について調べる発端となった。

筆者は、古人骨を使って当時の人々の身長についての復元を試みてきた。また、当時の人々の身体と墓とか棺桶の大きさなどとの関連性について発掘に参加し、まじかに見る事で興味をもち、身体の一形質である身長と文化遺物を含めた社会環境との相互作用をも追求する試みとして、表題のような研究を筆者は始めたのである。骨が出たら形質人類学者へ単に送るのではなく、考古学関係者が形質人類学の知識を取り入れてヒトの骨の形質をも調べ、その形質と文化遺物との関連性も追求することは現在可能である。また、形質人類学者も積極的に発掘に参加し研究すべきことと思われる。

一　ヒトの立位姿勢における骨格を見る

ヒトの身長は、頭のてっぺんから足の底部までの垂直距離である。図1には、人体の骨格を示した。一般的に身長は、手のひらを腿の所につけ、前方を直視し、顎を引いた状態で身体の高さを計る。魚の場合は体は水平であり、その大きさは、頭でなく口が先で、口の先からしっぽまで体の長軸方向の長さである。人の場合は二足で立ち歩くことから、下肢が体幹と並行に下方へ伸びているのでこの部分が余分に加わった垂直方向での計測値が身長となる。骨盤は、下肢骨に属する寛骨と脊柱の一部である仙骨が連結した状態を指す。一方、脊柱の一部である仙骨より上は、二三個の椎骨が上下に重なり頭蓋が付け加わった状態となっている。椎骨と椎骨の間には椎間板という線維軟骨が介在している。この線維軟骨は比較的圧迫には強く多少の柔軟性がある。上肢は、身体の上方の首の下部にある。上肢の構成は上肢帯（肩）、上腕（二の腕）、前腕（前の腕）そして手がある。骨の構成からすると、上肢では上腕に上腕骨、そして前腕の内側に尺骨、外側に橈骨の二つの骨があり、橈骨の先に手の骨が連結する。手には計二七個の骨がある。下肢は骨盤より下方に、自由下肢がある。骨盤を構成する寛骨も下肢の一部であるが、自由下肢として大腿（太股）、その下に下腿（すね）があり、底部に足がある。下肢の骨の構成は、大腿部に大腿骨という非常に大きく長い骨がある。その下の下腿の内側に脛骨、外側に腓骨がある。この両骨に挟まれた下方に足の骨が前方に向かって二六個連結している。下肢は、よく足が長いとか短いとか表現される。この足という表現は間違いで、脚とするのが正しい。「短足」とは解剖学的に「短脚」となるが、意味の深読みをすれば、短足を小足とすれば暗にマヌケを込めて表現したいのかもしれない。

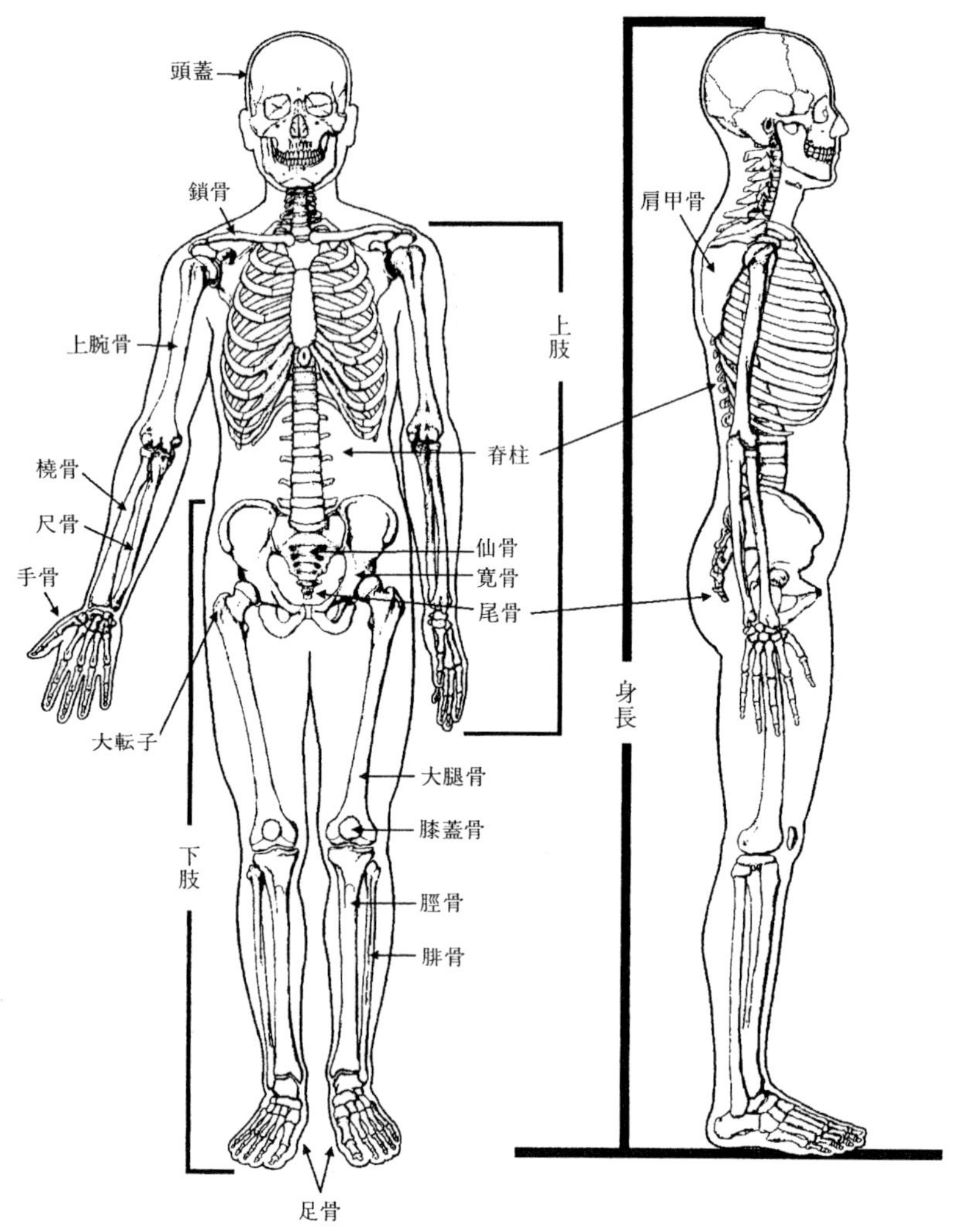

図１　ヒトの身長と骨格の関係

左の図は正面像，右の図は右側面像

表1　身長と右四肢骨最大長と身長との相関

研究者	ピアソン	藤　井	スティーブンソン	トロッターとグリーザー
調査集団	フランス人	日　本　人	北部中国人	モンゴロイド*
上腕骨	0.8091	0.656	0.6128	0.756
橈　骨	0.6956	0.659	0.6801	0.756
尺　骨	—	0.652	—	0.743
大腿骨	0.8105	0.785	0.8036	0.802
脛　骨	0.7769	0.761	0.8563	0.840
腓　骨	—	0.777	—	0.851

*　モンゴロイドとした標本は，フィリピン人，日本人，アメリカ原住民，ハワイ人，サモア人，マレー人，白人とモンゴロイドとの混血などで構成されている．

二　身長と骨の大きさ

身長に関係する骨は、直接的な構成要素として下肢の骨である。そして骨盤から上の脊柱（椎骨二四個）と頭蓋がある。図1の右の図には右横からみた骨格を示した。下肢の骨は、垂直に並ぶが、脊柱を横から見ればS字状に彎曲している。特に腰部の彎曲は、一歳過ぎぐらいに前方への彎曲を形成し、頸部では生後三カ月ごろに前方への彎曲が形成される。背中では、生まれる以前に後方への彎曲が形成されている。これらの彎曲は、頸部の前彎、胸部の後彎、腰部の前彎と呼ぶが、特に頸部と腰部の前彎が直立姿勢と関連性が深いと言われている。この彎曲の程度は、身長に影響する。猫背であれば、せ筋を伸ばした時より身長が低くなる。ヒトの身長は、二〇代中ごろの時が最大身長と言われているが、加齢に伴って身長も低下してくる。脊柱の彎曲の状態も加齢とともに変形してくる。このような変化を除外して、まず身長と一番結びつくのは下肢の骨の長さである。解剖学の教科書などでは、この下肢の大腿骨の長さは身長の四分の一ぐらいとされている。法医学における〝安藤の身長換算式〟は、この右大腿骨の長さを男性で三・八四倍、女性で三・九倍すれば推定身長が得られる方法である。大腿骨の長さは、身長と関連性は深いが、下肢の骨または上肢の骨なども身長と関係する。背が高い人は、脚も腕も長いし、反対に身長が低ければ各骨の長さも短かくなる。身長と四肢骨の長さとの関係を、統計学でいう相関係数で示したのが表1である。

三　身長と四肢骨の長さの関係

松田健史たちは一九五九年に北陸地方に住む人々の身長と身体の各部位の大きさを計測し、その関連性を調査した結果を報告している。その中に、身長と大腿骨長という項目がある。この計測法は、大転子(だいてんし)から膝の関節部の脛骨上端までの距離である。その大転子とは、臀部の外側に触れる尻の窪みの部分の深部の硬い部分に相当する。一般的に言えば、お尻のえくぼとも呼ばれている部分を指先で触ると固く感ずる部分で、そこが大転子である（図1を参照）。この大腿骨長が長いヒトは身長も高い結果を示し、男女とも同じ傾向を示している。この関係を統計学的に処理すれば、推定身長式が得られることになる。

一九六〇年に藤井明は、医学部での解剖学実習で用いる遺体から、身長と四肢骨の長さとを計り、両者の関係を統計学的に相関係数として示している（表1）。係数は、一に近い数値であれば関連性が高く、ゼロに近ければ全く関連しないと考えればよい。上肢の三つの骨と下肢の三つの骨とでは、上肢の骨よりも下肢の骨が身長との結びつきが高く係数も大きい。下肢の三つの骨の相関係数を比較すれば、大腿骨が他の二つの骨より相関が高い。このことから、個体の四肢骨の長さが得られれば、身長が推定できる。したがって、統計学における回帰式を応用して身長を推定する式ができ、現在、多くの研究者が身長推定式を報告してきている。

表2　大腿骨最大長から身長推定式

調査集団	性別	左右	身長推定式	研 究 者
フランス人	男	右	身長＝1.880　F＋81.306	ピアソン
〃	女	右	身長＝1.945　F＋72.844	〃
日本人	男	右	身長＝2.47　F＋54.901	藤井
〃	〃	左	身長＝2.50　F＋53.560	〃
〃	女	右	身長＝2.24　F＋61.043	〃
〃	〃	左	身長＝2.33　F＋57.841	〃
北部中国人	男	右	身長＝2.4378　F＋61.7207	スティーブンソン
モンゴロイド	男	右	身長＝2.12　F＋74.03	トロッターとグリーザー
〃	〃	左	身長＝2.18　F＋71.11	〃

Fは大腿骨最大長を示す．単位はcmsである．

四　身長推定式

アジアの各地に住む集団を対象にした身長推定式を表2に示した。この表の一番上にフランス人の身長推定式を示したが、この式はイギリスの統計学者であるピアソンが一八九九年に身長推定式として最初に報告したものである。この式は、現在も日本の人類学者が好んで用いている身長推定式の一つである。その理由は、日本人に良く当てはまるとしている。ピアソンが用いた資料は、フランスのリヨン大学のフロレンスという研究者がリヨン近辺に居住していた人々の遺体の身長と四肢骨の長さとの関係を一覧表として報告したものである。ピアソンは、その表を利用して統計処理し、身長推定式としたのである。ピアソンの報告以降、一九二九年に解剖学者スティーブンソンは、北京の医科大学で得た中国人の遺体の身長と四肢骨の長さを用いて身長推定式を報告している。次にアメリカの人類学者であるトロッターとグリーザーが一九五八年に、第二次大戦で徴兵したアジア系アメリカ人の徴兵時の身長と、この大戦で亡くなり骨として戻って来た時に計った四肢骨の長さを基に、身長推定式を公にした。この式は生きている時の身長と、骨の長さを用いているので、理想的ではある。しかし標本数が六〇と少なく、またアメリカに渡った日系人、ハワイアン、アメリカインディアン、韓国、フィリピンなどアジア系の人々をひっくるめて使っているのが特徴である。式としては理想的ではあるが、日本人に応用すると非常に身長が高くなる傾向をもつ。最後に、一九六〇年に藤井明が順天堂大学と東京大学の解剖学実習での遺体の身長と、四肢骨の長さを用いて日本人に関する身長推定式を公にした。その後、中国の王が一九七九年に、中国人を用いた身長推定式も報告している。

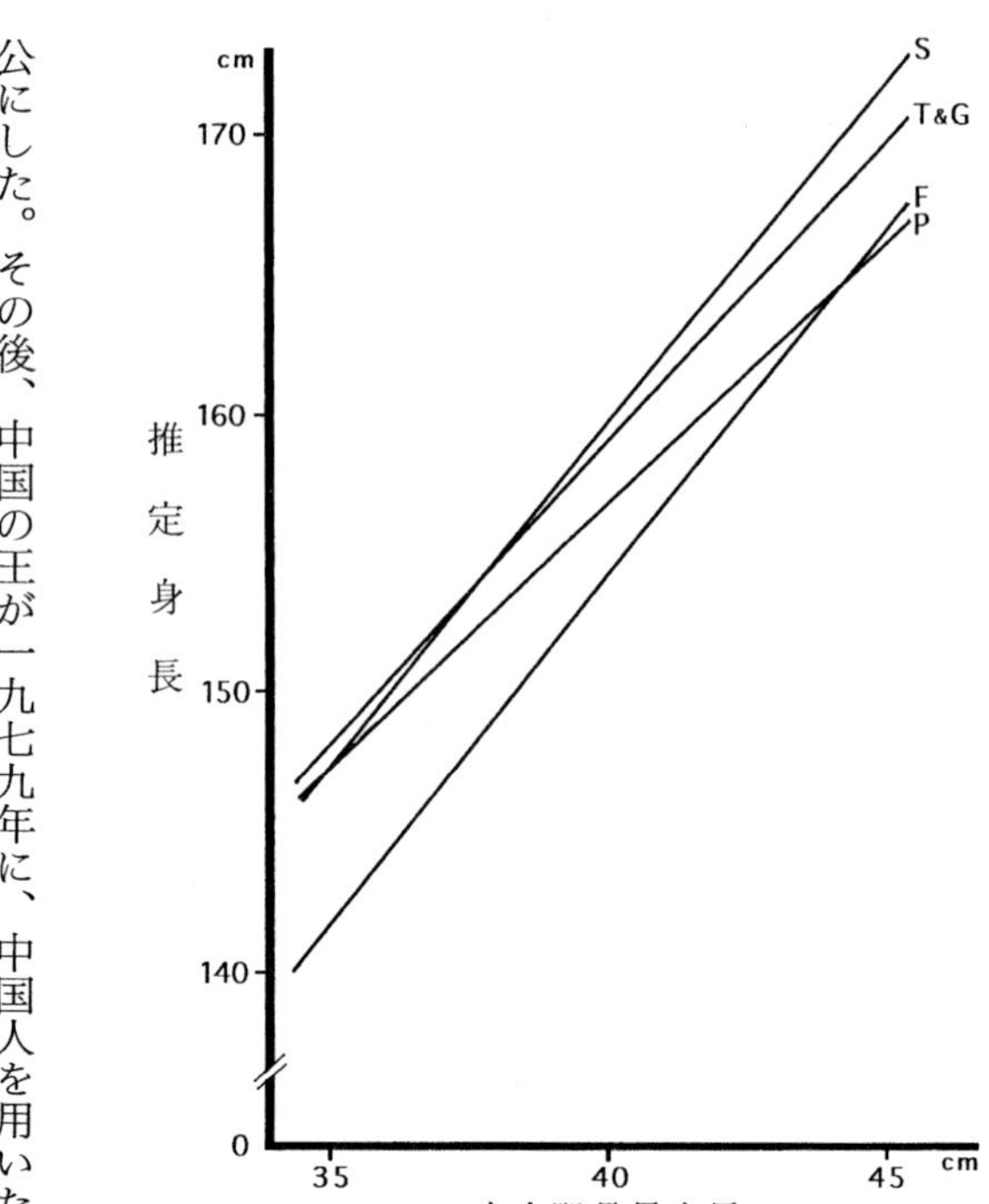

図2　男性の右大腿骨最大長を用いた推定身長式

S：スティーブンソンの式
T＆G：トロッターとグリーザーの式
F：藤井の式
P：ピアソンの式

五　四肢骨の長さから身長を推定する

表2の身長推定式におけるFは、大腿骨最大長と呼ぶ計測値である。このFに係数を掛け、定数を足せば、その骨の個体の身長が算出できる。係数については、フランス人の場合は一・八八と非常に低いが、他の式では二以上であ

る。日本人についての藤井の場合は二・四七である。これはピアソンの一・八八より大きく、回帰直線の傾斜がより急であることを示す。

図2は、横軸に右大腿骨の最大長、縦軸に推定身長としたグラフであり、ピアソン、スティーブンソン、藤井およびトロッターとグリーザーの式によるものを示した。大腿骨最大長が三五センチメートルの場合、一番低い推定身長は藤井の式で、身長一四一センチメートルであり、一番高くなるのはトロッターとグリーザーで一四八センチメートルとなる。この両者の差は七センチメートルである。ピアソンの式と藤井の式を比較すると、大腿骨最大長が四五センチメートルの所で交差する。大腿骨最大長が四五センチメートル以上であれば、藤井の式による推定身長はピアソンの式で得たものよりも高くなる。日本人の骨に応用した場合、どちらの式が最適な結果を得られるかであるが、日本の古人骨（大腿骨）では大多数が四五センチメートル以下の骨であることから、ピアソンの式を使うと背が高めになり、藤井の式を使えば低めになる。

六　日本人に適した身長推定式

日本人に合った式の検証は、遺体の身長と骨の長さの資料があれば可能である。京都大学の清野謙治とその研究協力者は、現代日本人の骨の形質人類学的研究を行い、その膨大な成果を人類学雑誌に報告している。この研究は第一級の仕事であり、清野謙治の研究以降はこのような業績が出ていないのが現状である。その研究成果の中に、大腿骨の長さ（平井隆・田幡丈夫一九二八）と遺体の身長（宮本博人一九二四）についての項目があり、日本人男性三〇体の身長と大腿骨最大長について表3に示した。この表の二列目は死体の身長、三列目は右大腿骨最大長、四列目はピアソン

表3　現代人男性の遺体の身長，右大腿骨最大長および推定身長

標本番号	遺体の身長	右大腿骨最大長	ピアソン	藤　井
1*	cm 133.0	cm 44.4	cm 164.78	cm 164.57
2	167.8	44.5	164.97	164.82
3	169.0	41.1	158.57	156.42
4	160.0	42.2	160.64	159.14
5	156.0	40.0	156.51	153.70
6	155.0	38.9	154.44	150.98
7	151.0	39.7	155.94	152.96
8	163.0	40.4	157.26	154.69
9	162.0	41.3	158.95	156.91
10	159.0	40.9	158.20	155.92
11	162.3	42.6	161.39	160.12
12	164.0	42.0	160.27	158.64
13*	146.0	43.8	163.65	163.09
14	161.0	43.9	163.84	163.33
15	151.0	41.3	158.95	156.91
16	140.0	35.1	147.29	141.60
17	151.0	39.4	155.38	152.22
18	157.0	38.5	153.69	150.00
19	159.0	41.8	159.89	158.15
20	157.0	40.4	157.26	154.69
21	158.0	41.8	159.89	158.15
22	145.0	37.6	151.99	147.77
23	172.0	46.5	168.73	169.76
24	166.0	43.6	163.27	162.59
25	159.0	42.4	161.02	159.63
26*	154.0	44.9	165.72	165.80
27	152.8	38.8	154.25	150.74
28	159.7	41.1	158.57	156.42
29	154.8	39.9	156.32	153.45
30	161.1	42.2	160.64	159.14

*　右大腿骨最大長が長いにも関わらず遺体の身長が低い個体.

の式による推定身長、五列目は藤井の式による推定身長である。この表から、遺体の身長と推定した身長との間に差があるかどうかを検証すれば、どの身長推定式が良い結果を得るかを知る事ができる。先にも触れたように、身長が高ければ大腿骨最大長も長い関係がある。表3を見ると、1番、13番そして26番に＊がついている。1番の遺体の身長は一三三センチメートルしかないが、大腿骨最大長は四四・四センチメートルと長い。藤井の身長推定式から推定した身長は一六四・五七センチメートルであり、遺体の身長との差は大きい。また、13番目の遺体は一四六センチメートルの身長であるのに対し大腿骨最大長は四三・八センチメートルもあり、推定身長は一六三センチメートルである。26番目の遺体は一五四センチメートルの身長であるのに対し大腿骨最大長は四四・九センチメートルもあり、推定身長は一六六センチメートルである。この三〇例による遺体の身長と大腿骨最大長との間の相関係数は〇・四である。表1の藤井による相関は、〇・七八五である。この三〇標本で＊印がついているものを除外した二七標本からの相関は〇・八となる。この三つの標本を除いた二七標本を用いて、遺体の身長とピアソンおよび藤井との式から得た推定身長との間における正確さを比較したのが表4である。

表4　現代人遺体の身長と大腿骨最大長から推定した身長の比較

	遺体の身長	ピアソンの式	藤井の式
標本数	27	27	27
平均値	158.28 cm	158.45 cm	156.25* cm
標準偏差	7.047	4.309**	5.661

*　遺体の身長との間で有意な差が示された.
**　遺体の身長の分散と有意な差が示された.

標本数二七の遺体の身長の平均は、一五八・二八センチメートルである。ピアソンの式から得た推定身長の平均値は一五八・四五センチメートル、藤井の式からは一五六・二五センチメートルとなる。平均値の比較をおこなえばピアソンの式による結果が藤井の式によるよりも正確であると思える。しかし、標本の分布つまり散らばり方からすれば、遺体の身長の標準偏差は七・〇四七になる。ピアソンの式の身長では、四・三〇九でしかない。これはピアソンの回帰式における係数が、一・八八という低い係数によるものである。一方、藤井の式からの身長の標準偏差は五・六六一である。分散の比較を行えば、ピアソンの式による結果は、遺体の身長における分散より有意に小さいことになる。ある日本人集団の推定身長の平均値を求めようとするならば、妥当な平均値を得るにはピアソンの式であるかもしれない。しかし集団内の個々の標本の散らばりがあることを考慮すれば、藤井の式が適しているように思える。筆者は個々の標本の散らばりかたを考慮し、古人骨からの身長の推定において藤井の式を用いている。

七　平均身長の時代的な変化

古人骨を用いて、日本の各時代の人々の身長を復元し、その平均値を示したのが図3である。図の上段が男性、下段が女性の平均値である。縄文時代の人々は、各地域の平均身長で見れば男性は一五七から一五九センチメートルの幅があり、女性は一四七から一五一センチメートルくらいの身長の変異がある。関東地方での弥生時代人の発掘例は少なく身長を推定できないことから、西日本で発掘された標本を基にした中橋孝博ほか（一九八五）の結果を引用した。これは山口地方、九州北部地方からの弥生時代人標本である。中橋らは、弥生時代人を縄文型の弥生人と渡来型の弥生人に分けている。後者の男性の平均値は一六三センチメートル、女性で一五一センチメートルくらいである。弥生人でも渡来型でない縄文人的な形態の集団は、渡来型よりも低い一五九センチメートルの男性および一四八センチメートルの女性であるとしている。関東地方での弥生時代人資料はないが、古墳時代人男性の平均身長は一六三センチメートル、女性は一五二センチメートルであったことから縄文時代から古墳時代にかけて平均身長は増大したと考えられる。関東地方における古墳時代以降、中世から近世にかけての平均身長は徐々に低下している。鎌倉時代の男性は一五九センチメートル、女性は一四五センチメートルである。女性の身長が低いのは五例という少数による影響と思われ、標本数が増えれば高くなる可能性がある。どちらにしても古墳時代から近世にかけて、平均身長が低くなる。室町時代では、男性は一五七センチメートルで鎌倉時代よりも、より低くなってきている。女性は一四七センチメートルであり、古墳よりも低い。そして次に江戸時代であるが、この前期としたのは一橋高校遺跡からのもので、後期としたのは深川の雲光院、浄心寺の旧境内とされる場所から出土した人骨群の中から大腿骨を計測したものである。前期の男性は一五五センチメートル、後期は一五六センチメートル、前期の女性は一四三センチメートル、後期は一四五センチメートルの平均身長であった。近代における明治時代の骨格標本からの平均身長は、江戸時代とほとんど変わらないか、より低身長であった。明治時代以降は、生体計測や文部省の定期健康検診の際に測定した身長資料を利用している。図4は、文部省の学校保健教育統計報告書から、二〇歳の学生の一九二〇年以後の平均身長を年を追って図示したものである。一九八五年の男性は一七一センチメートル、女性

		男性 (cm)	女性 (cm)
縄文時代	九州	159	150
	中国	158	147
	中部	157	147
	関東	158	149
	東北	158	151
西日本の弥生時代	縄文型	159	148
	渡来型	163	151
関東地方	古墳時代	163	152
	鎌倉時代	159	145
	室町時代	157	147
	江戸時代（前）	155	143
	江戸時代（後）	156	145
	明治時代	155	145

図3　縄文時代から明治時代に至る平均身長の推移

縄文時代の各地域の身長は平本嘉助（1981）を引用した．

西日本の弥生時代は中橋孝博の資料を利用した溝口優司（1993）の文献から引用した．

関東地方の縄文時代から明治時代に至る平均身長は平本嘉助（1972, 1981）を引用した．

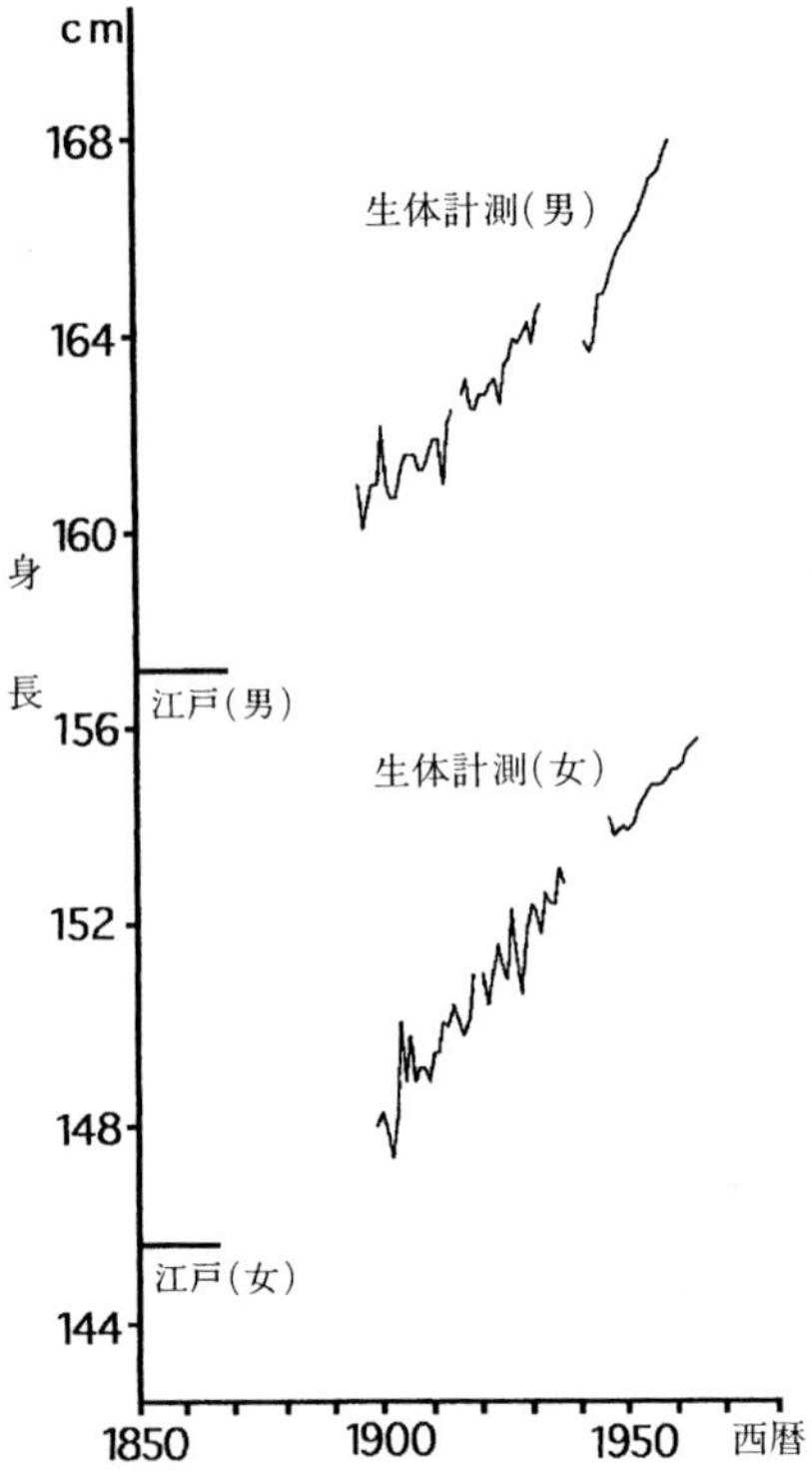

は一五七センチメートルで明治時代以後に急激に身長の増加が生じている。

日本の古人骨を用いて各時代の平均身長を比較すれば、時代の移り変わりに伴い身長の変化があり、縄文から弥生、古墳にかけて身長が高くなってきたが、それ以降、中世、近世にかけて低身長化が生じている。そして近代以降現代にかけて急激な高身長化が生じてきている。これらの結果は、関東地方から集めた標本を用いた各時代の平均身長の推移であるが、ヒトの身長は高くなる時期があり、また低くなる時期もあったと結論づけられる。この平均身長の時代的な変化は、生物としてのヒトの一形質である身長が、自然環境や社会環境からの影響を受けていることによるように思われる。

図4　明治時代から現代に至る生体計測による身長の変化

旧文部省の学校保健教育統計報告書から20歳の学生の1920年以後の平均身長を図示した。江戸（男）・（女）は右大腿骨最大長を用いた藤井の式からの推定身長の平均値を示した.

八　江戸時代人の身長

江戸時代前期、後期の平均身長に、徳川将軍とか、長岡藩主牧野家、黒田藩家老の久世家といった人々の大腿骨最

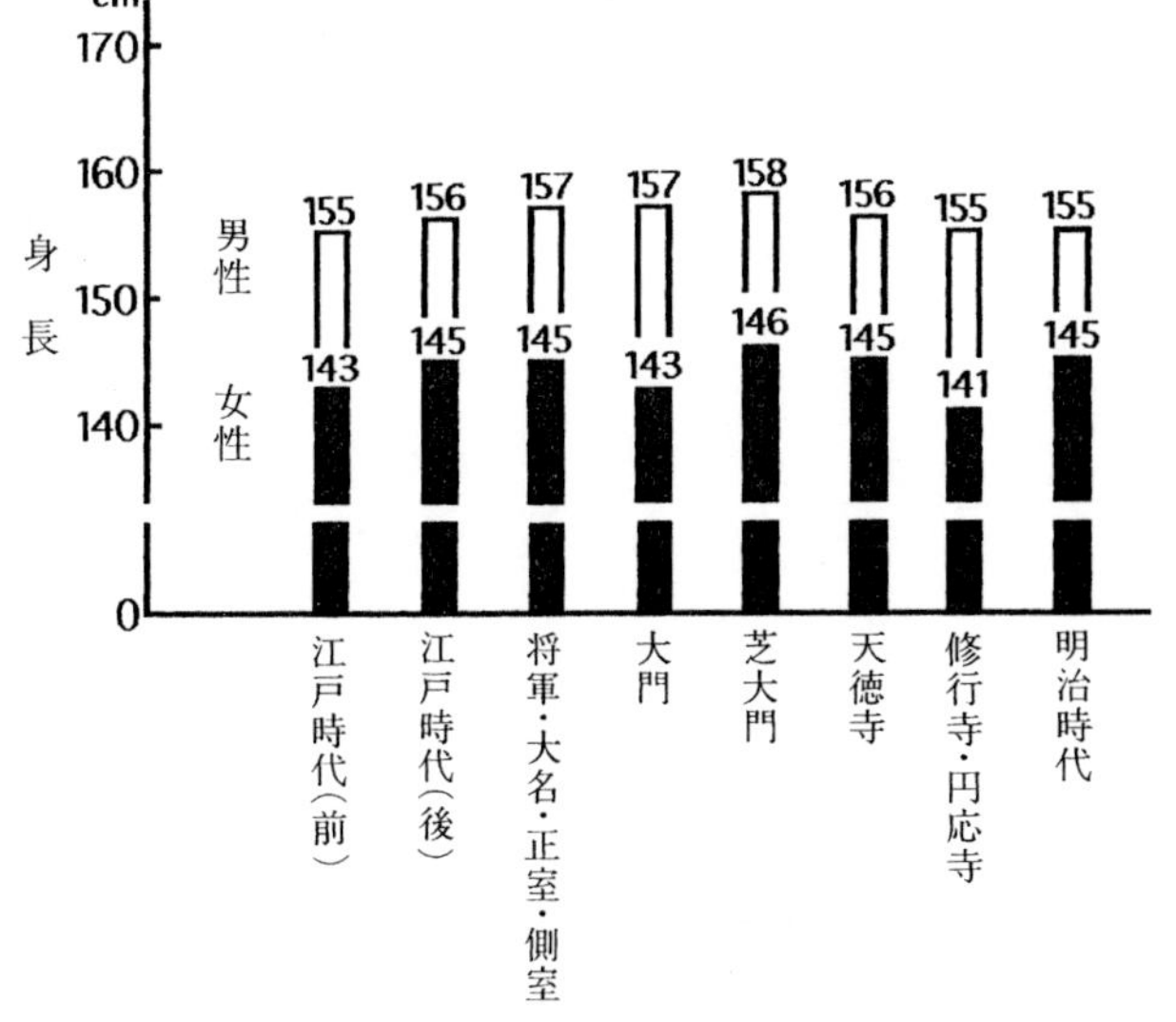

図５　各遺跡から出土した江戸時代人の平均身長

白抜きは男性、黒柱は女性を示す．
将軍・大名・正室・側室：鈴木・矢島・山辺編『増上寺徳川将軍とその遺品，遺体』東京大学出版会（1967），福山章英「久世家歴代の上下肢骨に就いて」『人類学研究』第４巻（1959），加藤征・竹内修二『長岡藩主牧野家墓所発掘調査報告書』東京都港区教育委員会（1986）．
大門：竹内修二「東京都港区芝大門出土の江戸時代人大腿骨の人類学的研究」『東京慈恵会医科大学雑誌』98 巻（1983）．
芝公園：『天徳寺寺域第三遺跡発掘調査報告』天徳寺寺域第三遺跡発掘調査会（1992）．
天徳寺：『天徳寺寺域第三遺跡発掘調査報告』天徳寺寺域第三遺跡発掘調査会（1992）．
修行寺・円応寺：『東京都新宿区修行寺跡』東京都新宿区修行寺遺跡調査会（1991），『東京都新宿区円応寺跡』東京都新宿区円応寺遺跡調査会（1993）．

大値から推定身長の平均値を描いたのが図5である。将軍家、大名など男性の平均値は一五七センチメートル、女性は一四五センチメートルであった。将軍や大名など男性は、江戸の庶民と比較すると、やや高い身長と思えるが、女性ではほとんど変わらない。ただし、女性は正室以外に側室もいるが、両者の差はないといえる。大門、芝公園遺跡、天徳寺遺跡の報告によれば、個々のデータがないので大腿骨最大値の平均値から身長を推定したが、雲光院や浄心寺の身長とほとんど変わらない。大門一五七センチメートル、芝公園一五八センチメートル、天徳寺一五六センチメートルであった。女性に関しては芝公園の身長は高いが、天徳寺、大門とは同等である。これは平均値から推定したものので、個々の計測値の記載があれば分散が計算でき、他集団との比較が可能となる。他に、新宿区の修行寺と円応寺の計測値が報告されている。男性の平均身長は一五五センチメートル、女性は三例の平均値一四一センチメートルと低い身長である（平本二〇〇二）。他地方として、福岡の天福寺遺跡からの江戸時代人は、男性一五七センチメートルであり、都市江戸の一五五から一五八センチメートルの間にある。または女性では、例数が少ないが一四六センチメートルであり、都市江戸の一四一センチメートルから一四六センチメートルの変異の中に入る。

江戸時代と呼ぶ時代に生きた人々は、身長の低い人々であった。しかし、背が低くても江戸時代という時代に生を全うし、その間生活していたのである。古墳時代の人々は、比較的高身長の人々であったが、なぜに低身長の人々へと時代的に平均身長が減少し、低身長へ推移してきたのであろうか。

九　平均身長が時代的に低くなる要因

体格とエネルギーの消費量という観点から平均身長の低くなる要因が考えられる。生理学的に、身長一六五センチメートル、体重六〇キログラムのヒトの大体の基礎代謝量は一四四七キロカロリーであり、普通の仕事をするのであるなら、一日に二五〇〇キロカロリー位取れば生きられるとされている。身長が一〇センチメートル高い、一七五センチメートルの身長で体重七〇キログラムのヒトの基礎代謝は一六三〇キロカロリーで、普通に生活するのであるなら二八〇〇キロカロリーとれば良いとされる（渡邊一九九二）。普通に生活する両者の差は三〇〇キロカロリーである。この差は、体格の大きい集団を養うには、体格の小さな集団を養う以上の食糧が必要になることを意味する。また、体格が大きな集団を養うことができる食糧があれば、体格が小さな集団において体格が大きな集団の個対数を上回る人数を養うことができるであろう。したがって、限りある食糧しかなければ、体格の小さい人の方がより多くの人数を養えることになるわけで、江戸時代人の低身長はこの考えに沿って生じたと考えられる。

江戸時代の食糧として最初に頭に浮かぶのは米である。この米の生産力とその消費について、近藤弘（一九八〇）は〝米食係数〟という係数を引用している。一人あたりの米の年間消費量を石数で示した数値を〝米食係数〟とする。奈良時代では一・四四〜一・九、平安時代が一・〇、安土桃山時代が〇・八四、江戸時代は一・一としている。近世にいたるまで、日本の人口は徐々にではあるにせよ微増してきたであろう。しかし、江戸時代においての人口は多少の変動があったとしてもさらに増大している。例えば速水融（二〇〇〇）と鬼頭宏（二〇〇〇）は「宗門改帳」「人別改帳」などを用いてその変化を示している。つまり江戸時代において人口は増加しているが、米の生産量の飛躍的な増産がなければ、ヒト一人当たりの食べる量は少なくなるであろう。

限られた食糧しかない中で、増加し続ける人口を養うには体格を小さくする方向へ淘汰が働き、背の低い江戸時代人が生じたとする仮説はなりたつと思われる。つまり食（個体維持）と性（種の維持）の関係からも、身長の低下傾向が生じたのではないかと言えるであろう。他にいろいろ検討してみないといけないが、現在筆者はこのように考えて

図6　一橋高校内遺跡の早桶と埋葬されたヒトの骨格

早桶の中央に頭蓋の後頭部が見える．また，その両側に屈曲した状態の下肢骨が見られる．

いる。

生産された食糧と人口との関係で身長が低下してきたと考えられるが、低身長の人々と文化的な側面との関係も見逃す事ができない。人の死後は、棺に入れて墓壙に葬るとか、直接墓壙へ葬るであろう。体格が小さければ、その時の用いた棺や早桶もしくは墓壙の大きさは小さくてすむし、それなりの様式もあったであろう。したがって、ヒトの体格は文化的要素と強く結びついているのではないかと思われる。

一〇　墓壙・棺桶・早桶の大きさ

千葉県我孫子の鹿島前遺跡の土壙の大きさは一メートル前後あり、遺体は横臥屈葬で埋葬されていた。他の土壙も一メートル近くあり、方形であり、この方形の土壙の場合には隅に遺体を埋葬していた。円形の土壙でも径が一メートルくらいある。この遺跡の土壙の大きさは径が一メートルもありながら全部屈葬であった。この鹿島前遺跡の年代は中世から近世の遺跡であるが、骨はほとんど計測できなかった。中世の人々であったと

表5　一橋高校内遺跡の早桶の大きさと埋葬されたヒトの推定身長

標本番号	埋葬施設	性別	埋葬施設の大きさ	推定身長に使用した骨の種類	最大長	推定身長
13	丸形棺桶	男	60(口径)×58(深さ)	右橈骨	22.0 cm	155.36 cm
24	角形棺桶	女	50×79×27(高さ)	右橈骨	20.6	147.41
64	丸形棺桶	男	60×55	右脛骨	33.0	155.51
91	丸形棺桶	男	60×45	左脛骨	32.2	153.53
103	土壙	男	50(口径)	左大腿骨	42.1	158.81
108	丸形棺桶	男	60×60	右大腿骨	39.4	152.22
109	丸形棺桶	男	50 (底部径)	右腓骨	29.5	147.62
114	丸形棺桶	男	56×56	右大腿骨	43.2	161.61
119	丸形棺桶	男	60×60	左腓骨	32.1	154.82
126	丸形棺桶	女	60×58	右大腿骨	36.3	142.36
134	土壙	男	60 (口径)	右大腿骨	42.4	159.63
139	丸形棺桶	男	60 (底部径)	右大腿骨	37.5	147.53
141	丸形棺桶	女	43 (底部径)	左大腿骨	37.4	144.98
159	丸形棺桶	男	50×47	右大腿骨	43.2	161.60
183	丸形棺桶	男	50(底部径)	左大腿骨	42.4	159.56
213	角形棺桶	男	25×45×25(高さ)	右脛骨	31.8	152.55
217	丸形棺桶	男	60×55	右大腿骨	42.0	158.64

推定身長の標本数を増すために，下肢骨がなければ上肢の骨も利用した．丸形の棺桶はいわゆる早桶と言われるものである．

すれば、身長は江戸時代人より高かったとしても、墓壙の大きさは都市江戸の一橋高校遺跡のそれよりもかなり大きい。

一橋高校内遺跡の早桶とか墓壙においては、小さな桶の底部の側板寄りに骨盤がある。その上の脊柱と頭蓋は骨盤と上で極度に曲げて入れられていた。そして下肢の骨は膝を曲げて身体の両脇に位置するようにしていた。桶底部の大きさは大体六〇センチメートルぐらいであった。江戸時代人の平均身長が一五五・六センチメートルであったが、直径で六〇センチメートル位の大きさの早桶に埋葬していたことになる。図6はこの遺跡から出土した早桶に埋葬されていた男性の骨格である。この遺跡から出土した人骨は、全て極度に脊柱を曲げて顔が前面に落ちそうな姿勢の屈葬であった。

この早桶の大きさとその埋葬個体の推定身長について一橋高校内遺跡の例を表5に示した。早桶の口径は六〇センチメートルで、六〇センチメートル以上のものはなかった。桶の高さは多くが五五センチメートルであり、四五センチメートルのものもあった。このような早桶の大きさには、平均身長で一五三センチメートルくらいの人々を入れることができたのでる。このような大きさの早桶の中に現代人を入れるとすれば、おそらく苦労すると思われる。

一一　小さな容器に身体を押し込める

早桶と同程度の大きさの普通のポリ容器製のゴミ箱に、現代人がいれてあったという話を筆者は法医学者から聞いたことがある。その現代人の死体の身長は一六〇センチメートル以上であったが、身体は極度に曲げられてた状態で、幾重にも紐で巻かれて入れられてあったとのことであった。江戸時代であればこの人物の身長は高身長となるが、身体を極度に曲げて全体を幾重にも紐で巻けば、早桶と同等の容器に身体を容れることが可能であることを物語っている。また、一八七八年(明治一一)に東京から北海道を巡ったイサベラ・バートによる日本語訳普及版の『日本奥地紀行』(二〇〇二)が公になっている。その著書の中で、現秋田県六郷での葬儀の詳細な記述をおこなっている。身体を小さな早桶に容れているが、死後硬直の身体をどのようにして容れたか不可解に思う記述も見られる。古川・船尾(一九九四)によれば、この死後の硬直状態の身体でも筋をさするなりすれば緩解し、関節を曲げることは可能であるとしている。おそらく当時の人々は、早桶に死者を容れる時は、死後硬直の時であろうが、僧侶、近親者とか周囲の人々によって筋を揉み解すことをして、身体を極度の屈曲姿勢にして容れたのではないかと考えられる。

おわりに

中世から近世にかけての日本人の平均値身長は、減少する傾向を示している。そして、江戸時代に生活していた人々の身長は著しく低かった。また、江戸時代の人々に太った人もそれほどいなかったとするならば、人口が密集した都市江戸の社会環境などの制約から、死後の埋葬に使う早桶や土壙などの寸法は、ヒトの体を容れるぎりぎりの大きさにしたのであろう。逆に、江戸時代における都市江戸で生活する人々の死後に埋葬する墓壙や桶などの大きさは、その人々の体格と関連しているように思われる。それは都市江戸という地理的、または社会的要因としての人口密度が多いことなど埋葬するにしても場所的な困難さがあって小さくしたのかも知れない。他の地方の例である鹿島前遺跡などは農村ゆえに土地面積に余裕があり、大きい墓壙を造れたのかもしれない。早桶の大きさにしても、地方でも同等の大きさであったかは分らないが、墓壙そのものは大きさには差があると言える。鹿島前遺跡との比較だけであるが、他の遺跡とも比較検討が必要であり、身体の大きさと文化遺物の大きさとの関係は、墓壙ないし棺の大きさだけではない。社会環境としての文化遺物の大きさは、その時代に生きた人々の体の大きさと深く密接に結びついているはずであり、両者の関連性を追求することでヒトの形質、および社会環境との間の関連性も理解できると思われる。

なお、この内容は、一九九六年に行われた江戸遺跡研究会「江戸時代の墓と墓制」での講演テープを基にしたものであるが、時間も経過していることから内容の一部を訂正加筆したものである。この主題の詳細は、岩田書院から発刊された葛西城発掘三〇周年記念論文集刊行会編の『中近世史研究と考古学』において論じている。

〔参考文献〕

Furukawa, M. and Funao, T.,（古川・船尾）, Relationship between rigor mortis and postmortem interval in medicolegal autopsies. *Anthropological Sciences*, Vol. 102, 1994.

Pearson, K.（ピアソン）, Mathematical contributions to the theory of evolution. V. On the reconstruction of the stature of prehistoric races. *Philosophical Transactions of Royal Society of London*, Ser. A, 192, 1899.

Stevenson, P. H.（スティーブンソン）, On racial differences in stature long bone regression formulae, with special reference to stature reconstruction formulae for the chines. *Biometrika*, Vol. 21., 1929.

Trotter, M. T. and Gleser, G.（トロッターとグリーザー）, A re-evaluation of estimation of stature based on measurements of stature taken during life and of long bones after death. *American Journal of Physical Anthropology*, Vol. 16., 1958.

バート、イサベラ　二〇〇一　『日本奥地紀行』高梨健吉訳　東洋文庫　平凡社

藤井　明　一九六〇　「四肢長骨の長さと身長との関係に就いて」『順天堂大学体育学部紀要』第三号

速水　融　二〇〇〇　『歴史人口学で見た日本』文春新書　文芸春秋

平井隆・田幡丈夫　一九二八　「現代日本人人骨の人類学的研究、第四部　下肢骨の研究、其二　足趾骨に就て」『人類学雑誌』第四三巻

平本嘉助　一九七二　「縄文時代から現代に至る関東地方人身長の時代的変化」『人類学雑誌』第八〇巻

平本嘉助　一九八一　「骨から見た日本人身長の移り変わり」『考古学ジャーナル』第一九七号

平本嘉助　二〇〇二　「中世・近世人の身長と埋葬について」『中近世史研究と考古学』葛西城発掘三〇周年記念論文集刊行会編　岩田書院

鬼頭　宏　二〇〇二　『人口から読む日本の歴史』講談社学術文庫　講談社

近藤　弘　一九八〇　『日本人の食物誌』毎日新聞

松田健史・北出竜太郎・小川隆彦・川瀬純　一九五九　「四肢長骨と身長、座高の関連について」『金沢大学医学部解剖学教室業績』第五九号

宮本博人　一九二四「東部亜細亜ニ於ケル諸人種ノ人類学的研究叢書、第二　現代日本人人骨ノ人類学的研究、第一部　頭蓋骨ノ研究」『人類学雑誌』第三九巻
中橋孝博・土肥直美・永井昌文　一九八五「金隈遺跡出土の弥生時代人骨」『史跡金隈遺跡』福岡市埋蔵文化財報告書（溝口優司「日本人の起源――形質人類学からのアプローチ」『古代史総論』角川書店　一九九三から引用）
中橋孝博　一九八七「福岡市天時福寺出土の江戸時代人頭骨」『人類学雑誌』第九五巻
渡邊俊男　一九九二『生きていることの生理学』杏林書院

江戸の墓の埋葬施設と副葬品

――谷川章雄

一　江戸の葬制・墓制の考古学をめぐって

1　江戸の葬制・墓制の考古学的研究

江戸の葬制・墓制に関する考古学的研究は、古く明治時代に和田千吉が江戸の甕棺（かめかん）について言及しているが（和田一九〇二）、戦後になって一九五四年から一一年間にわたり資料を収集し、それをまとめた河越逸行氏の業績（河越一九六五）が先駆的研究としてよく知られている。また、一九五七〜六〇年の東京都港区増上寺徳川将軍墓の調査（鈴木・矢島・山辺一九六七）は、江戸の武家社会の頂点にあった将軍家の葬制・墓制を明らかにした点で極めて重要な知見をもたらした。

しかしながら、その後も江戸を含む近世の葬制・墓制に関する調査・研究は依然として低調であった。たとえば、筆者が千葉県市原市高滝・養老地区の近世墓標の調査（谷川一九八三・一九八九）を行なった一九八〇年ごろは、考古学研究者のなかで近世墓標に関心をもっている者は非常に少なく、考古学において近世墓標の研究が正当に位置づけられているとは言い難い状況であった。さらに、一九八五年に東京都新宿区自証院遺跡の発掘調査に関わった際にも、参考にするべき近世墓の発掘資料は少なく、どのように分析していったらよいかは手探り状態であった。

筆者はこの自証院遺跡の報告書において、江戸の埋葬施設のバラエティーを身分・階層の表徴としてとらえる仮説を提示したが（谷川一九八七）、そうした仮説は松本健氏による被葬者の明らかな墓の埋葬施設の検討によってある程度立証された（松本一九九〇・一九九二）。これを踏まえて、筆者は埋葬施設と墓標の分析をもとに、江戸の墓制に関する総括的な考察を行なった（谷川一九九〇・一九九一b・一九九六a）。

また、東京都新宿区円応寺跡の調査成果をもとに、栩木（とちぎ）真氏（栩木一九九五）や西木浩一氏（西木一九九三・一九九七・一九九八・一九九九）は、檀家に属していない都市下層民の墓の様相を明らかにしている。このように近年の江戸時代の葬制・墓制の研究では、以前に比べ資料が増加してきたことが大きい。

筆者が近世の葬制・墓制について関心をもったのは、それが考古学と民俗学の共有する課題であったことによるが、当初、筆者は墓標については興味をもちながらも、埋葬施設に関しては民俗学の成果で十分明らかにできると思っていた。ところが、江戸府内の墓地の調査に関わったとき、江戸時代の葬制・墓制に関する考古学的な所見と民俗学の葬制・墓制の研究成果との間に必ずしも整合しない部分があり、都市の葬制・墓制のなかに民俗学の成果では説明のつかない要素があることがわかって、自分の見通しの誤っていたことに気がついたのである。江戸の葬制・墓制の考古学的研究の意義のひとつはこうした点にあると言えよう。

2　江戸の葬制・墓制に関する問題

ここでは、江戸の葬制・墓制に関わる以下の四つの問題について述べることにしたい。第一に、埋葬施設の構造と被葬者、寺院の格式・規模との関係について。この問題については基本的には今まで発表してきた通りであるが、新しい資料を加えてさらに補強したい。第二に、江戸の埋葬施設の変遷について。これもこれまで述べてきたこととあまり変わっていないが、新しい知見を若干加えて述べることにする。第三に、副葬品について。これは副葬品をどのような視点で分析していくかという見通しについて考えてみたい。最後に、墓地の景観の問題。これは直接には石製の墓標、木製の卒塔婆の造立の問題、さらに西木浩一氏のいう都市下層民の「墓標なき墓地の光景」の問題と関わってくると思われる。

ただし、今のところこれらの問題についてひとつの展望を述べることはできるが、結論めいたものを言う段階ではない。したがって、ここでは現段階での見通しを述べるにすぎないことをあらかじめ断っておきたい。

二　埋葬施設の構造と被葬者、寺院について

1　埋葬施設の構造と被葬者

埋葬施設の構造をどのように分類するかについては、先にあげた新宿区自証院遺跡の報告書（谷川一九八七）の段階から基本的な考え方は変わっていない。埋葬施設の構造が複雑なものから単純なものへ並べていくというシンプルな

原則にもとづく分類である。自証院遺跡の報告書では埋葬施設を四つに分類したが、ここではそれをさらに細分したものをあげておく。これは新宿区円応寺跡の報告書のなかで述べたもの（谷川一九九三）に、徳川将軍家墓所の事例を加えたものである。

①石槨石室墓（図1―1・2）

港区増上寺の徳川将軍墓（1）および将軍家の正室の墓（2）などがこれにあたる。これらはいずれも石室の中にさらに石槨を積んだ非常に堅固な構造である。

②石室墓（図1―3・4）

東京都港区済海寺の越後長岡藩主牧野家墓所の大名墓（3）および増上寺の将軍家の側室の墓（4）である。若くして死んだ側室なので、通常の将軍家側室の墓よりも簡略化した形になっている。これらの切石積みの埋葬施設を石室と呼ぶか石槨（せっかく）と呼ぶかは意見が分かれているが、筆者は石室と呼んでいる。

③木炭・漆喰（しっくい）（石灰（せっかい））床・槨木槨木棺墓（図1―5）

この類は事例が多くないが、おそらく二重木棺の外側に木槨があり、おのおのの間に漆喰（石灰）や木炭を充塡したものと考えられる。

④木炭・漆喰（石灰）床・槨木槨甕棺墓（図1―6）

甕棺で外側に木槨をもち、漆喰（石灰）や木炭を充塡したものである。

⑤方形木槨甕棺墓（図1―7）

③や④と同様の方形の木槨の中に、甕棺を納めたものである。

⑥円形木槨甕棺墓（図1―8）

円形木槨すなわち桶の中に、甕棺を納めたものである。これは東京都新宿区発昌寺跡や東京都港区天徳寺浄品院に類例があり、事例数は必ずしも多くないが類型の中に含めた。

⑦甕棺墓（図1―9）

甕棺をそのまま埋めたものである。

⑧方形木棺墓（図1―10）

正方形の木棺をそのまま埋めたものである。

⑨円形木棺（早桶）墓（図1―11）

円形木棺（早桶）をそのまま埋めたものである。

⑩火消壺転用棺（図1―12）

火消壺を棺に転用したものである。これは乳幼児の墓に用いられたものと考えられる（谷川二〇〇一c）。

⑪直葬墓

棺を持たないもの。

⑫その他の土葬墓

⑬火葬蔵骨器（図1―13）

⑭その他の火葬墓

右は、ほぼ一八世紀以降の江戸の墓の埋葬施設の分類である。被葬者が明らかな墓の埋葬施設の構造については、すでに松本健氏の指摘があるが（松本一九九〇・一九九二）、こうした埋葬施設の分類にもとづいて被葬者の判明している墓の事例をあげたものが表1である。ここでは、現段階で被葬者が確実にわかっているもののみを取り上げた。

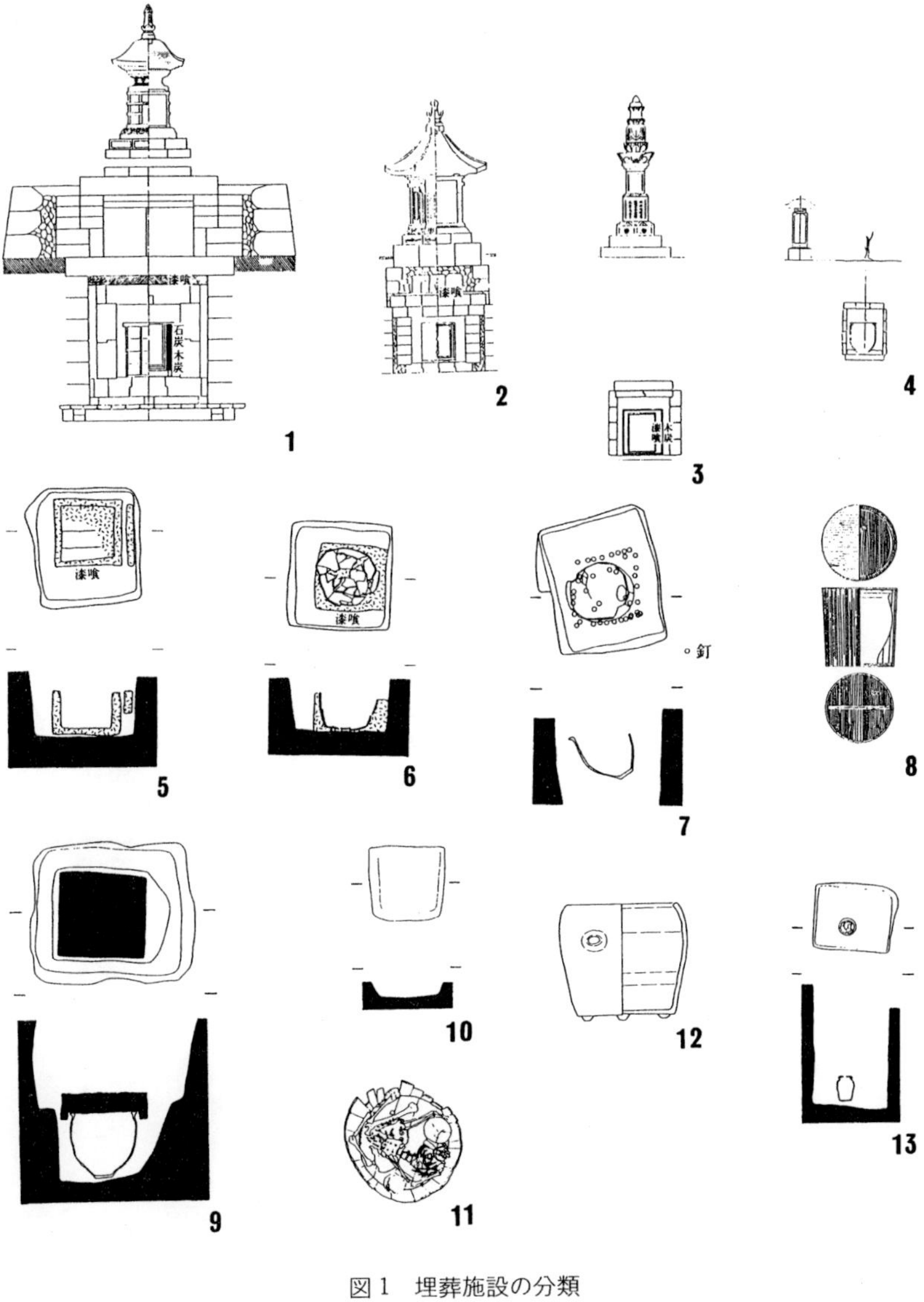

図1　埋葬施設の分類

1・2・4：増上寺将軍家墓所，3：済海寺牧野家墓所，5〜7・9・10・13：自証院，
8・12：発昌寺，11：増上寺子院群
1〜4：1/160，5〜7・9・10・13：1/80，8・11：1/40，12：1/16

表1　埋葬施設の構造と被葬者

① 石槨石室墓

銅棺・木棺　将軍〈増上寺〉

木棺　将軍正室・側室〈増上寺〉

② 石 室 墓

木棺　下総結城藩主松平家（15万石）（栩木 1994）

越後長岡藩主牧野家（7.4万石）〈済海寺〉

上野館林藩主秋元家（6万石）〈寛永寺護国院 C 1・69〉

甕棺　将軍側室〈増上寺〉

紀伊和歌山藩主徳川家（55.5万石）〈寛永寺護国院 A 17〉

出羽新庄藩戸沢家（6.7万石）（河越 1965）

④ 木炭・漆喰(石炭)床・槨木槨甕棺墓

上野館林藩江戸家老，用人矢貝家（700石のち400石）〈寛永寺護国院 C 61-1・2・5〉

旗本大久保家（5,000石）〈寛永寺護国院 B II 19・23〜25〉

⑤ 方形木槨甕棺墓

高家畠山基徳再室（4,000石）（港区立港郷土資料館 1987）

上野館林藩江戸家老，用人矢貝家（700石のち400石）〈寛永寺護国院 C 61-3・4〉

旗本大久保家（5,000石）〈寛永寺護国院 B II 10-1・13・26・31〉

旗本秋元家（4,000石）〈寛永寺護国院 B II 9-1〜4〉

旗本三井家（1,200石）（東京都港区教育委員会 1992）

播磨竜野藩士近藤甫泉（120石）（東京都港区教育委員会 1992）

⑦ 甕 棺 墓

旗本三枝監物守興(與)（400俵）〈自証院 57〉

旗本佐藤家（300俵）〈寛永寺護国院 B II 11-2・3・5〉

旗本深見家（200俵）〈寛永寺護国院 C 103-1〜3〉

旗本犬飼家（70俵3人扶持）（港区立港郷土資料館 1989・東京都港区教育委員会 1992）

館林藩士岡尾家（100石）〈天徳寺浄品院 144・145〉

〈　〉内の数字は遺構番号

これを見ると、①石槨石室墓は将軍家（将軍・正室・側室）の墓にあたり、②石室墓は前述のように大名墓が多いが、その他に若くして死んだ将軍の側室の墓もある。④木炭・漆喰（石灰）床・槨木槨甕棺墓は、東京都台東区寛永寺護国院の五〇〇〇石の旗本大久保家と上野（こうずけ）館林藩の江戸家老矢貝家の事例があり、高禄の旗本や藩士の墓にあたる。⑤方形木槨甕棺墓は、四〇〇〇石の高家および先にあげた館林藩の江戸家老矢貝家の墓にも見られる。また、先の旗本大久保家の墓や、旗本秋元家（四〇〇〇石）、三井家（一二〇〇石）、竜野藩藩士の近藤甫泉などの墓にもある。これも比較的高禄の旗本や藩士の墓である。⑦甕棺墓には七〇俵三人扶持から四〇〇俵の旗本の墓および館林藩士岡尾家の墓があり、低禄の旗本および藩士の墓にあたる。⑤方形木槨甕棺墓と⑦甕棺墓の間が旗本の階層で見ると開きがあるが、これは今後の事例の増加を待つことにしたい。

このように、埋葬施設の構造が被葬者の身分・階層とほぼ対応関係にあることは疑いないだろう。なお、上野館林藩の江戸家老であった矢貝家や旗本大久保家の墓の埋葬施設の構造が、④木炭・漆喰（石灰）床・槨木槨甕棺墓と⑤方形木槨甕棺墓の二種類にわたるのは、将軍墓や大名墓と同様（松本一九九〇・一九九二）、当主、正室、側室、子女のような家の中の格のちがいによると考えられる。

また、将軍家の墓である①石槨石室墓を簡略化した②石室墓は主に大名墓であり、旗本や高家の墓には④木炭・漆喰（石灰）床・槨木槨甕棺墓、⑤方形木槨甕棺墓、⑦甕棺墓という序列が認められる。藩士の墓も同様である。すなわち、ここでは将軍と大名、旗本などの幕臣、藩士という三種類の墓制の秩序が並立していたように見えるのである。そして、五〇〇〇石の旗本と館林藩江戸家老矢貝家の墓、高家および一二〇〇石から四〇〇〇石の旗本と播磨（はりま）竜野藩士近藤甫泉の墓、七〇俵三人扶持から四〇〇俵の旗本と館林藩藩士岡尾家の墓の構造がおのおの対応していたことは、旗本などの幕臣の墓制の秩序に藩士の墓制の秩序が組み込まれていたことになる。これが江戸の特殊な現象なのか、

表2　遺跡ごとに見た埋葬施設の様相

遺跡名	寛永寺護国院	自証院	天徳寺浄品院	発昌寺	円応寺
②　石室墓	4	6	2		
③　木炭・漆喰（石炭）床・槨木槨木棺墓		9			
④　木炭・漆喰（石炭）床・槨木槨甕棺墓	19	8			
⑤　方形木槨甕棺墓	19	14	3	3	2
⑥　円形木槨甕棺墓			2	1	
⑦　甕棺墓	57	16	108	67	13
⑧　方形木棺墓	6	18	86	137	11
⑨　円形木棺（早桶）墓	18		116	193	38
⑩　火消壺転用棺	4		11	3	6
⑪　直葬墓			1？	7	4？
⑫　その他の土葬墓			1	2	4
⑬　火葬蔵骨器	20	1	27	28	11
⑭　その他の火葬墓				4	
計	147	72	357	445	89

それとも国元の藩士の墓の埋葬施設が江戸と同じ構造であったかは、今後の検討が必要であろう。

2　埋葬施設の構造と寺院の格式・規模

次に、埋葬施設のバラエティーが寺院の格式・規模とどういう関係にあったかを見てみよう（表2）。これは以前発表したものに（谷川一九九六a）、寛永寺護国院の事例を加えたものである。寛永寺護国院（天台宗）は、境内一万三三〇〇坪と非常に大きく、寺領二〇〇石が与えられている。自証院（天台宗）も境内坪数が一万六〇〇〇坪余、うち門前町屋三〇〇坪余、朱印寺領二〇〇石という牛込地区の大寺院である。また、天徳寺は浄土宗江戸四カ寺のひとつだったが、浄品院という子院は寺域の中でも裏手に位置していた。一方、寺地が七五〇坪の発昌寺（曹洞宗）と境内八九三坪余の円応寺（黄檗宗）は江戸の中小寺院であった。

表2を見ると、大寺院であった寛永寺護国院や自証院

では②石室墓～⑦甕棺墓が主体であり、中小寺院であった発昌寺や円応寺では⑦甕棺墓～⑨円形木棺（早桶）が主体になっている。天徳寺浄品院の場合は、発昌寺と寛永寺護国院や自証院の中間的な様相であろう。このように、一八世紀以降の江戸の墓制において、境内の面積や寺領の石高などに見られる寺院の格式・規模と、そこに営まれている墓の被葬者の身分・階層が対応関係にあったことがわかる。

三　埋葬施設の変遷について

江戸の墓の埋葬施設の構造と被葬者の身分・階層および寺院の格式・規模との関係がいつごろ成立したかは、大きな問題である。図2は江戸の墓の埋葬施設の変遷を示したものである（谷川一九九一b）。

まず、将軍墓は大きく三段階に区分できる。一番古い段階は寛永九年（一六三二）に没した二代将軍秀忠の墓に始まるが、これは石室の中に輿にのせた風呂桶形の座棺（早桶）を納めた構造であり、同時期の大名墓と共通性が認められる。たとえば、陸奥仙台藩主伊達家墓所の初代藩主政宗（寛永一三年・一六三九年没）および二代藩主忠宗（万治元年・一六五八年没）の墓は、石室の中に駕籠にのせた風呂桶形の座棺を納めていた。また、寛永九年（一六三二）に没した備前岡山藩主池田忠雄の墓も石室の中に駕籠を納めた構造であった。すなわち、少なくとも寛永年間には将軍墓に指向した大名墓が造られていたと考えられる。将軍墓の次の段階になると、延宝八年（一六八〇）に没した四代将軍家綱のときに区画を設け、門扉・柵垣を作り、基壇の上に銅製の宝塔を造立して、石槨石室墓の中に木棺を納めた銅棺を置く形式が確立した。その後、将軍墓は七代将軍家継（正徳六年・一七一六年没）の墓以降、石造の宝塔を用いるようになり、これを最後に御霊屋（廟）の造営をやめる。大名墓の場合も、越後長岡藩主牧野家墓所では四代藩主（享保二〇年・一七三五年没）のときに、埋葬施設の構造が定式化したようである。このように、将軍墓と大名墓は一七世紀後葉と一八世紀前葉という二つの画期をはさんで、ほぼ同一の歩調をとりながら変遷していったのである。

また、江戸の墓の埋葬施設のなかで一七世紀後葉ごろには姿を消すものがある。それは東京都中央区八丁堀三丁目遺跡の石組墓（図3—1・2）、および長方形木棺（図3—3）である。そして、一七世紀後葉ごろから甕棺が出現するようになる。したがって一七世紀の後葉に画期があることが指摘できる。また、正方形の木棺は現段階では一八世紀の中ごろまでは遡る。火葬蔵骨器に関しては、一七世紀代の墓地のなかで火葬の割合が比較的高い墓地と低い墓地があり、一八世紀以降になると火葬の占める割合が全体に低くなる（谷川二〇〇一a）。

以上のようなことから江戸の墓制の変遷上の画期は、一七世紀後葉と一八世紀前葉に認められる。埋葬施設の構造と被葬者の身分・階層および寺院の格式・規模の関係は、こうした二つの画期を通じて成立したのであろう。すなわち、将軍と大名の墓制の秩序が寛永年間に先行して確立し、その後、一七世紀後葉に旗本などの幕臣の墓制の秩序が成立したように、墓制の秩序が身分・階層間を下降していったように考えられるのである。

四　副葬品について

副葬品に関しては、分析対象とする資料についての問題がある。まず、第一に墓の立地が台地上かあるいは低地かによって、出土する副葬品の遺存度が著しく異なる。台地上の遺跡では木製品などの有機質の遺物はほとんど残らないが、新宿区発昌寺跡をはじめとする低地の墓地の調査では、木製の副葬品が大量に出土している。したがって、江戸の墓の副葬品の問題を考える際には、木製品の残りの良い低地の墓の事例を基準に考えていくべきであろう。

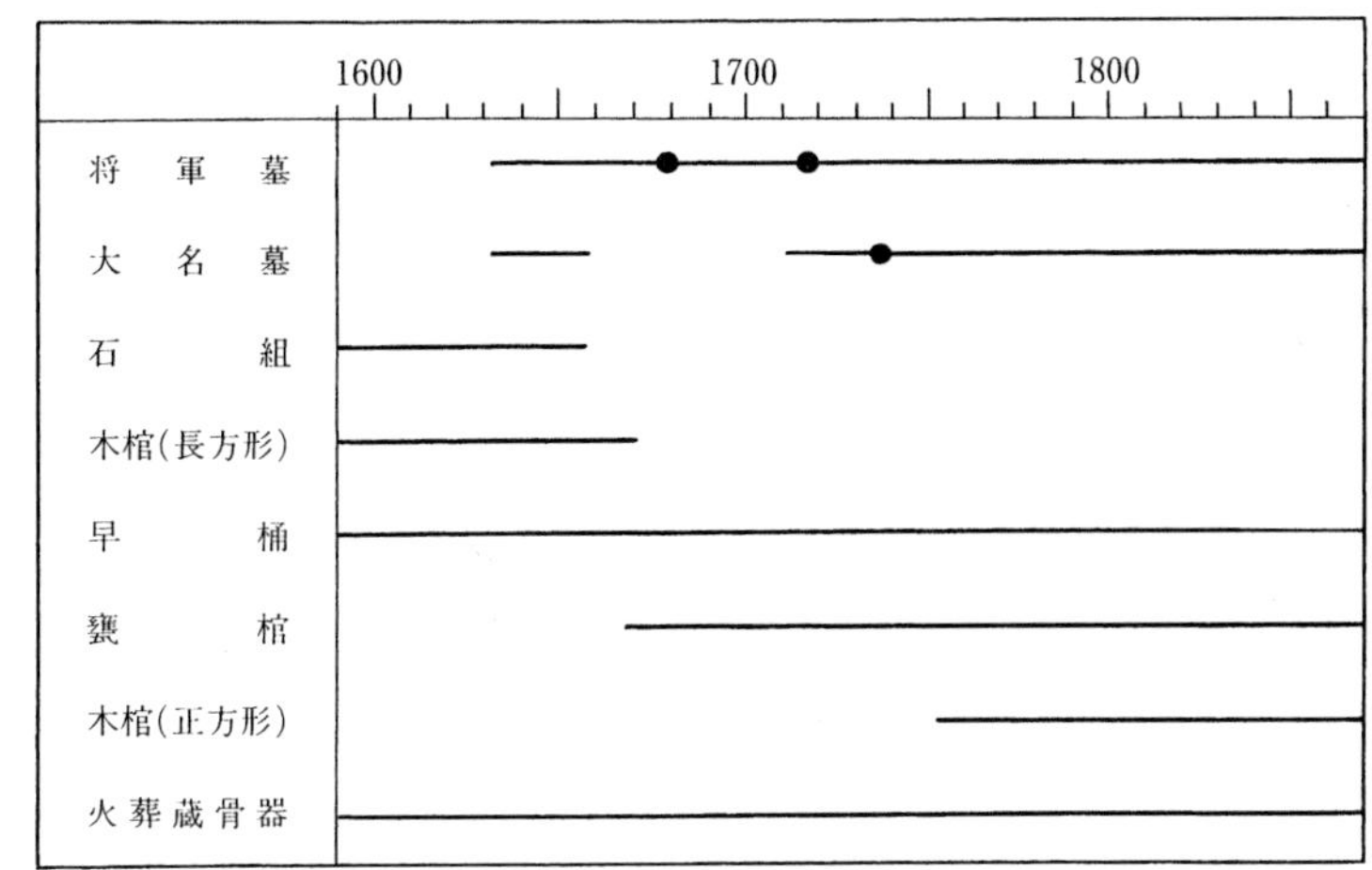

図２　埋葬施設の変遷

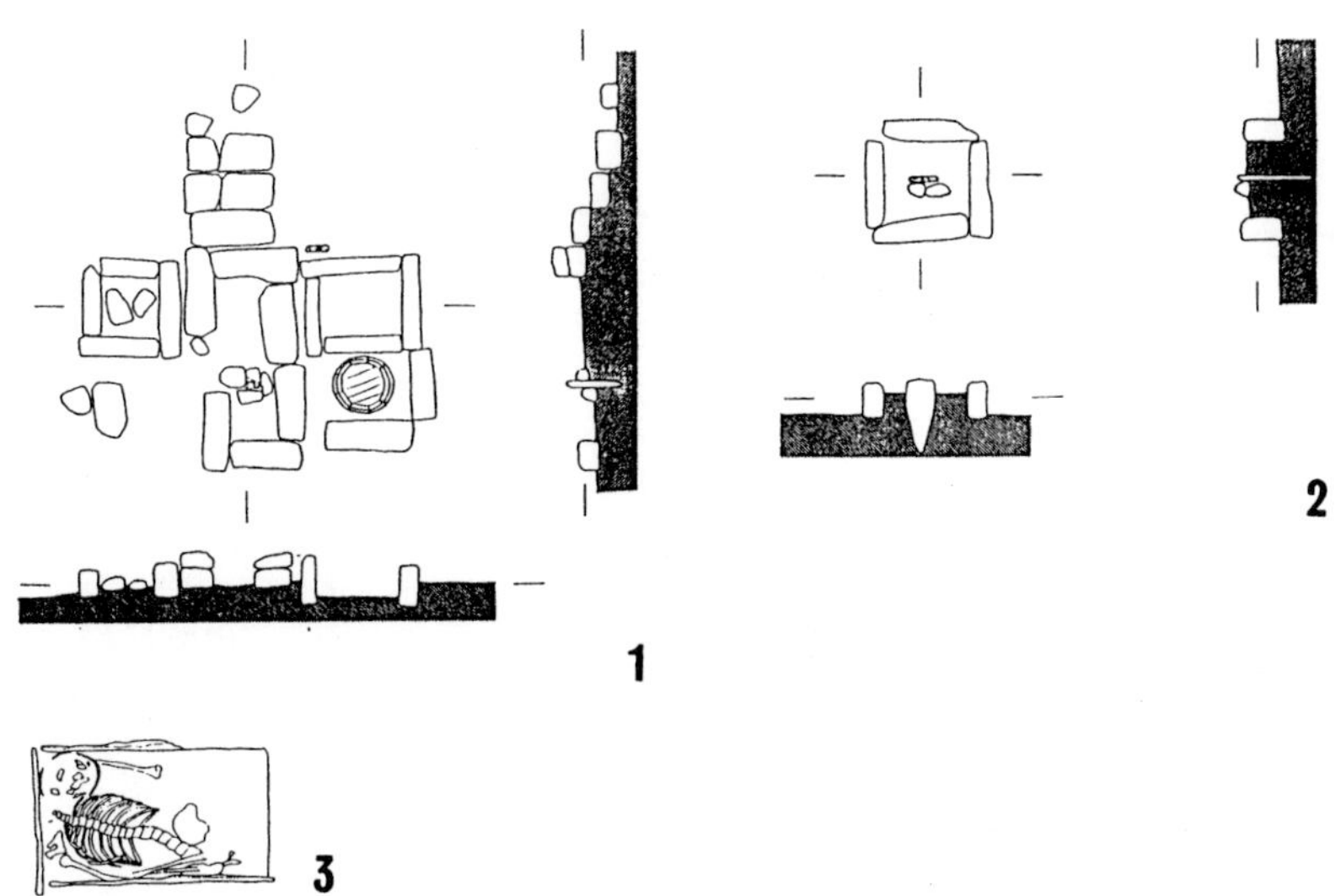

図３　17 世紀代の埋葬施設

1・2：八丁堀三丁目，3：増上寺子院群
1・2：1/80，3：1/40

第二に、墓が重複して営まれたり改葬されたことによって、埋葬施設が攪乱を受けて副葬品が失われる場合も多く、遺存状態の比較的良好な墓の事例を対象としなければならない。すなわち、副葬品の分析を行なう際には、低地の墓で遺存状態の良好なものを一次資料とするべきである。このように考えると、現段階では資料の少ない点が、副葬品の問題を検討するときの障害のひとつになっている。

以上のような理由から、ここでは低地の墓地である新宿区発昌寺跡と円応寺跡の遺存状態の比較的良好な墓から出土した副葬品をもとに考えてみたい。表3に示した発昌寺跡では、寛永通宝すなわち六道銭や数珠（じゅず）、数珠の一種と考

副葬品

箱枕?	針	土鈴	数珠	直方体木製品	如意	三方	寛永通貨	その他
	○		○		○	○	○	環状木製品
			○	○				棒状木製品・こより？・遺髪
				○				針金・和紙・藁紐他
			○				○	
				○				針金・半球状ガラス製品・栓・棒状木製品
				○				
			○					
			○				○	胡桃
			○				○	
			○					
			○				○	
		○						筒状木製品・摘み状木製品・円板状木製品
			○				○	板状木製品・棒状木製品・釦状銅製品
○							○	
			○				○	

表3　発昌寺跡の埋葬施設と

埋葬施設	No.	年令	性別	時期	袴の腰板	入れ歯	櫛	扇子	団扇？	柄鏡	模造刀	煙管	磁器碗	漆器椀	土器皿
甕　棺	68	熟年？	男　性	三期						○			○		
甕　棺	74	壮　年	男　性	三期	○						○				
甕　棺	17	壮　年	男　性	五期	○		○	○				○			
甕　棺	18	老　年	女　性	五期			○	○							
甕　棺	24	壮　年	女　性	五期											
方形木棺	70	老　年	男　性	四期	○	○					○				
円形木棺	72	－	－	一期											
円形木棺	2	壮　年	男　性	三期								○			
円形木棺	9	熟　年	男　性	三期											
円形木棺	53	壮　年	男・女性	三期											
円形木棺	78	壮　年	男　性	三期											
円形木棺	84	壮　年	男　性	三期											
円形木棺	94	幼児（4歳）・成人	不明・男性	三期										○	
円形木棺	98	壮　年	女　性	三期											
円形木棺	102	青年？	不　明	三期											
円形木棺	79	少　年	不　明	四期							○		○		
円形木棺	14	成　年	女性？	五期					○						○
円形木棺	21	熟　年	男　性	五期											
円形木棺	62	壮　年	男　性	五期											
円形木棺	63	壮　年	男　性	五期											
直　葬	111	壮　年	男　性	二期											
直　葬	27	壮　年	男　性	三期											

『発昌寺跡』新宿区南元町遺跡調査会，1991より

えられる直方体木製品（長軸方向に穿孔されており、糸を通したものであろう）は埋葬施設の種類を問わず比較的コンスタントに出土している。また、他の墓の事例を含めてみると、櫛（くし）や煙管（きせる）も埋葬施設に反映されている身分・階層差を越えて確認できる。これに対して、副葬品の種類や量は、方形木棺墓や円形木棺（早桶）墓、直葬墓よりも格式の高い甕棺墓の方が豊富であることがうかがえる。言い換えると、副葬品には、六道銭や数珠のように埋葬施設に反映した身分・階層を越えて存在するものがある一方で、逆に身分・階層に拘束される面が認められるのである（谷川一九九一a）。

また、後述するように（一八一ページ図1参照）、円応寺跡の墓地は、檀家の墓域と考えられているA区と非檀家すなわち都市下層民の墓域と推定されるB区に分かれていた（栩木一九九五、西木一九九三・一九九七・一九九八・一九九九）。副葬品について見ると（表4）、檀家の墓域A区では、先述の発昌寺跡と同様、銭貨すなわち六道銭や数珠が木槨甕棺墓、甕棺墓、円形木棺（早桶）墓から身分・階層を越えた形で出土している。これに対して、三歳の幼児を葬った甕棺墓では多種多様な副葬品が豊富に出土しているが、非檀家すなわち都市下層民の墓域と推定される墓域B区の墓は副葬品をともなっていない。これは身分・階層の反映であろう（谷川一九九三）。

このように、江戸の墓の副葬品には、身分・階層を越えて存在するものがある一方で、逆に

副葬品

刀子	針	数珠	銭貨	その他
		○		環状木製品・メロン仲間
	○	○	○	
			○	瓢箪形木製品・板状木製品・サイコロ状木製品・針金
				モモ
○				板状鉄製品
			○	板状木製品・留金具
		○	○	オニグルミ

表4　円応寺跡の埋葬施設と

埋葬施設	No.	年齢	性別	墓域	櫛	簪	磁器碗	磁器小水注	陶器水滴	煙管	木製人形	羽子板	三味線	土鈴
木槨＋甕棺	71	壮年後半	男性	A										
木槨＋甕棺	78	壮年	女性	A	○									
甕棺	2	幼児(3歳)	?	A	○	○			○	○	○	○	○	○
甕棺	24	20歳前後	女性	A				○						
方形木棺	3	壮年	男性	A										
円形木棺	7	青年	男性	A			○							
円形木棺	11	壮年後半～熟年	男性	A										
円形木棺	35	壮年後半	男性	B										
円形木棺	44	壮年半ば	男性	B										
円形木棺	47	壮年・壮年半ば	男性2	B										
円形木棺	49	壮年	男性？	B										
火消壺転用棺	61	—	—	B										

『円応寺跡』新宿区厚生部遺跡調査会，1993より

身分・階層に拘束されるものが認められる。こうしたあり方を念頭におきながら、副葬品について別の視点から考えてみよう。塚本学氏は「江戸時代人の持ち物」（塚本一九九三）という講演のなかで、江戸時代を通じて次第に個人の持ち物が増えていき、とくにそうした意識が広がっていくのは江戸での影響が大きく、そのひとつとして墓の副葬品の中の個人の持ち物について注目している。

墓の副葬品の中の個人の持ち物がいつごろからどういった形で現れるのかは、考古学の側から検証するべき問題であろう。先にあげた発昌寺跡と円応寺跡の墓の副葬品の中では（表3・4）、煙管は個人の持ち物の可能性が高く、数珠や櫛は宗教的な意味も考えられるが、個人の持ち物でもあったように思われる。また、袴（の腰板）や入れ歯、扇子、柄鏡、磁器碗や漆器椀、簪、陶器の水滴、玩具なども、基本的には

個人の持ち物を想定できる。また、大名墓である長岡藩主牧野家の墓の副葬品の中に、文房具や装身具、化粧道具のような個人の持ち物が多く見られるように、遺体とともに個人の持ち物を墓に入れるという習俗が、身分・階層間を徐々に下降した可能性が考えられる。したがって、副葬品の中の個人の持ち物という問題を、先述の身分・階層に拘束される側面から検討してみる必要があるだろう。

さらに、江戸時代を通じて副葬品のあり方がどのように変遷したのかも大きな問題である。一七世紀代の将軍墓や大名墓には、二代将軍秀忠（寛永九年・一六三二年没）、仙台藩主伊達家墓所の初代藩主政宗（寛永一三年・一六三九年没）や二代藩主忠宗（万治元年・一六五八年没）の墓のように、豊富な武器・武具類が見られるものが多い。ところが一八世紀以降になると、越後長岡藩主牧野家をはじめとして武器・武具類をもたないものが主体となるようである。こうした副葬品の変遷は、先の個人の持ち物の下降の問題と重ね合わせて検討する必要がある。

なお、副葬品の問題を考えるとき、六道銭や数珠などの宗教的、民俗的な意味も考えなければならないのは言うまでもない。

五　墓地の景観について

1　墓地のなかの墓域ごとのあり方

次に、墓地の景観について考えてみたい。図4は新宿区自証院遺跡の埋葬施設の分布図であるが、大寺院の自証院の墓地は広い墓地に墓が整然と配置されていた。ここでは自証院の墓地を五つの墓群に分けてみた（谷川一九九一b）。

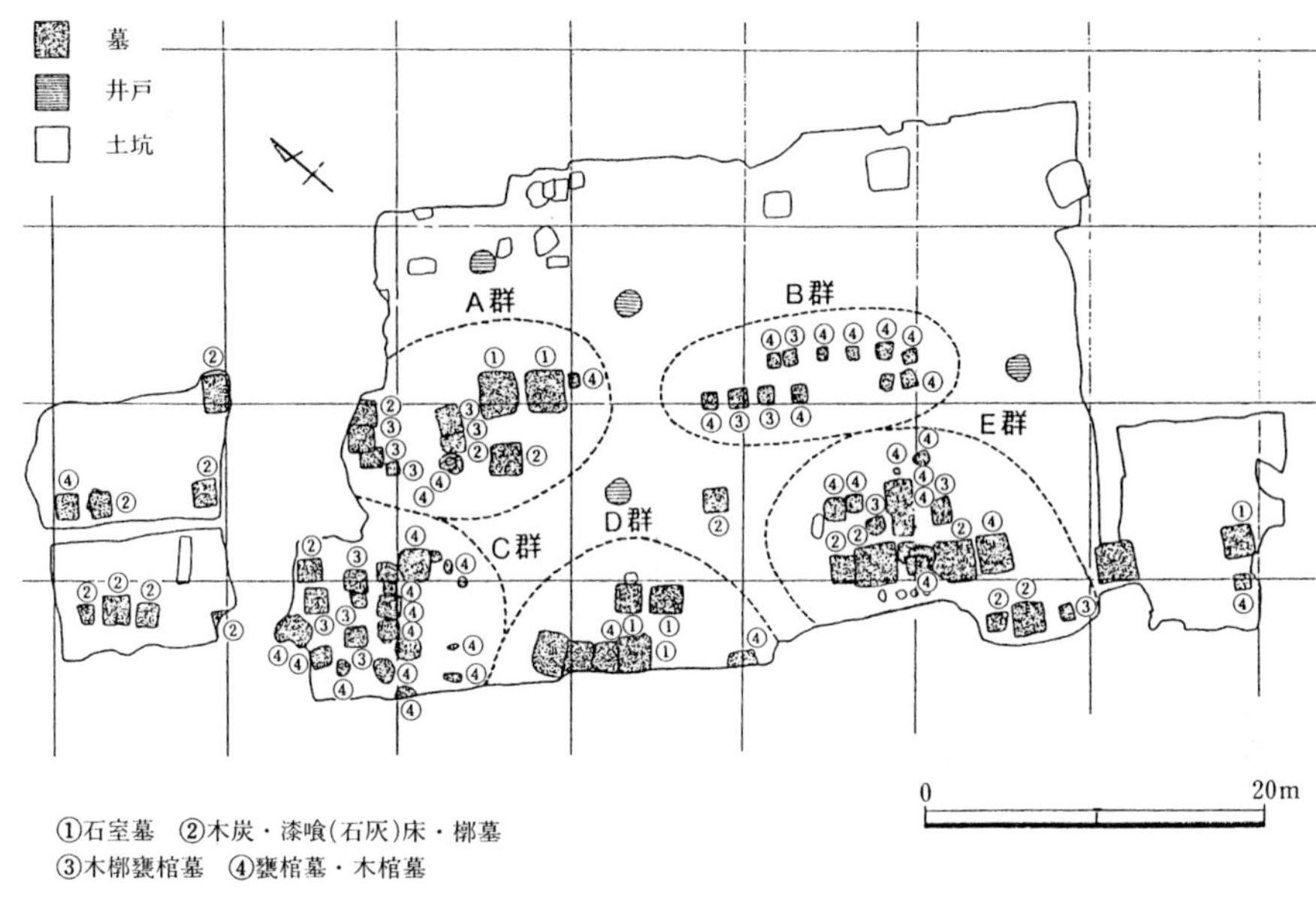

図４　自証院遺跡の埋葬施設の分布

それらは石室墓など比較的規模の大きい墓が並ぶD群と、甕棺墓、木棺墓が多く規模の小さい墓が並ぶB群、そして、構造が複雑で規模の大きな墓のまわりを小規模な墓がとりまくA・C・E群に大別することができる。また、明治一一年（一八七八）に作成された台東区寛永寺護国院の墓地図を見ても（蒲生一九九〇）、大名家や旗本家のように広い墓所の区画もあれば、町人をはじめとする規模の小さい墓が集中して営まれている区画もあって、墓地のなかの墓域ごとのあり方の違いが認められる。したがって、先に寺院の格式・規模と被葬者の身分・階層の関係について述べたが、もう少し細かく見ると、同じ寺院の墓地の中でも墓域ごとに埋葬施設のあり方の違いが指摘できるのである。言い換えると、全体的な傾向としては、寺院の格式・規模と被葬者の身分・階層は相関関係にあるが、そのなかでも比較的幅をもった身分・階層の人々が墓域ごとに墓を営んでいたと言えよう。

　自証院のような大寺院に対して、中小寺院であった新宿区円応寺跡の墓地では（一八一ページ図1参照）、檀家の墓域であるA区は比較的整然としているものの、非檀家すなわち都市下層民の墓域であるB区は墓が過度に密集した状態であった（栩木一九九五、西木一九九三・一九九七・一九九八・一九九九）。このように、墓地の空間構成を細かく認識していくことは、墓地の景観を考える上で重要な課題である。

2　人骨の埋葬方向と墓道

墓地の景観を考える上で、別の要素としては遺体すなわち人骨の埋葬方向の問題がある。これまでの江戸の墓地の発掘報告書において、座棺の人骨の埋葬方向について記載したものは多くないが、今後は必ず記載するべきであろう。座棺の場合、頭蓋骨は埋葬後に動いていることが多いので、骨盤の方向を記載する必要がある。

図5に示した新宿区発昌寺跡では、調査区西端に人骨が東を向いた墓の列と、それに接して西向きの墓の列が認められ、あくまでひとつの仮説であるが、その間に墓道があった可能性が考えられる。同様に、調査区南西部に人骨が

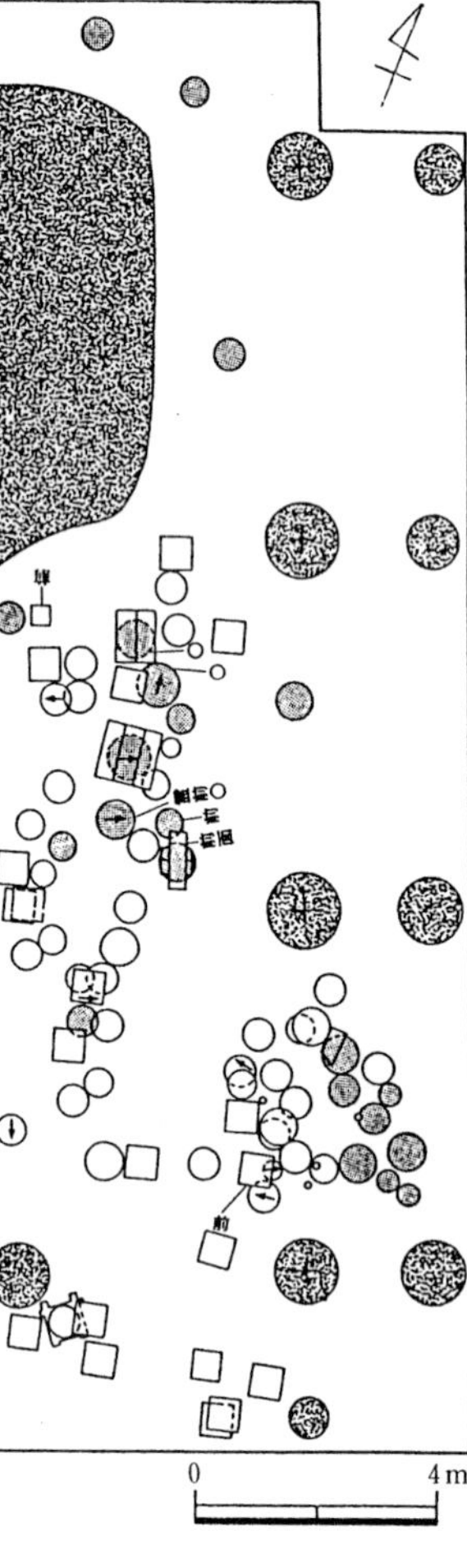

の方向

査会，1991)

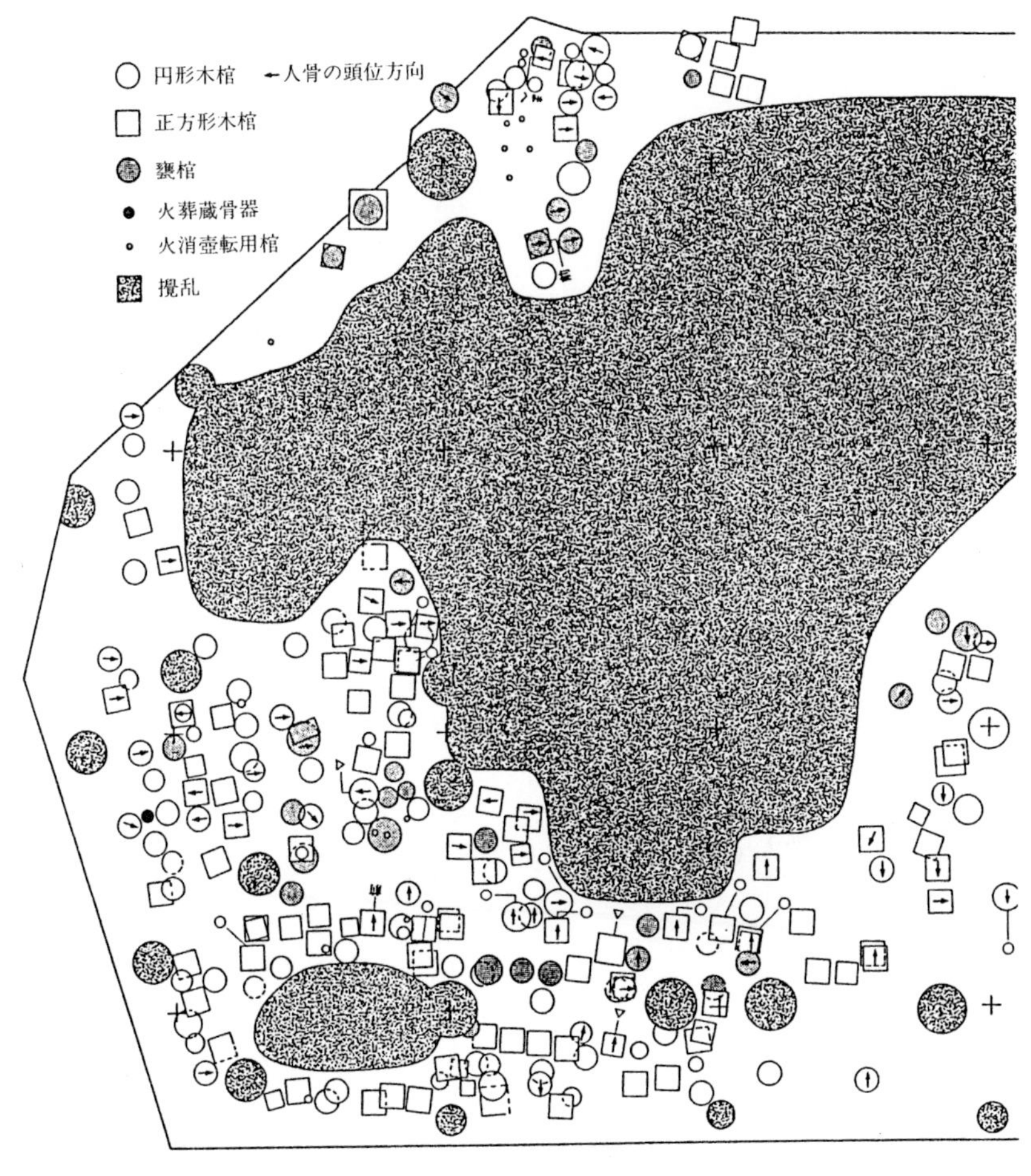

図5　発昌寺跡の人骨
(『発昌寺跡』発昌寺跡遺跡調

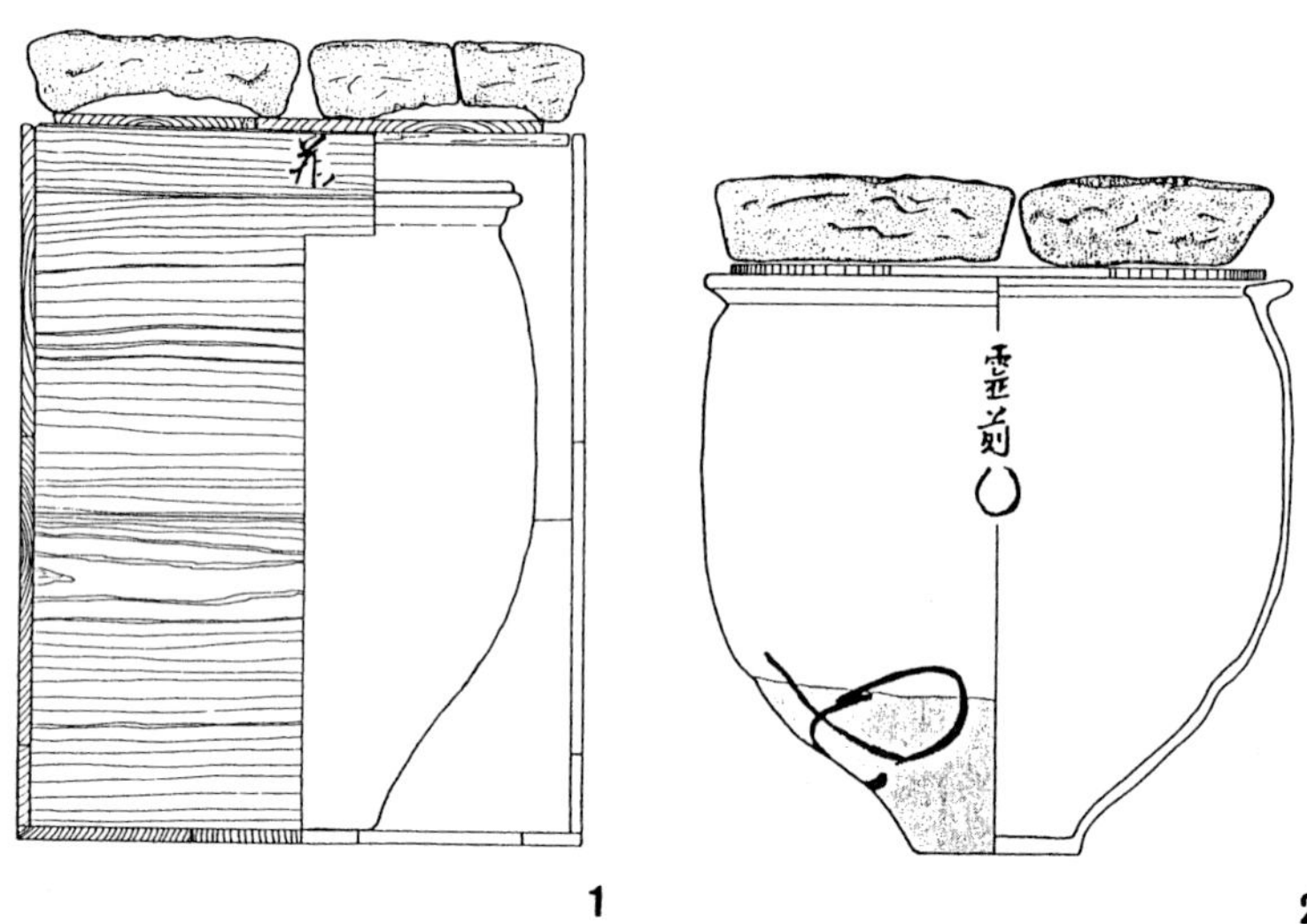

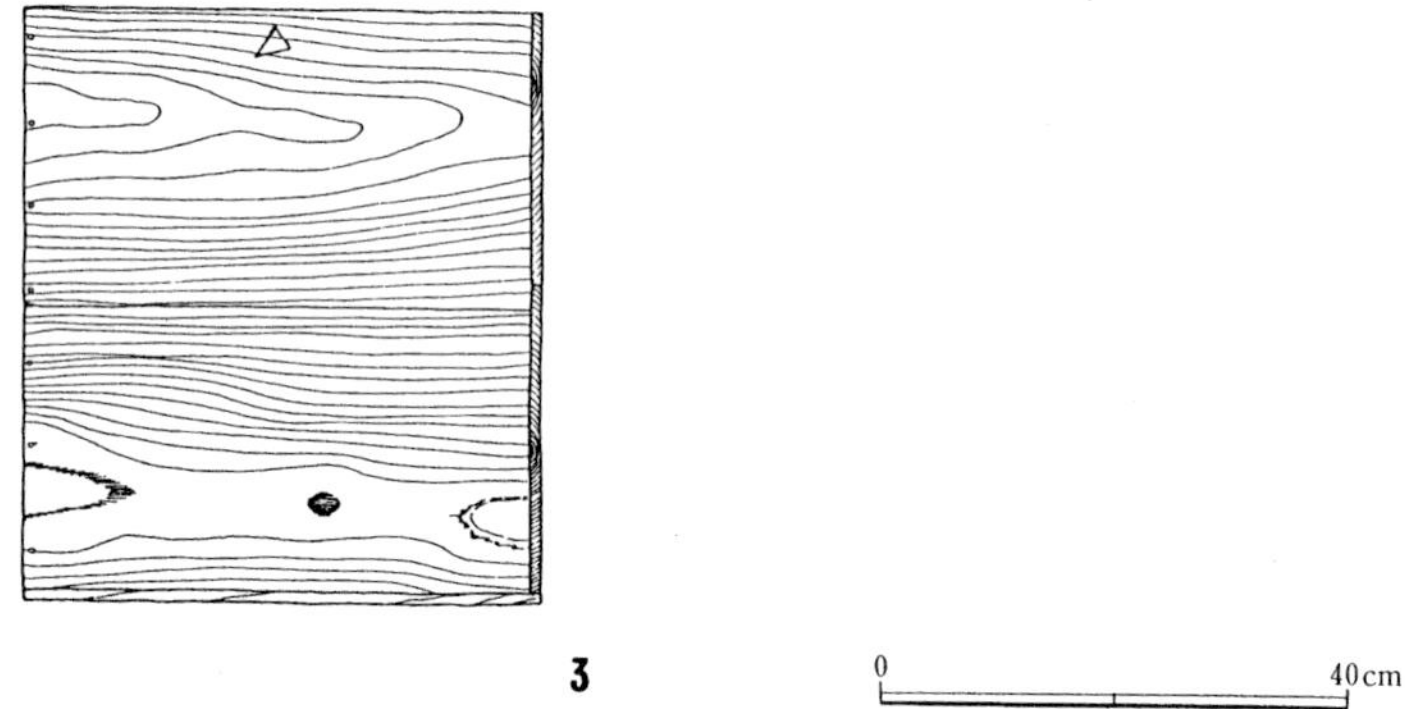

図６　発昌寺跡の木槨・甕棺・木棺に書かれた文字・記号
(『発昌寺跡』発昌寺跡遺跡調査会，1991)

北を向いた墓が並んでいるが、これは北向きを意識したのではなく、墓道に向けて人骨を埋葬したのではなかろうか。

また、発昌寺跡には、棺に「前」「霊前」の文字や「△」や「〇」などの記号を墨で書いた事例があり（図6）、この文字や記号が人骨の埋葬方向と一致することから、座棺の場合に遺体の顔の方向を示していることが判明した。すなわち、少なくとも発昌寺跡の場合、遺体の顔の方向に関して注意をはらい、遺体の正面を墓道に向けて埋葬していたのではないかと考えられるのである。とすれば、仮に埋葬施設の上に墓標を造立した場合にはその正面は墓道に向いており、墓参りに来た人は墓標に相対すると同時に、埋葬された死者とも向かい合うことになる。つまり、生者と死者が対面しているのである。

同じような事例をあげると、長岡藩主牧野家墓所では、遺体は墓標の正面の方向、すなわち墓道を向いた形で埋葬されていた。また、村落の墓の事例では、埼玉県所沢市お伊勢山遺跡でも一列に並んだ墓の人骨が同じ方向（西向き）を向いており、墓道を向いていたと推測されている（早稲田大学所沢校地文化財調査室一九九四）。民俗例では北向きに埋葬する事例があるので、村落の墓では北向きに埋葬することも当然あったと思うが、他方、墓道に向けて遺体を埋葬した場合もあったのではなかろうか。さらに、人骨の埋葬方向が一定しない場合は、供養を前提としない埋葬であった可能性も考えうるのである。

3　卒塔婆をめぐる問題

卒塔婆（そとば）は、仏教による供養の実態を知る上で重要な資料であるとともに、墓地の景観を具体的に物語る資料でもある（谷川一九九六b）。

明暦の大火（明暦三年・一六五七年）以前の中央区八丁堀三丁目遺跡（朗惺寺（ろうせい）・日蓮宗）出土の卒塔婆を見ると、一周忌の長い卒塔婆（図7―1）や比較的短いもの（図7―2・3・4）、初七日から七七日（四十九日）まで七日ごとに七本の塔婆を立てた七本塔婆（図7―5）がある。江戸の初期寺院からこうした卒塔婆が出土していることは、仏教による供養の実態を示すものとして重要である。と同時に、これらの卒塔婆には墓標と同じように埋葬施設に隣接するか、もしくはその上に立てられた状態で確認されたものがある。また、八丁堀三丁目遺跡では、頭部が三角形で断面が舟形のいわゆる「板碑形」を呈する江戸初期の石製の墓標が出土している。すなわち、明暦の大火以前の江戸の初期寺院の墓地では石製墓標と木製卒塔婆が造立されていたようである（野沢一九九一）。

その後も卒塔婆は墓地に造立され、東京都港区増上寺子院群出土の百カ日の卒塔婆のように（図7―6）、一般には忌日供養のために造立されたが、円応寺跡の角塔婆（図7―7・8）のように墓標として立てられたものもあった。図7―7は大型の角塔婆を短く切り、下端を削って造立できるような状態に再加工したものであり、図7―8は短い角塔婆である。これらは非檀家すなわち都市下層民の墓域であるB区の墓域から立った状態で検出された。おそらく、古い角塔婆を再利用するなどして墓標として造立したのであろう。西木浩一氏のいう都市下層民の「墓標なき墓地の光景」の実態は、こうした一八世紀以降の中小寺院の一角の様相であったと思われる。いずれにしても、一八世紀以降にも中小寺院の場合には木製の卒塔婆を石製の墓標の代わりに造立していた可能性が考えられるのである。

最後に、石製の墓標に関して少し付け加えておきたい。江戸府内の初期墓標は、たとえば池上本門寺の慶長・元和年間のものが岡本桂典氏によって紹介されている（岡本一九八八）。その後、村落に墓標が普及していくのは、おそらく一七世紀の中葉から後半と考えられる。すなわち、都市から村落へ墓標が普及していったことを想定しておくべきであろう（谷川二〇〇一b）。

以上のように、埋葬施設の構造と被葬者、寺院の格式・規模との関係、埋葬施設の変遷、副葬品、墓地の景観など

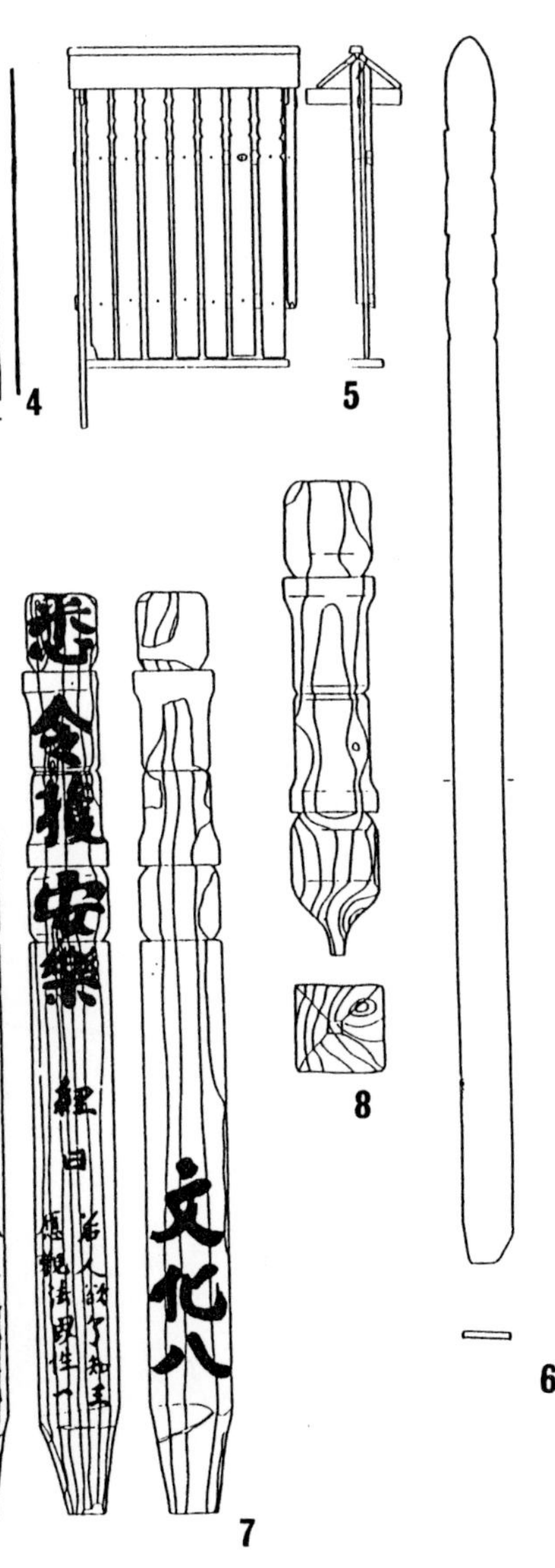

図７　墓地出土の卒塔婆

1～5：八丁堀三丁目，6：増上寺子院群，7・8：円応寺

江戸の葬制・墓制をめぐる考古学の諸問題を総括的に述べてきた。今後の事例の増加を待って再検討するべき問題も多いが、墓と寺と都市の関係、そして都市と村落のつながりを読み解いていくことが、江戸の葬制・墓制研究の最も重要な方向なのである。

〔参考文献〕

伊東信雄編　一九七九『瑞鳳殿伊達政宗の墓とその遺品』瑞鳳殿再建期成会
伊東信雄編　一九八五『感仙殿伊達忠宗・善応殿伊達綱宗の墓とその遺品』財団法人瑞鳳殿
岡山市教育委員会　一九六四『池田忠雄墓所調査報告書』
岡本桂典　一九八八「東京池上本門寺の墓標調査（予報）」『考古学研究室彙報』二四　立正大学文学部考古学研究室
蒲生眞紗雄　一九九〇「護国院檀家層の分析」『東叡山寛永寺護国院』II　都立学校遺跡調査会
河越逸行　一九六五『掘り出された江戸時代』丸善
済海寺遺跡調査団　一九八六『港区三田済海寺長岡藩主牧野家墓所発掘調査報告書』東京都港区教育委員会
芝公園一丁目遺跡調査団　一九八八『増上寺子院群　光学院・貞松院跡　源興院跡』東京都港区教育委員会
新宿区厚生部遺跡調査会　一九九三『円応寺跡』
自証院遺跡調査団　一九八七『自証院遺跡』東京都教育委員会
鈴木　尚　一九八五『骨は語る徳川将軍・大名家の人々』東京大学出版会
鈴木尚・矢島恭介・山辺知行編　一九六七『増上寺徳川将軍墓とその遺品・遺体』東京大学出版会
谷川章雄　一九八三「近世墓塔の形態分類と編年について――千葉県市川市高滝・養老地区の調査――」『早稲田大学大学院文学研究科紀要』別冊一〇　哲学・史学編
谷川章雄　一九八七「自証院遺跡における墓標と埋葬施設」『自証院遺跡』東京都新宿区教育委員会
谷川章雄　一九八九「近世墓標の変遷と家意識――千葉県市川市高滝・養老地区の近世墓標の再検討――」『史観』一二一　早稲田大

学史学会
谷川章雄　一九九〇「江戸の墓地と都市空間」『文化財の保護』二二　東京都教育委員会
谷川章雄　一九九一a「発昌寺遺跡における埋葬施設と副葬品」『発昌寺跡』新宿区南元町遺跡調査会
谷川章雄　一九九一b「江戸の墓地の発掘――身分・階層の表徴としての墓――」『甦る江戸』新人物往来社
谷川章雄　一九九三「円応寺跡における埋葬施設と副葬品」『円応寺跡』新宿区厚生部遺跡調査会
谷川章雄　一九九六a「江戸および周辺村落における墓制の変遷」『帝京大学山梨文化財研究所シンポジウム報告集「中世」から「近世」へ』名著出版
谷川章雄　一九九六b「仏教考古学の世界」『日本の仏教』五　法蔵館
谷川章雄　二〇〇一a「江戸の火葬墓」『歴史と建築のあいだ』古今書院
谷川章雄　二〇〇一b「近世墓標の普及の様相――新潟県佐渡郡両津市鷲崎、観音寺墓地の調査――」『ヒューマン　サイエンス』一四―一　早稲田大学人間総合研究センター
谷川章雄　二〇〇一c「江戸の胞衣納めと乳幼児の葬法」『母性と父性の人間科学』コロナ社
塚本　学　一九九三「江戸時代人の持ち物について」『特別展「江戸のくらし」〈近世考古学の世界〉記念講演会・座談会報告書』新宿区教育委員会
天徳寺寺域第3遺跡調査団　一九九二『天徳寺第3遺跡発掘調査報告書――浄品院跡の考古学的調査――』
東京都中央区教育委員会　一九八八『八丁堀三丁目遺跡』
東京都港区教育委員会　一九九二『港区文化財調査集録』一
栩木　真　一九九四「河越逸行氏寄贈資料」『新宿区立新宿歴史博物館　研究紀要』二
栩木　真　一九九五「寺院と墓地――江戸の中小寺院」『季刊　考古学』五三　雄山閣出版
都立上野高等学校遺跡調査団　一九九〇『東叡山寛永寺護国院』Ⅰ・Ⅱ　都立学校遺跡調査会
西木浩一　一九九三「江戸場末寺院に関する一考察――四谷鮫河橋・黄檗宗円応寺の墓域をめぐって――」『円応寺跡』新宿区厚生部遺跡調査会

西木浩一　一九九七「墓標なき墓地の光景——都市下層民衆の死と埋葬をめぐって」『近世都市江戸の構造』三省堂
西木浩一　一九九八「葬送墓制からみた都市江戸の特質」『年報都市史研究六　宗教と都市』山川出版社
西木浩一　一九九九『江戸の葬送墓制』（都史紀要三七）東京都
野沢　均　一九九一「御府内の近世墓について——八丁堀三丁目遺跡を例として」『考古学論究』創刊号　立正大学考古学会
発昌寺跡遺跡調査団　一九九一『発昌寺跡』発昌寺跡遺跡調査会
松本　健　一九九〇「江戸の墓制——埋葬施設にみられる武家社会——」『文化財の保護』二二　東京都教育委員会
松本　健　一九九二「大名家の墓制」『国学院雑誌』九三—一二　国学院大学
港区立港郷土資料館　一九八七『港郷土資料館報』五
港区立港郷土資料館　一九八九『港郷土資料館報』七
南元町遺跡調査団　一九九一『発昌寺跡』新宿区南元町遺跡調査会
早稲田大学所沢校地文化財調査室　一九九四『お伊勢山遺跡の調査』第五部　早稲田大学
和田千吉　一九〇一「死体埋葬に甕を用ゐし事実の研究」『考古界』一—三　日本考古学会

あとがき

歴史の若い近世考古学の中にあって、墓の研究は比較的古くから行われてきた分野といえる。地表で観察できることもあって、近世墓標の考古学的研究はすでに戦前に試みられ、一定の成果を示している。一九六〇年代には、数例ではあるが、埋葬施設の発掘を伴う近世墓の調査も行われている。江戸遺跡研究の端緒を開いたといわれる都立一橋高校地点の発掘調査のきっかけが人骨の発見にあったように、ごく限定された研究とはいえ、近世考古学の歩みと墓制研究は、当初から深く係わってきたといえよう。

江戸遺跡の発掘調査が盛んになるのに伴って、近世墓の調査例も増加し、将軍から最下層民に至るまで、多様な階層の墓のあり方が明らかとなってきた。江戸の墓制にかかわる論文も多くなり、九〇年代に入ると江戸の墓制を年代・階層を含めて体系化しようとする試みも現れた。一方で、人類学的な面から近世人の形質を研究する上で、近世墓の調査が注目されるようになった。発掘調査でも人類学研究者の参画が不可欠になり、考古学的なデータを裏づけとして、より精緻な形質上の検討が可能となった。

このように墓制については、江戸の研究上避けて通ることができないことから、当会の大会でも、そろそろ取り上げても良いのではないかという話が持ち上がった。世話人会で大会のテーマを考える中でごく自然に提案され、さしたる異論もなく決定したと記憶している。初めてのテーマなので、あまり内容には拘泥せず、発表者の方々にも、それぞれのテーマに即して自由にお話いただきたい旨お願いした。考古学以外にも、人類学と文献史学の研究者にも加わっていただき、議論の幅を広げることに努めた。

こうして準備された江戸遺跡研究会第九回大会は、「江戸時代の墓と葬制」と題して一九九六年二月十、十一の両日にわたって開催された。会場は江戸東京博物館である。果たしてどれくらいの反響があるのかまったく予測がつかなかったのだが、蓋を開けてみると会場は熱気に溢れ、江戸研の大会としては過去最多の参会者数を記録した。墓制に対する関心の高さを改めて認識させられることとなった。各発表にもそれぞれ独創性が工夫されており、全体として当時の水準を良く示す内容であったといえよう。

このような状況を踏まえて、大会当初からその内容をまとめて公刊することを企図していたが、ほかの企画などとの兼ね合いもあって、そのまま延び延びになっていた。今回、ようやく出版に向けての環境が整ったため、発表者の方々に録音記録をもとに原稿をまとめなおしていただいた。大会から八年を経過したこともあって、特に大会時の発表内容にこだわらないという方針をお伝えしたので、各論文は、発表時ほぼそのままのものもあれば、その後の研究趨勢を反映して大きく改変されているものもある。

江戸の墓と葬制について、発掘資料をもとに多角的に捉え、学術的な裏付けをも持つ一般書は、これが最初であるといってよいだろう。その意味でも本書の意義は少なくないと思う。江戸近世墓の調査は増加の一途を辿っている。これを受けて、さらに多様な研究が展開してゆくことは疑いない。本書が、これからの近世墓研究の叩き台となってくれることを、当会世話人一同心から願っている。

江戸遺跡研究会

世話人　古泉　弘

執筆者紹介（生年・現職／論文掲載順）

古泉　弘（こいずみ　ひろし）　一九四七年生まれ　東京都教育委員会学芸員
惟村忠志（これむら　ただし）　一九六〇年生まれ　(有)ティーケイリサーチ主任調査員
長佐古真也（ながさこ　しんや）　一九六〇年生まれ　東京都埋蔵文化財センター主任調査研究員
森原明廣（もりはら　あきひろ）　一九六六年生まれ　山梨県埋蔵文化財センター副主査文化財主事
小井川和夫（こいかわ　かずお）　一九四七年生まれ　宮城県多賀城跡調査研究所長
嶋谷和彦（しまたに　かずひこ）　一九五八年生まれ　堺市埋蔵文化財センター学芸員
桜井準也（さくらい　じゅんや）　一九五八年生まれ　慶応義塾大学文学部非常勤講師
西木浩一（にしき　こういち）　一九六一年生まれ　東京都公文書館史料編さん係
平本嘉助（ひらもと　よしすけ）　一九四七年生まれ　北里大学医療衛生学部講師
谷川章雄（たにがわ　あきお）　一九五三年生まれ　早稲田大学人間科学部教授

墓と埋葬と江戸時代

二〇〇四年（平成十六）八月一日　第一刷発行

編　者　江戸遺跡研究会

発行者　林　英　男

発行所　株式会社　吉川弘文館
郵便番号一一三—〇〇三三
東京都文京区本郷七丁目二番八号
電話〇三—三八一三—九一五一〈代〉
振替口座〇〇一〇〇—五—二四四番
http://www.yoshikawa-k.co.jp/

印刷＝株式会社 三秀舎
製本＝誠製本株式会社

墓と埋葬と江戸時代（オンデマンド版）

2017年10月1日　発行

編　者　江戸遺跡研究会
発行者　吉川道郎
発行所　株式会社 吉川弘文館
〒113-0033 東京都文京区本郷7丁目2番8号
TEL 03(3813)9151(代表)
URL http://www.yoshikawa-k.co.jp/

印刷・製本　株式会社 デジタルパブリッシングサービス
URL http://www.d-pub.co.jp/

江戸遺跡研究会
ISBN978-4-642-73390-8